KB189041

틱낫한 마음

틱낫한 마음

마음의 작동 원리를 알면 삶이 쉬워진다

틱낫한 지음
윤서인 옮김

불광출판사

햇빛이 비칠 때
모든 초목이 자란다.
알아차림이 비칠 때
모든 심소가 바뀐다.

서문

이 책, 『틱낫한 마음』에서 틱낫한 스님은 우리의 마음, 우리의 참된 본성을 깊이 이해하는 것이 세계의 평화에 꼭 필요하다는 것을 보여줍니다. 이 유식의 가르침을 항상 마음에 새기고 깊이 참구할 때, 그 가르침은 우리 안에서 무르익으며 자비의 원천이 되고, 살아 있는 모든 존재를 이롭게 할 것입니다. 이 훌륭하고 소중한 책의 서문을 쓰게 되어 큰 영광입니다.

틱낫한 스님의 이 책은 붓다의 가르침을 처음으로 결집한 논장, 『아비달마』를 근간으로 합니다. 1960년대 후반에 제가 참선을 배울 때, 이 논장이 대단히 귀중해서 금판에 새기고 큰 사찰을 지어 그것을 보호했다고 들었습니다. 불교 전통에서의 중요성 때문에 공부하긴 했지만 이 논장을 읽는 것은 전화번호부에 나열된 이름을 읽어나가는 것처럼 무미건조하기만 했습니다. 그래서 그 안에서 아무런 즐거움도 찾지 못했고 곧바로 공부를 포기했습니다.

붓다의 가르침을 역동적으로 풀어낸, 본성에 관한 심오하고 함축적인 이 오십 게송은 쉽게 이해되거나 체득되지 않습니다. 사미승 시절, 틱낫한 스님은 세친의 『유식이십송』과 『유식삼십송』을 암기했다고 했습니다. 암기하는 방식은 어렵고 구식으로 보일 수도 있지만 그 과정을 거치며 우리는 이 난해한 내용을 작은 조각으로 잘라 받아들이고 씹고 소화시켜서 가슴으로 익히고 우리의 몸과 마음의 일부로 만들 수 있습니다. 그러면 그 암시한 내용이 우리의 의식적 활동 속으로 깊이 스며들게 되고, 그 내용을 저절로 참구하게 됩니다. 이런 전통적인 방식으로 열심히 공부하다 보면 냉담하고 난공불락 같은 이 가르침의 따스함과 생명력이 드러납니다.

우리의 마음에 대한 이 가르침은 어렵고 버겁고 복잡합니다. 하지만 저는 억지로 공부하지 않고 항상 초심자로서 그 가르침에 다가가고 또 다가가고 또 다가간다면 적절한 때에 원래 차디찬 돌덩이였던 것이 쪼개져 열리면서 위대하고 따뜻한 지혜, 바로 이 가르침의 핵심에 살아 있는 붓다께서 우리가 깨닫기를 바라셨던 그 지혜가 드러난다는 것을 체험했습니다. 그래서 저는 지금까지 이 가르침을 즐겁게 계속 공부하고 있습니다.

참된 본성에 대한 이 대승의 가르침을 공부할 때 우리는 마음이 실제로 텅 비어 있음을 깨닫습니다. 그리고 이 공한 성질을 깨달을 때 우리는 마음과 우주 만물의 상호 연결성을 덮어 가리는 개념에 대한 집착에서 벗어납니다. 이렇게 자유로워질 때 우리는 모든 존재와 모든 현상의 확고한 상호의존성을 창의적으로 가르칠 수 있습니다.

먼 과거의 유식 대가들에게서 영향을 받고 그들의 논서에 충실한 그런 창의적인 새로운 가르침의 한 예가 바로 이 책, 『틱낫한 마음』입니다. 이 책은 붓다의 가르침을, 그 심원한 지혜를 따스하고 평화로운 마음으로 꾸밈없이 전합니다.

2005년 11월 18일
그린걸치 농원(Green Gulch Farm)에서
청룡사 법사 텐진(Tenshin) 레브 앤더슨(Reb Anderson)

틱낫한 마음

환영의 말

12세기의 베트남 선사禪師, 트엉 찌에우("항상 빛나는"이라는 뜻)는 이렇게 말했다. "마음이 어떻게 작용하는지를 이해하면 수행이 쉬워진다." 〈유식오십송〉은 불교심리학에 관한 책으로 식識의 성질을 이해하도록 돕기 위한 것이다.

이 오십 게송은 수행을 통해 진리에 이르는 길을 알려주는 일종의 로드맵이다. 〈유식오십송〉에는 팔리Pali 경전의 아비달마 불교 가르침부터 『화엄경華嚴經』 같은 후대 대승불교 가르침에 이르기까지 인도불교의 주류 사상이 담겨 있다.[1]

이 오십 게송의 토대는 세친의 『유식삼십송』과 『유식이십송』이다. 사미승 시절에 나는 베트남에서 한문으로 된 그 두 권의 논서를 공부했다. 그리고 서양에 갔을 때 우리의 마음에 대한 이 중요한 가르침이 서양 사람들에게 지혜의 문을 열어줄 수도 있겠다고 생각했다. 그래서 1990년에 〈유식오십송〉을 지어서 붓다와 세친, 안혜, 현장, 법장 등 유식 대가들이 물려준 귀중한 보석을 계속 갈고 닦았다. 당시에 그 책은 『근본으로부터의 변화Transformation at the Base』라는 제목으로 처음 출간되었다. 출간 이후, 심리학자와 치료사와 온갖 종교의 구도자가 그 책이 그들의 분야에서 대단히 큰 도움이 되었다고 내게 말해주었다. 새롭게 출간된 이 불교 가르침이 훨씬 더 많은 독자에게 도움이 되기를 바란다.

심리학 학위나 불교 지식이 별로 없다 해도 이 책을 이해하는 데 무리가 없을 것이다. 나는 유식학을 쉽고 단순하게 설명하려고 노력했다. 읽는 동안 특정 단어나 구절이 이해되지 않더라도 지나치게 파고들지 않기를 바란다. 음악을 들을 때처럼, 빗물이 땅속으로 스며드는 것처럼, 이 가르침을 당신 안으로 들여보내라. 이 오십 게송을 머리로만 배운다면 땅에 비닐을 덮는 격이 될 것이지만 이 가르침의 비[法雨]가 당신의 식識에 스며들 수 있게 한다면 이 오십 게송은 아비달마 불교 가르침 전부를 '요점만 간추려서' 알려줄 것이다.

이 가르침을 깊이 관조하며 평생을 보낼 수도 있지만 복잡하고 어렵다는 생각에 미리 겁먹지 않기를 바란다. 한꺼번에 전부 읽으려 하지 말고, 천천히 한 게송과 해설을 충분히 흡수한 후에 다음 게송으로 넘어가라. 게송을 읽는 내내 알아차림과 자애와 연민을 일으켜라. 그러면 그것들이 등불이 되어서 마음의 작용과 식의 성질을 밝게 이해하게 해줄 것이다.

식의 성질에 대한 오십 게송

- 제1송

  마음은 밭이니,

  그 속에 온갖 씨앗이 뿌려진다.

  이 마음밭의 또 다른 이름은

  '일체종자식'이다.

- 제2송

  마음밭에는 수없이 다양한 씨앗이 있다.

  윤회, 열반, 미혹, 깨달음의 씨앗,

  고통과 행복의 씨앗,

  생각, 이름, 단어의 씨앗.

- 제3송

  몸과 마음으로,

  욕계, 색계, 무색계로 현행하는 종자는

  일체가 아뢰야식에 저장된다.

  이런 이유로 '장식藏識'이라 부른다.

- 제 4 송
  일부 종자는 본래부터 있던 것으로,
  조상으로부터 상속되었다.
  일부는 우리가 태아일 때 심어졌고,
  일부는 어릴 때 심어졌다.

- 제 5 송
  가족에 의해 심어지든
  친구나 사회, 교육에 의해 심어지든,
  모든 종자는 본래
  별업 종자이자 공업 종자다.

- 제 6 송
  삶의 질은
  종자의 질에 달려 있다.
  이 종자는 전부
  아뢰야식 속 깊이 묻혀 있다.

- 제 7 송
  아뢰야식의 기능은
  일체 종자와 습기를
  수용하고 유지하는 것이니,
  종자는 세계로 현행하거나 잠재 상태로 머문다.

틱낫한 마음

- 제8송
  아뢰야식의 현행은
  세 종류의 경계로 인식될 수 있으니,
  성경과 대질경과 독영경이다.
  일체가 십팔계 속에 있다.

- 제9송
  모든 현행 속에
  개인과 집단의 흔적이 함께 있다.
  아뢰야식의 이숙은 동일한 법칙에 따라
  중생계 아홉 단계로 이끄는 작용을 한다.

- 제10송
  그 성질이 무부이며 무기인
  아뢰야식은 항상 흐르고 변화한다.
  상응하여 일어나는
  다섯 가지 변행 심소도 같은 성질을 띤다.

- 제11송
  무상이며 별개의 실체가 없음에도
  아뢰야식은 우주의 일체 제법을 함유하니,
  그 속에 유위법과 무위법이
  종자의 형태로 존재한다.

- 제 12 송
  종자는 종자를 낳는다.
  종자는 현행을 낳는다.
  현행은 종자를 낳는다.
  현행은 현행을 낳는다.

- 제 13 송
  종자와 현행은
  상의상관과 상입상즉의 성질이 있다.
  하나는 일체에 의지하여 생기고
  일체는 그 하나에 의지한다.

- 제 14 송
  아뢰야식은 같지도 않고 다르지도 않으며,
  개별적이지도 않고 공통적이지도 않다.
  같음과 다름은 서로 의지하며
  개인과 집단은 서로를 생기게 한다.

- 제 15 송
  미혹이 사라지면 지혜가 드러나고,
  아뢰야식은 이제 번뇌에 종속되지 않는다.
  아뢰야식은 대원경지가 되어
  사방의 우주 만물을 비춘다.
  이때 그 이름은 청정식이다.

- 제16송
  무명과 미혹이
  갈애와 번뇌라는 결박을 일으킨다.
  이 결박이 아뢰야식을 오염시키고
  명색으로 현행한다.

- 제17송
  아뢰야식에 의지해서
  말나식이 일어난다.
  말나식은 항상 사량하며
  아뢰야식을 자아로 여겨 집착한다.

- 제18송
  말나식의 대상은 자아의 표상으로
  대질경에 속하며
  말나식과 아뢰야식이
  접촉할 때 생겨난다.

- 제19송
  나머지 여섯 현행식의
  선과 불선의 바탕으로서
  말나식은 끊임없이 분별한다.
  그 성질은 무기이며 유부이다.

- 제 20 송

  말나식은 다섯 변행 심소와
  다섯 별경 심소 중 지知와
  네 가지 근본번뇌와 여덟 가지 수 번뇌와 함께 작용한다.
  전부 무기이며 유부이다.

- 제 21 송

  그림자가 형상을 따르듯,
  말나식은 항상 아뢰야식을 따른다.
  말나식은 맹목적인 자기보존 본능으로
  영원과 만족을 갈망한다.

- 제 22 송

  보살이 초지에 들어설 때
  소지장과 번뇌장이 끊어지기 시작한다.
  제8지에서 아집이 끊어지고
  아뢰야식이 말나식의 집착에서 벗어난다.

- 제 23 송

  말나식을 기반으로 하고
  현상을 대상으로 하여
  의식이 현행한다.
  의식의 인식 영역은 우주 법계다.

- 제 24 송
  의식은 세 가지 인식 방식을 사용하고,
  세 종류의 인식 경계를 접하며,
  세 가지 성질을 지닌다.
  모든 심소가 의식에 현행하니,
  변행, 별경, 선, 불선, 부정이 그것이다.

- 제 25 송
  의식이 온갖 신업과 구업의 근원이다.
  심소를 현행하는 성질이 있으나 항상 작용하지는 않는다.
  의식은 이숙시키는 업을 일으킨다.
  의식은 농부와 같아서 일체 종자를 뿌린다.

- 제 26 송
  의식은 항상 작용하지만
  작용을 멈추는 때가 있으니
  무상계와 이등지와
  깊은 수면과 혼절 상태다.

- 제 27 송
  의식은 다섯 유형으로 작동하니
  다섯 감각식 함께 작동하고
  감각식 없이 혼자 작동하고
  산란하거나, 집중하거나, 불안정하게 작동한다.

식의 성질에 대한 오십 게송

- 제 28 송
  의식을 기반으로 하여
  다섯 가지 감각식이
  혼자 또는 의식과 함께 현행하니
  바다 위의 파도와 같다.

- 제 29 송
  다섯 감각식의 인식 경계는 성경이며,
  인식 방식은 현량이다.
  그 성질은 선, 불선, 무기일 수 있으며
  감각기관과 감각 중추에 의지해서 작동한다.

- 제 30 송
  다섯 감각식과 함께 작용하는 심소는
  변행과 별경, 선과 불선,
  근본 번뇌와 수 번뇌,
  그리고 부정이다.

- 제 31 송
  식은 항상
  주관과 객관을 포함한다.
  나와 남, 안과 밖,
  이 모두가 분별심이 지어낸 것이다.

- 제32 송
  식은 세 부분이 있으니
  견분과 상분과 자증분이다.
  일체 종자와 심소도
  그와 같다.

- 제33 송
  태어남과 죽음은 조건에 의지한다.
  식은 본래 분별한다.
  인식 주관과 인식 객관으로서
  견분과 상분은 서로 의지한다

- 제34 송
  현행은 개별적이면서 공통적이며,
  그 속에서 자아와 무아는 둘이 아니다.
  생사윤회는 매 순간 일어나며,
  식은 생사의 바다에서 매 순간 변화한다.

- 제35 송
  시간과 공간과 지수화풍,
  이 모두가 식의 현행이다.
  상의상관과 상입상즉의 이숙 과정 속에서
  아뢰야식이 매 순간 익어간다.

식의 성질에 대한 오십 게송

- 제 36 송

  조건이 충족될 때 존재가 현행하고,
  조건이 부족할 때 현행하지 않는다.
  그러나 오는 것도 아니고 가는 것도 아니며
  존재하는 것도 아니고 존재하지 않는 것도 아니다.

- 제 37 송

  종자가 현행할 때
  이 종자가 인연이다.
  인식 주관은 인식 객관에 의지한다.
  이 객관이 소연연이다.

- 제 38 송

  현행을 좋게든 나쁘게든 돕는 연은
  증상연이다.
  네 번째는
  등무간연이다.

- 제 39 송

  제법의 현행은 두 마음에서 비롯되니,
  미혹한 마음과 참 마음이다.
  미혹한 마음은 변계소집성이고
  참 마음은 원성실성이다.

● 제40송
변계소집성은 마음에 미혹 종자를 심어
괴로운 생사윤회를 일으킨다.
원성실성은 지혜의 문을 열어
진여의 세계로 들어선다.

● 제41송
의타기성을 깊이 관찰할 때
미혹이 깨달음으로 바뀐다.
윤회와 진여는 둘이 아니다.
그것들은 하나로 같다.

● 제42송
활짝 핀 꽃 속에 이미 거름이 있다.
거름 속에 이미 꽃이 있다.
꽃과 거름은 둘이 아니다.
미혹과 깨달음은 서로 의지한다.

● 제43송
생사에서 달아나지 말라.
다만 마음 작용을 깊이 살펴보라.
서로 의지하여 생기는 성질을 볼 때
상의상관의 진리를 깨닫는다.

식의 성질에 대한 오십 게송

- 제 44 송
  호흡을 알아차림으로써
  깨달음 종자에 물을 주어라.
  바른 견해는
  의식의 들판에 피는 꽃이다.

- 제 45 송
  햇빛이 비칠 때
  모든 초목이 자란다.
  알아차림이 비칠 때
  모든 심소가 바뀐다.

- 제 46 송
  내적 결박과 잠재 성향을 알아차릴 때
  그것들이 변화한다.
  습기가 없어지면
  근본으로부터 변화가 일어난다.

- 제 47 송
  지금 이 순간 속에
  과거와 미래가 있다.
  지금 이 순간을 경험하는 방식 속에
  변화의 비결이 있다.

- 제48송
  변화는
  일상생활에서 일어난다.
  수행을 쉽게 하기 위해서는
  승가와 함께 수행하라.

- 제49송
  태어나는 것도 없고 죽는 것도 없다.
  집착할 것도 없고 내려놓을 것도 없다.
  윤회가 곧 열반이다.
  증득할 것이 없다.

- 제50송
  번뇌가 곧 깨달음이다.
  이것을 체득하면 무외의 미소를 띤 채
  자비의 배를 타고 생사의 파도를 타고 넘으며
  미혹의 바다를 건널 수 있다.

식의 성질에 대한 오십 게송

차례

5부 현실의 참모습

6부 수행

1부

아뢰
야식

유식불교의 가르침에 따르면, 우리의 마음에는 여덟 측면, 즉 여덟 개의 '식識'이 있다.[2] 앞의 다섯 가지(전오식前五識)는 물리적 감각기관에 의지한다. 이 다섯 식은 눈이 형상을 볼 때, 귀가 소리를 들을 때, 코가 냄새를 맡을 때, 혀가 맛을 볼 때, 피부가 사물에 닿을 때 일어난다. 여섯 번째인 의식意識은 대상을 관념적으로 인식할 때 일어난다. 일곱 번째 말나식末那識은 제6 의식을 일으키고 지탱하는 측면이다. 여덟 번째는 나머지 일곱 가지 식의 바탕이자 근본으로서 창고 역할을 하는 아뢰야식阿賴耶識이다.[3]

제1송부터 15송까지는 아뢰야식에 대해 설명한다. 아뢰야식은 세 가지 기능이 있다. 첫째, 우리가 경험한 모든 것을 '종자種子'로 저장하고 보존한다. 우리가 지금까지 실행했거나 경험했거나 인식했던 모든 것이 종자로서 아뢰야식 속에 묻혀 있다. 이 행위, 경험, 인식이 심어놓은 씨앗들이 아뢰야식의 '주관主觀, subject'이다. 자석이 쇳가루를 끌어당기듯이, 아뢰야식은 그 모든 것을 빠짐없이 끌어당겨 종자로 심는다.

둘째, 아뢰야식은 종자 그 자체다. 박물관이라는 말은 건물을 가리키기도 하지만 그 안에 전시된 유물을 포함하는 개념이기도 하다. 마찬가지로, 아뢰야식은 씨앗 '창고'일 뿐만 아니라 저장된 씨앗들 자체를 일컫기도 한다. 씨앗은 아뢰야식과 구별되기도 하지만 아뢰야식 속에서만 존재할 수 있다. 예를 들어, 사과 바구니가 하나 있다고 해보자. 그 바구니에서 사과를 따로 구분해서 한 개씩 꺼낼 수 있지만, 바구니가 비어 있다면 그것을 '사과 바구니'라고 부르지 않는다. 이와 똑같이 아뢰야식은 씨앗을 보관하는 창고이자 그 안에 저장된 내용물이다. 따라서 씨앗은 아뢰야식의 '객관'이기도 하다. 그러므로 '식識'이라고 말할 때는 식의 주관과 객관을 동시에 가리키는 것이다.

셋째, 아뢰야식은 '자아로 오인되어 집착의 대상'이 된다.[4] 이것은 제8 아뢰야식과 제7 말나식의 관계가 미묘하고도 복잡하기 때문이다. 말나식은 아뢰야식에서 생겨나지만, 아뢰야식을 돌아보며 그 일부분을 독립적이고 개별적인 자아, 즉 '나'라고 착각해서 집착한다. 우리가 겪는 괴로움의 많은 것이 바로 이 말나식의 그릇된 인식에서 비롯된다. 이 문제에 대해서는 이 책의 2부에서 자세히 살펴볼 것이다.

1

마음밭

마음은 밭이니,
그 속에 온갖 씨앗이 뿌려진다.
이 마음밭의 또 다른 이름은
'일체종자식'이다.

아뢰야식의 가장 중요한 기능은 모든 종자를 저장하고 보존하는 것이다. 그래서 아뢰야식을 종자의 총체를 뜻하는 일체종자식一切種子識이라고도 부른다. 또 다른 이름은 집지식執持識인데, 이는 종자를 단 하나도 잃어버리지 않고 붙들어 유지한다는 뜻이다. 일체 종자를 보존하고 그것이 결과로서 드러날 수 있도록 계속 생장시키는 것이 아뢰야식의 가장 기본적인 기능이다.

종자는 물리적·정신적 현상이 스스로 영속할 수 있도록 해준다. 봄에 꽃씨를 심으면 거기서 싹이 트고 자라서 가을쯤 꽃이 핀다. 그 꽃이 새로운 씨앗을 맺고 그 씨앗이 땅에 떨어져 묻혀 있다가 때가 되면 새싹을 틔우고 새 꽃을 피운다. 우리 마음은 밭이다. 그리고 거기에는 모든 종류의 씨앗이 뿌려진다. 연민의 씨앗과 기쁨과 희망의 씨앗, 슬픔의 씨앗과 두려움, 곤경의 씨앗 등···. 날마다 우리가 하는 말과 생각과 행동이 우리의 마음밭에 온갖 새로운 씨앗을 심는다. 그리고 이 씨앗에서 생겨나는 것들이 우리 삶의 재료가 된다.

우리의 마음밭에는 선업善業 종자와 불선업不善業 종자가 전부 묻혀 있다. 우리 자신과 부모, 조상, 학습, 사회에 의해 뿌려진 것들이다. 밀알을 심으면 밀이 나고 자라듯이, 선한 행위를 하면 당신은 행복할 것이다. 선하지 않은 행위를 할 때, 당신은 자신과 타인의 마음밭에 묻혀 있는 갈망과 분노와 폭력 종자에 물을 주고 있는 것이다. 알아차림mindfulness 수행은 우리가 아뢰야식에 저장된 모든 씨앗을 알아보게 도와준다. 그것을 알게 되면 가장 유익한 씨앗만 골라서 물을 줄 수 있다. 우리에게 내재한 기쁨 종자를 잘 키우고 괴로움 종자를 변화시킬 때, 이해와 사랑과 연민이 꽃으로 피어날 것이다.

2

온갖 종류의 씨앗

마음밭에는 수없이 다양한 씨앗이 있다.
윤회, 열반, 미혹, 깨달음의 씨앗,
고통과 행복의 씨앗,
생각, 이름, 단어의 씨앗.

아뢰야식 속에는 온갖 종류의 씨앗이 있다. 어떤 씨앗은 연약하고, 어떤 씨앗은 튼튼하고, 어떤 씨앗은 크고, 어떤 씨앗은 작다. 하지만 전부 거기에 있다. 윤회 종자와 열반 종자, 고통 종자와 행복 종자도 거기에 있다. 미혹 종자에 물을 주면 무명無明이 자라고, 깨달음 종자에 물을 주면 지혜가 자란다.

윤회輪廻는 생生과 사死의 순환을 뜻한다. 무명 속에서 살아간다면 우리는 괴로운 생사윤회 속에 머물 수밖에 없다. 이 영겁의 윤회에서 벗어나기는 매우 어렵다. 우리의 부모님도 괴로움 속에서 살았고, 이 괴로운 윤회의 씨앗을 우리에게 물려주었다. 우리의 아뢰야식에 저장된 그 해로운 씨앗을 알아보고 변화시키지 못하면 이번에는 우리가 자녀에게 어김없이 그것을 물려주게 된다. 두려움과 괴로움의 이 끝없는 유전이 윤회의 수레바퀴를 힘차게 굴린다. 하지만 우리의 부모님은 행복의 씨앗도 물려주었다. 알아차림 수행은 우리가 자기 자신과 다른 사람들 속에 저장된 그 유익한 씨앗을 알아보고 매일 물을 줄 수 있도록 해준다.

열반涅槃은 평안, 자유, 윤회의 종식을 뜻한다. 깨달음은 밖에서 오지 않는다. 누가 주는 것도 아니다. 심지어 붓다도 주지 못한다. 깨달음 종자는 우리의 아뢰야식 속에 이미 존재한다. 그것이 바로 불성(佛性, 본래부터 갖춘 깨달을 수 있는 성품)이다. 우리는 그 씨앗을 잘 키우기만 하면 된다.

윤회를 열반으로 바꾸기 위해서는 깊이 관찰하는 법을 배우고 윤회와 열반 모두 자신의 아뢰야식 속 종자의 현행이라는 것을 분명히 보아야 한다. 윤회와 괴로움의 씨앗, 행복과 열반의 씨앗이 전부 우리의 아뢰야식에 이미 존재한다. 우리가 해야 할 일은 그저 행복 종자에 물을 주고 괴로움 종자에 물을 주지 않는 것뿐이다. 누군가를 사랑할 때 우리는 그에게 내재한 긍정적인 씨앗을 알아보고 다정한 말과 행동으로써 그 유익한 씨앗에 물을 준다. 그러면 행복 종자는 더욱 튼튼하게 자라는 반면, 괴로움 종자는 힘이 약해진다. 우리가 고약한 말과 행동으로써 그 부정적인 씨앗에 물을 주지 않기 때문이다.

아뢰야식은 우리의 인식에서 생겨난 씨앗도 간직한다. 우리는 많은 것들을 인식하는데, 그러면 이 인식의 대상이 전부 아뢰야식에 저장된다. 대상을 인식할 때 우리는 그것의 '모양[相]'을 본다. '모양'을 가리키는 산스크리트 '락샤나lakshana'는 '표상', '명칭', '겉모습'이라는 뜻이다. 사물의 모양은 우리의 인식 작용이 만들어낸 이미지[想]다. 네 개의 다리가 달린 나무판을 본다면, 그 이미지는 한 개의 씨앗으로서 아뢰야식에 저장된다. 이 이미지에 우리가 붙이는 이름, 즉 '탁자'도 또 하나의 씨앗이다. '탁자'는 인식 대상이자 객관이며, 우리는 인식하는 자, 주관이다. 이 주관과 객관은 우리가 '탁자'라고 이름 붙인 대상을 인식할 때마다, 심지어는 '탁자'라는 단어를 들을 때마다 서로 연결되어 우리의 의식에 탁자의 이미지를 현행한다.

불교에서는 모든 현상이 쌍을 이룬 여섯 가지 모양을 갖추고 있으며 그 여섯 가지 모양(육상六相)이 서로 원만하게 융화하고 있음을 밝혀준다. 첫째는 총상總相과 별상別相이다. '집'(모양, 즉 이미지)을 본다고 했을 때 우리가 맨 먼저 보는 그 '집'의 전체적인 모양이 총상이다. 총상으로서의 '집'은 특정 상표가 붙지 않은 상품과 비슷하다. 옥수수 캔을 사기 위해 식료품점에 갔을 때, 특정 브랜드 명이 쓰여 있거나 눈에 띄는 색깔의 포장 없이 그저 흰색 라벨에 검정 글씨로 '옥수수'라고 쓰인 상품이 있는 것이다. 대상의 총상은 그런 상품과 같다.

하지만 우리의 분별하는 마음은 곧바로 그 집의 수많은 세부 사항, 즉 벽돌과 목재, 창문 등 그 집만의 구체적인 특징을 인식한다. 그 집은 전체(총상)로서, 또는 개별적 부분들(별상)의 조합으로서 인식될 수 있다. 그리고 모든 것이 총상과 별상, 즉 보편성과 특수성을 갖추고 있다.

이와 연관된 두 번째 쌍은 동상同相과 이상異相이다. '집'이라는 개념에 대해 우리는 각 부분이 서로 어울려 이루어진 하나의 모양, 즉 동상을 생각한다. 모든 집이 '집'이라는 이름으로 불리며, 여기에는 이 집과 저 집의 차이가 없다. 하지만 '집'이라는 보편적 개념은 각각의 집에 대한 개별적 정보, 즉 다른 집과 구별되는 그 집만의 독특한 모양을 알려주지 못한다. 똑같이 '집'이라고 불리지만 모양이 서로 다른 수많은 집이 존재한다. 이렇듯 '집'이라는 전체에 속하되 제각기 개별성을 유지하는 고유의 모양이 이상異相이다. 어떤 현상[法, dharma]을 보든지 우리는 이상異相 속에서 동상同相을 보고, 동상 속에서 이상을 볼 수 있어야 한다. 첫 번째 총상과 별상으로 보편적인 집과 개별적인 집을 구분하고, 두 번째 동상과 이상으로 고유의 특징을 갖춘 개별적인 집들 각각을 구분하는 것이다.

세 번째 쌍은 성상成相과 괴상壞相이다. 지금 집을 한 채 짓고 있다고 하자. 각 부분이 유기적으로 엮여서 집을 구성하는 중이지만, 이와 동시에 각 부분이 파괴되는 과정도 진행 중이다. 목재와 벽돌도 새것이고 집이 아직 완성되지 않았다 하더라도 공기 중의 습기나 건조한 바람이 이미 그 집을 해체하기 시작했다. 이제 막 생성되는 어떤 것을 볼 때 우리는 그것이 이미 무너지는 중이라는 것도 볼 수 있어야 한다.

명상 수행은 이 세 쌍, 여섯 가지 모양(총상과 별상, 동상과 이상, 성상과 괴상)을 모두 볼 수 있도록 도와준다. 전체를 볼 때 부분을 보고, 부분을 볼 때 전체를 본다. 목수가 나무를 보면서 집을 상상할 수 있는 것은 나무를 재료로 해서 집을 짓는 작업에 익숙하기 때문이다. 그는 나무의 총상과 별상을 함께 본다. 알아차림 수행을 통해 우리는 여섯 가지 모양을 보는 법을 스스로 익힐 수 있다. 그러면 특정 대상을 인식할 때마다 이 여섯 가지 모양을 함께 보게 된다. 이것이 상의상관相依相關의 가르침이다.

우리는 인식하는 대상에 '산', '강', '붓다', '하느님', '아버지', '어머니' 같은 이름과 단어, 즉 '명칭'을 부여한다. 우리가 각 현상에 붙였던 모든 이름, 우리가 학습한 모든 단어가 아뢰야식에 씨앗으로 저장되고, 그 씨앗은 이미지[想]라고 부르는 또 다른 씨앗을 낳는다. 어떤 것의 이름을 들을 때면 어떤 이미지가 떠오르고, 그러면 우리는 그 이미지가 실재라고 생각한다. 예컨대, '뉴욕'이라는 단어를 들으면 우리는 자신의 아뢰야식에 묻혀 있는, 뉴욕의 이미지와 연관된 씨앗들과 즉시 접촉한다. 그리고 맨해튼의 스카이라인이나 그곳에 사는 친구의 얼굴을 떠올린다. 하지만 이 이미지는 지금 뉴욕의 실제 모습과 다를 것이다. 이는 전적으로 상상이 만들어낸 것이지만, 우리는 현실과 그릇된 인식을 구분하지 못한다.

우리는 단어를 사용해서 어떤 대상이나 개념을 가리킨다. 하지만 단어는 그것의 '진실'과 일치할 수도 있고, 일치하지 않을 수도 있다. 진실은 그것의 참모습을 있는 그대로 직접 인식해야만 알 수 있을 뿐이다. 일상에서 우리가 대상을 직접 인식하는 경우는 드물어서, 우리는 아뢰야식에 저장된 이미지 종자를 토대로 자신의 인식을 조작하고 창조하고 상상한다. 사랑에 빠졌을 때 우리가 마음속에 간직한 연인의 이미지는 그 사람의 실제 모습과 상당히 다를 수 있다. 따라서 우리는 그 사람 자체가 아니라 자신의 그릇된 인식과 결혼한다고 말할 수 있을 것이다.

그릇된 인식은 많은 괴로움을 초래한다. 자신의 인식이 올바르고 완벽하다고 확신하지만 그렇지 못할 때가 빈번하다. 내가 아는 한 남자는 어린 아들이 자기 친아들이 아니라 아내를 자주 찾아왔던 이웃집 남자의 자식이라고 믿었다. 자존심과 수치심 때문에 그는 아내를 비롯한 누구에게도 속내를 털어놓지 못했다. 그러던 어느 날, 놀러온 친구가 아이를 보며 아들이 아빠를 쏙 빼닮았다고 말했고, 그 순간 그 남자는 아이가 친아들이라는 것을 깨달았다. 그렇지만 그가 그릇된 인식에 사로잡혔던 탓에 그의 가족은 오랫동안 굉장히 고통스러웠고, 이 세 사람만이 아니라 주변의 모든 사람이 괴로워했다.

어떤 것에 대한 정신적 이미지, 즉 상상과 그것의 참모습은 매우 쉽게 혼동된다. 그릇된 이미지를 진짜라고 착각하는 과정은 대단히 미묘해서 그 과정이 진행 중이라는 것을 알기가 매우 어렵다. 그래서 착각하지 않기 위해 노력해야 하는데, 그 그릇된 인식을 피하는 방법이 바로 알아차림이다. 우리는 명상 수행으로 마음이 대상을 직접 인식하도록, 올바르게 인식하도록 훈련한다. 명상을 통해 우리는 자신의 인식을 깊이 관찰하면서 그것의 성질을 파악하고 올바른 부분과 그릇된 부분을 찾아낸다.

이렇게 의식하지 않으면 우리는 자신의 인식이 올바르다고 믿는다. 하지만 그 인식은 각자의 아뢰야식에 저장된 과거 경험의 무수한 씨앗으로부터 발전해온 편견에 기반한 것이다. 대상을 잘못 인식하고 그것을 계속 고수한다면 우리 자신과 다른 사람들이 상처를 입는다. 실제로 사람들은 하나의 현실에 대한 상반된 인식 때문에 서로 죽고 죽인다.

우리가 살고 있는 세상은 그릇된 이미지와 미혹으로 가득 차 있지만, 우리는 자신이 이 세상의 참모습을 접하고 있다고 믿는다. 붓다를 깊이 존경하는 우리는 만약 그분을 직접 뵙는다면 당연히 절을 올리고 모든 가르침에 따르겠다고 생각할 것이다. 하지만 동네에서 붓다를 실제로 만났더라도 다가갈 생각조차 못했을지도 모른다. 그분이 우리가 붓다의 모습에 대해 가진 이미지에 걸맞지 않을 것이기 때문이다. 우리는 붓다를 찬란한 후광에 아름다운 가사 장삼을 걸친 분이라고 생각한다. 그래서 평상복 차림의 붓다를 만난다면 그 참모습을 알아보지 못한다. '붓다가 어떻게 셔츠를 입으시겠어? 어떻게 후광이 없을 수가 있지?'

우리의 아뢰야식에는 그릇된 인식의 씨앗이 수없이 존재한다. 하지만 우리는 대상의 실제 모습을 올바로 인식했다고 믿는다. "저 사람은 나를 미워해. 나를 쳐다보지도 않을 거야. 나를 해치고 싶어 해." 이런 인식은 마음이 조작한 것에 불과하다. 이 그릇된 인식을 진실이라고 믿는다면 우리는 그 믿음에 따라 행동할 것이다. 하지만 이건 대단히 위험한 일이다. 그릇된 인식은 수많은 문제를 일으킬 수 있다. 실제로 우리의 모든 괴로움은 대상을 있는 그대로 인식하지 못하는 것에서 생겨난다. 따라서 우리는 항상 겸손하게 자문해야 한다. "확실한가?"라고. 그런 다음에 시간과 공간을 들여서 자신의 인식을 더욱 깊이, 더욱 명확하게, 더욱 차분히 살펴봐야 한다. 요즘 병원에서 의료진과 간병인은 무엇에 대해서든 지나치게 확신하지 않을 것을 서로에게 상기시킨다. "확실하다고 생각해도 한 번 더 확인하세요." 이렇게 서로 권한다.

3
아무것도 잃지 않는다

몸과 마음으로,
욕계, 색계, 무색계로 현행하는 종자는
일체가 아뢰야식에 저장된다.
이런 이유로 '장식藏識'이라 부른다.

우리는 어떤 것이 겉으로 드러나기 전에는 그것이 존재하지 않는다고
말한다. 그리고 인식할 수 있게 되면 그제야 그것이 존재한다고 말한
다. 하지만 한 가지 현상이 현행하지 않는다 해도 그것은 아뢰야식 속
에 한 개의 씨앗으로 항상 존재한다. 우리의 몸과 마음과 세계는 모두
아뢰야식에 저장된 종자들의 현행, 즉 종자가 결과로 드러난 모습이다.
　제3송은 중생의 다양한 존재 양식에 대한 불교적 개념을 몇 가지

언급한다. 이 개념들은 뒤에서 더 자세히 설명할 것이다. 간단히 말하면, 중생이 생사윤회하는 세계[界]는 세 곳(삼계三界)으로, 욕계欲界와 색계色界, 무색계無色界다. 욕계는 탐욕과 분노, 무명, 미혹으로 가득한 세계로, 욕계 중생은 많은 괴로움 속에서 산다. 감각적 욕망에 속박되어 항상 물질을 추구하기 때문이다. 욕망을 얼마간 버리고 소박하게 산다면 우리는 색계에 머물 수 있다. 이 세계에서는 괴로움이 적어지고 약간의 행복을 경험할 수 있다. 세 번째 무색계는 형상이 없고 정신만 존재하는 곳이다. 이 정신이 우리의 마음과 분노와 괴로움 등으로 현행한다. 삶은 계속되지만 형상이 없으므로 형상에 대한 인식도 없다.

욕계와 색계의 네 단계(사선천四禪天), 무색계의 네 단계(사처四處)가 중생이 존재하는 아홉 단계의 세계를 이룬다(삼계와 각 단계에 대해서는 9장에서 자세히 설명할 것이다). 우리가 그릇된 인식에서 벗어나지 못한다면 욕계, 색계, 무색계에 갇혀 살 수밖에 없다. 초기불교 경전에서는 삼계에서 윤회하는 것을 '불타는 집'에 갇힌 것에 비유한다. 삼계는 불에 타고 있다. 그리고 그 불을 지른 자는 바로 그릇된 인식에 빠진 우리 자신이다.

불교 수행의 목적은 이 삼계의 괴로움을 바꾸는 것이다. 갈애의 성질을 깊이 관찰하는 수행을 할 때 우리는 욕계에서 벗어나 한 차원 높은 색계에서 살게 된다. 훨씬 더 깊이 살펴보면 물질에 대한 애착이 줄어들어 무색계에서 살게 된다. 하지만 무색계에도 여전히 괴로움은 있다. 아직은 그릇된 인식을 완전히 없애지 못했고, 많은 욕구가 아뢰야식 깊은 곳에 여전히 잠재해 있기 때문이다. 바로 지금 우리의 내면과 주변에서 이 세 가지 세계를 접할 수 있다.

　각 세계는 그곳 중생들의 아뢰야식의 현행이다. 우리가 사는 세계가 평화롭고 행복하다면 그것은 우리의 아뢰야식 덕분이다. 우리 세계가 불타고 있다면 그 책임 역시 우리 모두에게 있다. 어떤 곳이 즐거운지 괴로운지는 그곳에 살고 있는 자들의 아뢰야식에 의해 결정된다. 대여섯 명이 기쁨과 평화와 행복을 수행하고 그 열매를 거둔 후에 수행센터를 세우고 다른 사람들이 참여할 수 있는 행복한 환경을 만든다면 그들은 작은 '정토淨土'를 세운 것이다. 삼계는 전부 우리 마음에서 생겨난 것, 우리의 아뢰야식에 저장된 씨앗들의 현행이다.

　씨앗은 두 종류의 세계로 현행한다. 첫 번째는 사람과 동물, 식물과 같은 지각이 있는 중생(유정중생有情衆生)이 사는 세계(유정세간有情世間)다. 인간 사회와 동식물 사회 모두 중생의 아뢰야식에서 생겨난다. 두 번째는 산, 강, 공기, 대지, 오존층 같은 지각이 없는 중생(무정중생無情衆生)이 사는 세계(기세간器世間)다. 기세간은 자연계이며, 이 세계 역시 아뢰야식의 현행이다. 우리의 아뢰야식은 이 모든 세계를 현행하고 그 씨앗을 보유하며, 그것들 모두 일정한 법칙과 리듬에 따라 작동한다.

　모든 존재와 현상이 아뢰야식의 현행이다. 『팔식규구송八識規矩頌』에서 현장玄奘 스님은 이렇게 말한다. "[식識은] 근신根身과 기세간을 수용, 훈습, 유지, 보존한다."[5] 보기, 듣기, 냄새 맡기, 맛보기, 닿기를 통해 우리가 경험하고 인식한 모든 것이 마치 '향기'가 배듯이 아뢰야식에 인상이나 흔적을 남기고, 그렇게 배어든 흔적이 종자로 저장된다. 이것을 '훈습熏習'이라고 한다. 우리가 말하고 행하고 생각한 모든 것이 이렇게 '훈습'되어 종자로 보존된다. 우리는 무언가를 잊었다고 여길지도 모르지만, 아뢰야식에 수용된 종자는 단 한 개도 유실되지 않는다. 그 모든 종자가 아직 현행하지 않았을 뿐, 거기에 묻힌 채 현행에 필요한 조건, 즉 연緣이 나타날 때를 기다리고 있다.

4
종자 상속

일부 종자는 본래부터 있던 것으로,
조상으로부터 상속되었다.
일부는 우리가 태아일 때 심어졌고,
일부는 어릴 때 심어졌다.

종자에는 신훈新熏 종자와 본유本有 종자가 있다. 신훈 종자는 살면서
경험을 통해 새로 훈습한 종자이고, 본유 종자는 태어날 때부터 이미
갖추고 있었던 종자다. 우리는 아뢰야식에 본유 종자를 간직한 상태로
태어나는데, 선대의 수많은 조상이 물려준 괴로움 종자와 행복 종자가
바로 그것이다. 우리의 가치관은 물론이고 재능, 특유의 습관, 신체적
특징의 많은 부분이 조상으로부터 우리에게 상속되었다. 살아가는 동

안 현행에 필요한 조건이 갖춰지면 본유 종자 몇 개가 현실로 드러난다. 연緣을 만나지 못한 종자는 우리의 일생 동안에는 현행하지 않지만 자녀에게 상속되고 또 그 자녀에게 상속된다. 몇 세대 후 우리 자손이 살아갈 때 알맞은 연이 충족된다면 이렇게 물려준 몇몇 종자가 그제야 현행할 것이다.

유전학 연구는 우리 몸과 마음의 온갖 특징이 저장된 '설계도'가 수 세대 전의 조상들로부터 대대로 유전된다는 것을 보여준다. 과학자들은 생쥐를 대상으로 한 실험을 통해 일곱 세대가 지나면 개체 특유의 성질이 재발현될 수도 있다는 것을 발견했다. 따라서 우리가 알아차림 수행을 할 때는 나 하나만을 위해서가 아니라 무수히 많은 선대 조상과 후대 자손을 위해서도 수행하고 있는 것이기도 하다. 모든 선후대 세대가 우리 안에 이미 존재한다. 무한한 시간과 공간은 물론이고 수많은 조상의 수많은 경험이 작은 태아의 아뢰야식 속에 처음부터 들어 있다. 이것을 알게 될 때, 우리는 태아에게 크나큰 책임감을 갖게 될 것이다.

일주일 중 하루를 할애해서 그 24시간 동안 평화와 기쁨과 행복을 익히고 행한다면 우리는 조상과 미래 세대에게 행복을 전달할 수 있다. 그러지 않고 일주일을 그냥 흘려보낸다면 우리 자신이 행복해질 기회를 놓치는 것은 물론이고 조상과 후손도 똑같이 그 기회를 놓치는 것이다. 우리가 괴로움에서 벗어나 평화와 기쁨을 경험할 때 우리의 조상들 역시 평화와 기쁨을 경험할 것이고 후대 자손들은 평화와 기쁨 종자를 상속받을 것이다.

우리가 물려받은 종자를 다른 말로 '습기習氣'라고 부른다. 당신은 노래를 할 줄 모른다고 생각할 수도 있지만, 노래를 잘 불렀던 할머니가 물려준 노래 종자가 당신 안에 이미 존재한다. 필요한 연이 전부 갖춰진 환경에 처하면 노래하는 법을 굳이 기억해내지 않아도 어느 순간부터 아주 즐겁게 노래할 수 있을 것이다. 이제부터 당신이 노래 연습을 시작한다면 꺼내 쓰지 않아서 약해졌던 노래 종자가 싹을 틔우고 튼튼하게 자랄 것이다. 이런 종자들은 대체로 본유 종자다. 이 종자가 꽃피기 위해서는 순연順緣이 나타나기만 하면 된다.

깨달음도 마찬가지다. 깨달음에 대한 가르침을 처음 배울 때는 생소하다고 생각하지만, 우리 안에는 이미 깨달음 종자가 묻혀 있다. 그 길을 함께 가는 스승과 도반道伴은 우리가 그 종자와 접촉할 기회를 마련해주고 그것이 자라게 도와줄 뿐이다. 생사의 이치를 분명히 깨닫고 대비심을 일으킨 뒤, 붓다는 이렇게 말하였다. "모든 중생은 본래 깨달을 성품을 갖추었으나 그것을 알지 못한다. 그리하여 고해의 물결에 휩쓸려 이리저리 떠돌면서 나고 죽음을 거듭한다."[6] 우리의 아뢰야식에는 유익한 선업 종자가 많이 묻혀 있다. 스승과 승가僧伽의 도움을 받는다면 우리는 자기 자신으로 돌아와서 그런 종자들과 접할 수 있다. 스승과 승가와의 만남은 우리의 깨달음 종자가 자랄 수 있게 해주는 순연이다.

우리의 몸을 이루는 낱낱의 세포 속에, 그리고 우리의 아뢰야식 속에 모든 조상 세대로부터 물려받은 다양한 종자가 들어 있다. 아뢰야식의 '훈습' 작용은 우리가 태어나기도 전에, 어머니의 자궁에 있는 동안에도 일어난다. 잉태되는 순간부터 우리는 더욱 많은 씨앗을 받아들이기 시작한다. 어머니와 아버지가 인식하는 모든 것, 경험하는 모든 기쁨과 슬픔이 낱낱이 종자로서 태아의 아뢰야식에 심어진다. 출산을 앞둔 부모가 아기에게 줄 수 있는 가장 큰 선물은 그들 자신의 행복이다. 부모가 서로 행복하면 아기는 행복 종자를 수용한다. 하지만 부모가 화내고 서로를 괴롭힌다면 그 모든 부정적 종자가 아기의 아뢰야식에 그대로 저장된다.

세상에 새로운 생명을 탄생시키는 건 중대한 일이다. 하지만 의사와 치료사가 10년 동안 노력해서 면허증을 취득해야만 하는 반면, 부모는 아무런 교육이나 준비 없이도 누구나 될 수 있다. 우리는 '부모 교육기관'을 세울 필요가 있다. 결혼하기 전에 1년 동안 자신의 내면을 깊이 관찰하고 어떤 종류의 씨앗이 튼튼하고 어떤 종류의 씨앗이 약한지 알아내는 연습을 할 수 있는 곳 말이다. 긍정적인 씨앗이 부실하다면 그 씨앗이 튼튼해지도록 물을 흠뻑 주는 법을 배우고, 부정적인 씨앗의 힘이 지나치게 세다면 그 씨앗을 변화시키는 법, 그런 씨앗에 물을 주지 않는 방식으로 살아가는 법을 배우는 것이다.

결혼한 뒤 가족을 꾸리기 위해 1년 동안 준비 기간을 가지라는 건 결코 과한 요구가 아니다. 예비 엄마는 훗날 만날 아기의 아뢰야식에 행복과 평화, 기쁨의 씨앗을 심고, 해로운 씨앗은 심지 않는 법을 배울 수 있다. 예비 아빠 역시 자신의 말과 생각과 행동이 앞으로 태어날 아기의 아뢰야식에 고스란히 씨앗으로 묻힌다는 것을 알아야 한다. 자궁 속의 아기는 몇 마디의 가시 돋친 말, 책망하는 눈빛, 쌀쌀맞은 행동을 전부 받아들인다. 태아의 아뢰야식은 가정에서 일어나는 모든 것을 수용한다. 단 한 번 했던 경솔한 말이나 행동이 아기의 내면에 평생 남아 있을 수도 있다.

이 교육기관에서는 남성과 여성이 자신의 부모는 물론이고 조부모, 증조부모 등 조상과의 연결을 통해 자기 자신(자신의 강점과 약점)에 대해 알 수 있도록 돕고, 자신의 씨앗을 관리하는 법을 배울 수 있도록 돕는다. 이런 프로젝트는 매우 중요하다. 예비 부모는 임신 전후의 기간 동안 그들이 경험한 기쁨과 곤경을 기록하고, 아기가 태어나 열 살이 될 때까지 그들이 겪은 고통과 행복과 주요 사건을 전부 기록하도록 한다. 이 기간에 일어났던 일을 아이는 대부분 잊어버린다. 하지만 부모가 아이에게 그것을 알려줄 수 있다면 훗날 아이가 성장한 후에, 그리고 아이 자신이 이 기관에서 부모 교육을 받아야 할 때 큰 도움이 될 것이다.

우리는 부모님에게서 괴로움 종자를 물려받았다. 부모님처럼 행동하지 않겠다고 결심했다 하더라도 괴로움 종자를 어떻게 실천하고 변형시켜야 할지 모른다면 우리도 똑같이 행동하게 된다. 살아가는 동안에도 우리는 계속 부모님에게서 종자를 받아들인다. 부모님의 기쁨과 고통이 번번이 우리를 뚫고 들어온다. 아버지의 말에 어머니가 행복해했다면 행복 종자를 받아 심고, 어머니가 슬피 울었다면 괴로움 종자를 받아 심는다.

아기가 잉태된 그 순간부터 보호할 수도 있다. 가장 중요한 건 아이가 어머니의 자궁에서 자라는 아홉 달 동안 매 순간 알아차림하며 생활하는 것이다. 그리고 아기가 태어난 후에도 부모가 알아차림을 지속하는 편이 좋다. 아기는 아버지와 어머니의 대화 내용을 알아듣지는 못해도 목소리를 통해 부모의 감정을 정확하게 감지한다. 부모가 다정하게 대화할 때 아기는 애정을 느끼지만 짜증스럽게 말할 때면 분노를 감지한다. 아기가 자궁 속에 있으니까, 혹은 아직 너무 어리니까 잘 모를 거라고 생각하면 안 된다. 집안 분위기가 어떻든, 이는 전부 아기의 아뢰야식 속으로 들어간다. 집안 분위기가 무겁고 침울할 때 아기는 그 분위기를 분명히 느낀다.

많은 아이들이 무거운 집안 분위기를 견디지 못한다. 그리고 마음에 상처를 입히는 말을 듣지 않으려고 욕실이나 다른 방에 숨는다. 때때로 아이들은 부모의 대화 방식 때문에 병이 나기도 하는데, 그렇게 되면 그 아이는 어른이나 권위를 지닌 사람을 평생 두려워할 수도 있다. 어른이 함께 있지 않을 때 스스럼없이 행복하게 장난치던 아기들이 문이 열리고 어른이 들어오자마자 풀이 죽고 입을 다무는 것을 본 적이 있다. 그 아기들이 지닌 두려움 종자는 이미 너무 강력하다. 괴로움은 우리가 태아 상태일 때부터 시작되고, 조상이 물려준 몇몇 종자는 훨씬 이전부터 우리의 아뢰야식에 존재한다.

어린아이는 정말로 연약하고 취약하다. 그렇기 때문에 우리는 부모로서 어린 아들과 딸을 괴롭게 하는 말이나 행동을 하지 않도록 조심해야 한다. 우리는 그 괴로움의 상흔이 평생 지워지지 않으리라는 것을 알고 있다. 많은 아이가 부모로부터 신체적·정서적 학대를 받고, 이 때문에 평생을 고통 속에서 산다. 이럴 때 일상 속 알아차림(자녀는 부모의 연속체라는 것에 대한 자각) 수행이 더없이 유용할 것이다. 일상에서 매 순간 깊이 관찰하고 알아차릴 때 우리는 아이가 자신의 연속체라는 것을 깨닫는다. 아이는 다름 아닌 우리 자신이다. 만약 부모 때문에 괴로웠다면 우리는 부모의 부정적인 씨앗이 우리 안에 저장되어 있음을 안다. 그런 씨앗을 알아보지 못하고 변화시키는 연습을 하지 않는다면 우리는 부모가 우리에게 했던 행동을 자녀에게 똑같이 되풀이하게 된다. 이런 괴로움의 대물림은 일상 속 알아차림 수행을 통해서만 끝낼 수 있다.

붓다는 아뢰야식 속 종자가 어떻게 대대로 상속되는지 알려면 신체적 특징의 유전 과정을 자세히 관찰해보라고 하였다. 당신의 몸은 부모와 수많은 조상을 통해 당신에게 상속되었다. 당신은 상속을 받았고, 당신의 몸은 상속되는 대상이다. 이 과정에는 세 가지 요소가 있다. 상속한 자, 상속된 대상, 상속받은 자다.

붓다는 각 요소의 성질을 깊이 관찰해서 상속의 공성空性을 깨달으라고 한다. 우리는 자문한다. "아버지가 내게 상속한 것이 무엇인가?" 대답한다. "아버지는 아버지 자신을 내게 상속했다. 상속된 대상은 바로 아버지 자신이다. 나는 실제로 아버지의 연속체다. 나는 내 아버지다." 우리의 조상은 우리 안에 존재하며, 때때로 나의 웃는 표정이나 말투, 사고방식을 통해 그 존재를 드러낸다. 다시 묻는다. "상속받은 자는 누구인가? 그는 별개의 실체인가?" 그렇지 않다. 상속받은 자는 상속된 대상이자 상속한 자의 대상이다. 상속된 대상은 상속한 자와 하나다.

틱낫한 마음

상속의 공성을 간파할 때 당신은 자신이 곧 아버지라는 것을 깨달을 수 있다. 그래서 이제는 이렇게 말하지 못한다. "아버지와 관련된 것은 단 하나도 갖고 싶지 않아. 정말 화가 나거든." 그렇지만 사실 당신은 상속된 당신 아버지다. 당신이 할 수 있는 일은 당신 자신과 아버지를 화해시키는 것뿐이다. 아버지는 저 밖에, 당신과 별개로 존재하지 않는다. 그는 당신 속에 존재한다. 이것을 알고 화해할 때, 그제서야 평화로울 수 있다.

5

별업 종자와 공업 종자

가족에 의해 심어지든
친구나 사회, 교육에 의해 심어지든,
모든 종자는 본래
별업 종자이자 공업 종자다.

사회와 국가와 우주 전체가 우리의 아뢰야식 속 종자의 현행이다. 내
가 사는 프랑스의 플럼 빌리지Plum Village와 승원僧院과 수행센터 역
시 아뢰야식 속 종자의 현행이다. 그곳 수행자들은 공통의 종자가 현
행한 공통적인 플럼 빌리지를 경험한다. 하지만 각각의 수행자는 각자
의 종자가 현행한 개별적인 플럼 빌리지도 경험한다. 도안 응히엠Doan
Nghiem 비구니의 플럼 빌리지와 폽 당Phap Dang 비구의 플럼 빌리지는

똑같지 않다. 플럼 빌리지는 개별적인 모습과 공통적인 모습을 갖는다.

그러므로 당신은 플럼 빌리지가 객관적 현실이자 주관적 현실이라고 말할지도 모른다. 하지만 결코 그렇지 않다. 당신은 당신의 아뢰야식 속 종자가 현행한 주관적 현실로서의 플럼 빌리지만을 경험하지만, 플럼 빌리지가 객관적 현실로 존재하며 언젠가는 그것을 파악하게 될 거라고 생각할지도 모른다. 하지만 당신이 '객관'이라고 부르는 것도 당신의 아뢰야식에서 생겨난다. 우리의 아뢰야식은 개인적인 것과 공통적인 것, 주관과 객관을 전부 가지고 있다. 그렇지만 우리는 식識이 별개의 것이라고 믿고, 바깥에 별도로 '객관'적 현실이 존재한다고 믿는다. 그리고 그것을 토대로 플럼 빌리지에 대한 이미지[想]를 만든다.

우리는 비교하고 논쟁하는 과정을 통해 자신의 개인적·주관적 견해를 버리고 사물을 객관적으로 인식하는 법을 알고자 한다. 세상의 실상實相을 직접 접하기를 원한다. 하지만 우리가 감각적 지각과 상관없이 독립적으로 존재한다고 생각하는 객관적 현실, 그 자체가 바로 집단의 공업共業 종자의 산물이다. 행복과 고통, 아름다움과 추함에 대한 우리의 견해에는 많은 사람들의 견해가 반영되어 있다. 공업 종자는 고작 서너 명이 공통으로 지닌 종자가 아니라 수백, 수천 명이 똑같이 지닌 종자를 말한다. 어떤 것들은 처음에는 개인의 별업別業 종자에서 현행했다가 차차 공업 종자가 되기도 한다.

우리의 아뢰야식은 별업 종자와 공업 종자를 전부 갖고 있다. 예를 들어, 어떤 것이 크게 유행할 때 이 유행은 한 사회 집단의 공업 종자가 만들어낸 것이다. 아름다움에 대한 나만의 견해가 있다고 믿고 있겠지만, 자세히 살펴보면 그 견해는 다른 많은 사람의 견해로부터 형성되었음을 알게 될 것이다. 여러 개의 넥타이 중에서 한 개를 골랐을 때 당신은 그것을 선택한 주체가 당신 자신이라고 생각하겠지만 당신의 아뢰야식 속 종자, 즉 습관화된 기운(습기習氣)과 일치하는 넥타이가 눈에 띄는 순간, 그것이 당신을 선택한 것이다. 당신은 선택의 자유를 행사했다고 생각하지만 그 선택은 이미 오래전에 이루어졌던 것이다.

그림 한 점이 수백만 달러에 팔린다면 이것은 우리의 아뢰야식 속 공업 종자들이 그 그림에 그만한 가치가 있다고 판단했기 때문이다. 어쩌면 어린아이는 그 그림이 괴상하다며 하찮게 여길지도 모른다. 그 그림에 대한 우리의 판단은 아름다움에 대한 개인적인 견해를 반영할 뿐만 아니라 사회와 조상들이 지녔던 견해도 반영한다. 음식에 대한 취향도 마찬가지다. 나는 겨자잎 장아찌를 맛있게 먹는데, 이는 내 조상들이 그것을 즐겨 먹었고 내 아뢰야식 속에 그것을 좋아하는 습기, 종자가 있기 때문이다. 하지만 당신은 겨자잎 장아찌를 질색할지도 모른다. 맛있음과 맛없음, 아름다움과 추함에 대한 판단은 우리 각자의 종자와 공통의 종자에 따라 달라진다.

공업 종자는 민주주의 등 각종 정치체제도 만든다. 주식시장, 달러 가치, 금 시세 역시 공업 종자의 현행이다. 주식 중개인들은 쉴 새 없이 계산하고 추론하고 예측하고 판단하는데, 그들의 판단에 따라 주가와 환율과 금 시세가 시시각각 오르내린다. 그리고 이런 계산과 추론과 예측은 연쇄반응을 일으켜서 공통된 전망을 낳고, 때때로 그 추론과 예측이 어마어마한 고통을 초래한다. 주가의 등락은 우리가 공통으로 지닌 두려움 종자와 희망 종자가 현행한 것이다. 천국과 지옥, 국가의 헌법, 우리가 일상적으로 소비하는 상품들 모두 우리의 아뢰야식 속 공업 종자의 현행이다.

아뢰야식 속 종자 중에 백 퍼센트 본유 종자이거나 백 퍼센트 신훈 종자인 것은 없다. 어떤 것은 순전히 별업 종자이고, 어떤 것은 순전히 공업 종자인 것도 아니다. 당신이 뛰어난 뮤지션일 경우, 그 음악적 재능 종자를 당신만의 별업 종자로 생각할 수도 있다. 하지만 깊이 살펴보면 그 종자에 공통성도 있음을 알 수 있다. 당신은 그 재능을 조상이나 스승으로부터 받았거나 심지어 라디오를 들음으로써 습득했을 수도 있다. 그 종자는 당신의 것이고 당신의 아뢰야식에 존재하긴 하지만, 그것은 지금까지 당신과 접촉했던 모든 사람의 행복과 불행, 강점과 약점에 의해 당신의 마음밭에 뿌려졌던 것이다.

우리의 아뢰야식 속 종자는 개별적인 동시에 공통적이다. 순전히 개별적이거나 순전히 공통적인 것은 한 개도 없다. 개인 속에 집단이 있고, 집단 속에 개인이 있다. 집단은 개인에 의지해서 생겨나고, 개인은 집단에 의지해서 생겨난다. 이것이 상의상관적 공존interbeing이다.

종자를 본유 종자와 신훈 종자로 나누고, 별업 종자와 공업 종자로 나누는 것은 임시방편이다. 서로 반대되는 것처럼 보이는 개념들을 잘 이해하도록 돕기 위해 임시로 구분하여 설정했을 뿐이다. 그러면 알아차림을 수행할 때 다양한 종자를 쉽게 다룰 수 있기 때문이다. 수행이 무르익으면, 그리고 만물의 상의상관성을 깨달으면 이런 구분은 더 이상 필요하지 않다.

그러므로 우리는 개인과 집단 개념에서 벗어날 필요가 있다. 모든 것은 그 두 요소를 전부 갖고 있으며 개인과 집단은 서로 의지해서 존재하기 때문이다. 버스 운전사의 시신경은 그에게만 중요한 개인적인 것처럼 생각되겠지만, 그의 시신경은 많은 승객의 안전에 영향을 미칠 수 있다. 우리는 자신이 폭력적이지 않다고 믿을지도 모르지만 텔레비전과 신문을 통해, 또는 자신이 보았거나 경험했던 것을 통해 물을 주어 기른 폭력 종자가 우리 안에 존재한다. 자세히 관찰한다면 이 종자가 개별성과 공통성을 동시에 갖고 있음이 보인다.

수행 모임 기간 중에 우리는 호흡과 미소와 걸음을 알아차리는 수행을 한다. 수행 모임에서는 알아차림에 도움이 되는 특별한 환경을 조성한다. 이것이 그런 행사가 지닌 공통성이다. 걸음을 알아차리고 호흡에 주의를 기울이고 미소를 연습함으로써 우리는 개인의 행복을 키운다. 하지만 개인 속에 집단이 있는 것처럼, 개인도 집단에 영향을 미친다. 우리가 평화롭게 한 걸음 내디딜 때 세상은 바뀐다. 미소를 지을 때마다 우리 자신이 조금씩 변화할 뿐만 아니라 우리가 만나는 사람들도 조금씩 변화한다. 개인은 항상 집단에 영향을 미치고, 집단은 항상 개인에게 영향을 미친다. 우리의 아뢰야식에 저장된 모든 종자는 이렇게 이중성, 즉 개별성과 공통성을 갖는다. 우리가 선업 종자에 물을 주고 불선업 종자에는 물을 주지 않는 수행을 할 때 그 점을 명심해야 한다.

그렇기 때문에 우리는 우리 안의 기쁨 종자에 물을 주는 사람과 어울려야 한다. 고통을 겪는 이를 차별하고 멀리하라는 뜻이 아니다. 우리가 지닌 선업 종자가 부실할 때는 그 연약한 평화, 건강, 행복 종자에 물을 주는 친구와 가깝게 지낼 필요가 있다는 말이다. 그 평화 종자와 행복 종자가 우리 마음밭에서 아주 튼튼하게 자리를 잡을 때 우리는 고통받고 있는 사람을 더 많이 도울 수 있다. 그러려면 자신의 선업 종자가 남을 도울 수 있을 만큼 튼튼한지 아닌지를 알아야 한다. 그렇지 않으면 상대방이 지닌 부정적 종자들의 위력에 압도될 우려가 있다.

수행센터에는 항상 심각한 정신적 고통에 시달리는 사람이 몇 명씩 있다. 그를 돕는 법사法師는 그와 마주 앉아 열린 마음으로 매 순간 온전히 깨어서 그의 고통에 귀를 기울일 책임이 있다. 하지만 아뢰야식 속 종자의 이중성과 상의상관성에 대한 알아차림 수행을 하지 않을 경우, 법사는 자기 힘으로는 감당할 수 없는 엄청난 고통에 압도되어 상대방을 돕지 못한다. 경청하는 내내 깨어서 알아차림하지 못한다면 상대방이 호소하는 고통은 법사의 아뢰야식 속 고통 종자에 물을 줄 뿐이다. 법사가 된다고 해서 자기 능력 밖의 일을 해낼 힘이 생기는 게 아니다. 법사는 자신이 돌봐야 할, 고통에 빠진 사람의 수를 제한해야 한다. 그렇지 않는다면 자신이 무너지고 만다.

심리치료사도 마찬가지다. 심리치료사는 마음을 열어 내담자의 고통을 이해하고 도울 방법을 찾는다. 하지만 누군가를 도운 후에는 혼자서 또는 주변 사람과 함께 자신을 활기차게 해주고 치유해줄 무언가를 하면서 시간을 보내야 한다. 고통을 흡수하는 능력이 한계에 이르렀다면 자신의 건강 종자와 평화 종자를 충분히 회복시키기 전에는 내담자 수를 늘리지 말아야 한다. 그래야만 타인을 돕는 일을 계속 해나갈 수 있다.

꼭 법사나 심리치료사가 되어야만 다른 사람을 도울 수 있는 건 아니다. 우리는 모두 기꺼이 시간을 내서 친구의 아픔에 귀를 기울인다. 그의 고통에 공감한 후에는 걷기 명상을 하거나 즐거운 일에 몰두하는 게 좋다. 그래야만 다시 가볍고 상쾌해지고 충분히 강해져서 앞으로 또 누군가를 도울 수 있다. 자신의 한계를 모른 채 마음을 활짝 열기만 한다면 우리 자신의 불안 종자와 고통 종자는 계속 물을 흡수하고, 우리는 압도되고 만다. 자신의 아뢰야식에 묻힌 건강 종자에 물을 주는 연습을 계속해야 한다. 남을 돕고자 하는 사람들 가운데에는 한가하게 쉬어서는 안 된다고 생각하는 이들이 많다. 도움이 필요한 사람이 한도 끝도 없다는 이유 때문이다. 하지만 쉬지 않으면, 소진된 힘을 회복하지 않으면 그들 자신이 평화와 기쁨을 느끼지 못할 뿐만 아니라 다른 사람을 돕는 지원군 역할도 해내지 못한다.

현대심리학의 아버지로 불리는 지그문트 프로이트Sigmund Freud가 제시한 '무의식'은 몇 가지 면에서 아뢰야식과 흡사하지만, 무의식은 아뢰야식의 극히 일부에 불과하다. 제7 말나식은 프로이트가 창시한 정신분석학의 '자아ego' 개념과 거의 똑같으며, '초자아superego'라고 부르는 것은 제6 의식과 어느 정도 관련이 있다. 프로이트의 영향을 받은 칼 융Carl G. Jung은 여기에서 더 나아가 개개인이 마음에 간직한 고통과 행복과 경험은 집단무의식도 반영한다고 말했다. 그는 티베트 불교에서 몇 가지 개념을 차용했고, 칼 융 이후 많은 심리치료사가 그의 관점을 채택해왔다.

불교심리학은 당연히 서양 심리학에 계속 영향을 끼칠 것이며, 유식의 가르침은 정신질환 치료법에 갈수록 큰 영향력을 발휘할 것이다. 심리치료사들을 초청한 수행 모임에서 우리는 호흡명상과 좌선坐禪과 걷기 명상을 함께 하면서 자신의 고통을 알아보고 포용하는 수행을 한다. 그리고 이 수행은 생활의 일부가 되었고, 이는 불교가 서양의 심리치료 분야에 기여할 수 있는 최고의 선물이다.

아뢰야식에 대해 말할 때 우리는 현대사회에서 말하는 식識, 즉 그날그날의 이슈와 유행에 따라 변하는 의식을 생각하는 경향이 있다. 하지만 아뢰야식에 저장된 공업 종자들은 우리 조상으로부터, 그리고 앞서 살았던 모든 이로부터 전해진 것이다. 우리의 아뢰야식 속 종자에는 아득한 옛날부터 지금까지 온 우주에 존재했던 수많은 이들의 경험과 생각과 인식이 담겨 있다. 시간과 공간을 초월하여 그들 집단의 습기가 우리의 아뢰야식에 그대로 배어 있는 것이다.

그렇다면 우리의 아뢰야식은 어디에 있을까? 그것은 우리 몸의 세포 속에 존재하며, 우리 몸 바깥에도 존재한다. 각각의 체세포에 수많은 선대 조상의 성격과 특징, 경험, 기쁨, 괴로움이 전부 들어 있다. 그래서 유전자는 사실 아뢰야식 속 종자와 비슷하다. 아뢰야식이 개별성과 공통성을 함께 지니듯이, 각각의 체세포 역시 독특함과 동시에 몸 전체의 유전자 지도를 갖고 있다. 그래서 현대과학에서는 체세포 복제기법을 이용해서 한 개의 체세포만 가지고도 동일한 개체를 생산할 수 있다.

개인과 집단, 안과 밖 개념을 초월해야 한다. '안'이 있어야 '밖'이 있다. 우리가 자신의 피부를 만지는 건 곧 내 안에 존재하는 땅[地]과

물[水]과 불[火]과 바람[風]을 만지는 것이다. 그리고 이와 동시에 이 네 가지 요소(사대四大)가 우리 몸 밖에도 존재한다는 것을 안다. 깊이 관찰한다면 우리는 태양이 우리의 심장이라는 것을 깨달을 수 있다. 몸속의 심장이 작동을 멈추면 곧바로 죽는 것과 마찬가지로, 우리의 두번째 심장인 태양이 빛나지 않는다면 우리도 곧바로 죽는다. 우주가 곧 내 몸이고, 내 몸이 곧 우주다.

6
업 종자

삶의 질은
종자의 질에 달려 있다.
이 종자는 전부
아뢰야식 속 깊이 묻혀 있다.

우리가 행복한지, 그렇지 않은지는 우리의 아뢰야식 속 종자에 달려 있다. 우리가 지닌 연민, 관용, 자애 종자가 튼튼하면 그런 특성이 현행할 수 있다. 분노, 적의, 슬픔 종자가 힘이 세면 우리는 많은 괴로움을 겪게 된다. 누군가를 이해하기 위해서는 그의 아뢰야식 속 종자의 특성을 알아야 한다. 그리고 그런 종자들이 저장된 것은 그 한 사람만의 책임이 아님을 기억해야 한다. 그에 대한 책임은 그의 조상과 부모와 사회 모두에게 있다. 이 사실을 알 때 우리는 그 사람에게 연민을 느낀다. 그리고 이해와 애정을 가지고 우리 자신과 다른 사람들의 아름다운 씨앗에 물을 주는 법을 배울 것이며, 괴로움 종자를 알아보고 그것을 바꾸는 법을 찾을 것이다.

누군가 찾아와서 조언을 구한다면 우리는 그의 아뢰야식 깊은 곳에 묻혀 있는 종자를 보기 위해 그의 내면을 깊이 들여다봐야 한다. 그냥 일반적인 몇 마디 교훈이나 충고는 그 사람에게 별로 도움이 되지 않을 것이다. 자세하고 깊게 살펴볼 때 그가 지닌 종자의 특성을 알아볼 수 있는데, 이것을 '상황 관찰하기'라고 부른다. 그러고 나면 긍정적인 종자를 키우고 부정적인 종자를 변화시키기 위한 특정 수행법을 그에게 찾아줄 수 있다.

누군가를 도울 방법이 전혀 없다고 느껴진다면 그건 그의 상황을 아직 충분히 자세하게 관찰하지 않았기 때문이다. 누구든지 행복 종자를 몇 개 정도는 갖고 있다. 이 사람의 행복 종자는 힘이 세고, 저 사람의 행복 종자는 약하다는 차이뿐이다. 당신이 몇 년 만에 처음으로 친구의 행복 종자에 물을 주는 사람이 될 수도 있다. 진정한 도움은 이렇게 선업 종자를 알아보고 물을 주는 능력에서 나온다. 그에게서 탐욕과 오만과 분노만 본다면 아직도 그를 충분히 자세히 관찰하지 않은 것이다.

프랑스 철학자 장 폴 사르트르Jean-Paul Sartre는 이렇게 말했다. "인간은 자신의 행위의 총합이다." 개개인은 각자가 지은 무수한 행위(업業)의 집합체이며, 그 행위는 각자의 아뢰야식 속 종자의 원인이자

064
틱낫한 마음

결과다. 어떤 일을 할 때 그 행위는 원인, 즉 업인業因이 되고, 그것이 결과를 낳으면 업과業果가 된다. 우리가 몸과 말과 생각으로 짓는 업은 전부 아뢰야식에 종자로 심어지고, 아뢰야식은 이 모든 종자를 보관하고 유지한다.

업에는 세 종류가 있다. 의업意業, 구업口業, 신업身業이다. 생각으로 짓는 의업은 구업과 신업보다 먼저 일어난다. 아직 불선한 말이나 행동으로 이어지지 않았더라도 불선한 생각만으로도 우주를 진동시키기에는 충분하다. 우리가 말로써 타인에게 미치는 영향이 구업이다. 우리의 말이 괴로움을 초래할지 행복을 초래할지는 우리 자신의 행복, 자신의 아뢰야식 속 종자의 특성에 달려 있다. 신업은 신체적 행위를 말한다. 해를 끼친 행위든 도움을 준 행위든 모두 신업이다. 이 세 종류의 업業종자가 제8 아뢰야식에 저장된다.

많은 불교 수행자들이 '기억해야 하는 다섯 가지 명제(오념五念)'를 매일 외운다. 그중 다섯 번째는 이렇다. "나의 업만이 유일한 내 것이다. 나는 내가 지은 업의 과보果報를 피하지 못한다. 나의 업은 내가 딛고 선 땅이다." 우리가 죽어서 다른 형태의 존재로 바뀌고 재산과 가족을 전부 두고 떠나야 할 때, 오직 우리의 업 종자만이 우리와 함께 간다. 아뢰야식에는 생각으로 지은 의업만 보관되는 게 아니다. 우리가 이 세계에서 다른 세계로 건너갈 때 구업 종자와 신업 종자도 아뢰야식에 묻힌 채 함께 따라간다.

어떤 사람이 행복한지 행복하지 않은지를 알기 위해서는 그의 아뢰야식에 저장된 종자를 살펴봐야 한다. 불행 종자, 분노, 차별, 미혹 종자의 세력이 강하다면 그는 무척 괴로울 것이다. 그리고 다른 사람들이 지니고 있는 불선업 종자에 물을 주는 불선행을 저지를 가능성이 있다. 반면 이해, 연민, 용서, 기쁨 종자의 힘이 센 사람은 그 자신이 진정 행복할 수 있을 뿐만 아니라 다른 사람들이 지닌 행복 종자에 물을 줄 수 있다. 그러므로 우리 자신과 다른 사람들에게 있는 선업 종자를 알아보고 물을 주는 수행을 날마다 해야 한다. 나의 행복과 다른 사람들의 행복이 이 수행에 달려 있다.

붓다는 해탈에 이르는 길로서 팔정도八正道를 설하였다. 그중 하나가 정정진正精進으로, 이와 연관된 네 가지 구체적인 수행을 사정근四正勤이라고 한다.[7] 그 첫 번째가 아직 현행하지 않은 불선업 종자가 싹트지 않도록 미리 방지하는 것이다. '불선'은 해탈에 결코 도움이 되지 않는다는 뜻이다. 이 해로운 종자에 물을 주면 그것이 현행하고 세력이 더욱 커지겠지만 알아차림을 이용해서 그런 종자를 잘 다스린다면 머지않아 그 종자는 힘을 잃고 아뢰야식 속에 가만히 머물 것이다.

두 번째는 의식에 이미 현행한 불선업 종자를 아뢰야식으로 돌려보내는 것이다. 이때도 알아차림이 중요하다. 불선업 종자 한 개가 이미 현행하여 의식에 불선 심소로 나타났음을 알아차린다면 우리는 그것에 사로잡히는 것을 피할 수 있다. 세 번째는 아직 싹트지 않은 아뢰야식 속 선업 종자에 물을 주는 방법을 찾아서 그것이 의식에 현행하도록 돕는 것이고, 마지막 네 번째는 선업 종자가 이미 현행하여 의식에 선한 심소로 드러났을 때 그것을 최대한 오래 유지하는 것이다(의식의 활동에 대해서는 뒤에서 자세히 다룰 것이다).

네 가지 정근 수행은 기쁨을 양분으로 삼는다. 우리가 행복, 사랑, 성실, 화해 종자에 매일 물을 주면 기쁨을 얻게 되고, 그러면 이 기쁨이 자양분이 되어서 그 종자들을 튼튼하게 키울 것이다. 붓다의 일화는 적정한 수준에서 꾸준히 수행하는 방법을 아는 것이 얼마나 중요한지를 잘 보여준다.

붓다가 제자 소나에게 물었다.

"그대가 수행자가 되기 전에 악기를 연주했다는 것이 사실인가?"

소나가 그렇다고 대답하자 붓다가 다시 물었다.

"악기의 줄이 너무 느슨하면 어떻게 되는가?"

"줄을 당겨도 소리가 나지 않습니다." 소나가 대답했다.

"줄이 너무 팽팽하면 어떻게 되는가?"

"끊어집니다."

"수행도 이와 같다." 붓다가 말하였다.

"건강을 지키고 기쁘게 행해야 한다. 조급한 마음에 자신을 혹독하게 다그쳐서는 안 된다."[8]

꾸준히 수행하기 위해서는 자신의 신체적·정신적 한계를 알아야 하며, 정진과 휴식 사이에서 균형을 잡을 수 있어야 한다. 수행은 즐겁고 기쁘며 성장시키고 치유하는 것이어야지, 고행을 고집하지 않는 게 좋다. 이와 동시에, 감각적 쾌락에 빠져 수행을 게을리하지 않도록 주의해야 한다. 중도中道를 취하여 양극단을 아우르는 전체를 관찰할 수 있을 때 사정근 수행을 지속할 수 있다.

7
습기(習氣)

아뢰야식의 기능은
일체 종자와 습기를
수용하고 유지하는 것이니,
종자는 세계로 현행하거나 잠재 상태로 머문다.

우리가 조상과 친구와 사회로부터 받은 씨앗은 아뢰야식에 저장된다. 떨어진 씨앗이 땅에 묻히는 것과 똑같다. 땅속의 씨앗처럼, 아뢰야식 속 씨앗은 우리에게 보이지 않아서 우리는 거기에 씨앗이 있다는 것을 좀체 알아채지 못한다. 그러다가 씨앗이 의식에 현행할 때에야 비로소 그 존재를 알게 된다. 행복할 때 우리는 자기 안에 분노 종자는 없다고 믿지만 누가 화를 돋우자마자 우리의 분노 종자가 불쑥 튀어나와 자기

존재를 알린다.

습기習氣는 불교심리학에서 중요한 용어다. 종자는 수천 년에 걸쳐 습관화된 기운을 띤다. 습기를 가리키는 산스크리트 바사나vasana는 '스미다', '배어들다'라는 뜻이다. 재스민 차를 만들고 싶다면 재스민 꽃을 따서 찻잎과 고루 섞은 후 상자에 넣고 뚜껑을 꼭 닫아서 몇 주 동안 그대로 놔두면 된다. 그러면 재스민 향이 찻잎에 깊이 배어, 찻잎에서 재스민 향이 난다. 찻잎이 재스민 향을 흡수했기 때문이다. 아뢰야식도 '향기'나 '냄새'를 수용하고 흡수하는 능력이 탁월하다.

아뢰야식에 밴 이 향기는 우리가 보고 느끼고 행동하는 방식에 영향을 미친다. 아뢰야식 속 종자는 정신적 형태로 현행할 뿐만 아니라 산, 강, 다른 사람 등 물리적 형태의 대상으로도 현행한다. 습기 때문에 우리는 대상을 있는 그대로 인식하지 못하고, 보고 듣는 모든 것을 자신의 습기에 의지해서 해석한다. 종이를 꼬깃꼬깃 구겨놓는다면 도로 매끈하게 펴기가 어렵다. 그 종이는 꼬깃꼬깃한 습기를 띠기 때문이다. 우리도 마찬가지다.

어떤 사람을 만날 때 우리가 실제로 만나는 것은 자신의 습기다. 그리고 이 습기는 우리가 다른 것을 전혀 보지 못하게 방해한다. 그 사람을 처음 만났을 때 그에게 부정적인 인상을 받아서 부정적으로 대응했다고 하자. 이 경험을 토대로 그를 어떻게 대할지에 대한 습기가 생겨난다. 그리고 계속해서 그를 똑같은 방식으로 대하고, 갈수록 습기가 강해진다. 그를 만날 때마다 우리는 처음 만났을 때의 그 사람을 만나는 것이다. 그가 처음과는 완전히 달라졌다 해도 우리는 달라지지 않는다. 습기 때문에 우리는 지금 이 순간의 실상을 인식하지 못한다.

우리는 부모와 사회의 행위와 믿음의 영향을 받는다. 그러나 대상에 대해서 우리는 자기만의 대응 패턴을 지니며 그 패턴에 갇혀 있다. 습기는 우리 행동의 산물로서 대상을 향한 우리의 대응과 환경에 의해 형성되는데, 개인이 특정 환경에서 성장할 때 습기가 만들어진다. 요즘은 많은 아이가 텔레비전을 보는 습기를 지니고 있고, 어디를 가든지 텔레비전이 없으면 불행해한다. 한 남자아이가 플럼 빌리지에 처음 왔을 때도 텔레비전이 없다는 것을 알고는 돌아가자고 엄마를 졸랐다. 우리는 반나절만 지내보라고 아이를 구슬렸다. 아이는 다른 아이들과 어울려 놀았고, 그렇게 두어 시간을 보내고는 조금 더 있겠다고 하더니 결국은 3주 동안 머물다 갔다. 그 아이는 텔레비전이 없어도 행복할 수 있다는 것을 깨달았다.

이는 좋은 소식이다. 습기를 바꾸는 것이 가능하다는 말이기 때문이다. 그리고 사실, 근본적인 변화를 위해서는 습기를 바꿔야만 한다. 자신을 근본적으로 바꾸겠다고 단단히 결심해도 습기를 바꾸지 않으면 성공하지 못한다. 습기를 가장 쉽게 바꾸는 방법은 알아차림을 수행하는 승가와 함께 해나가는 것이다. 수행자 집단과 더불어 철저히 수행할 수 있는 환경에서 지낸다면 습기를 바꿀 수 있을 것이다. 알아차림 수행을 통해 우리는 자신이 지닌 종자를 알아보고 그 종자와 똑같은 성질을 지닌 습기를 확인할 수 있으며, 알아차림을 이용해 자신의 습기를 관찰하고 바꾸기 시작할 수 있다.

정서적으로 불안정한 가족과 친구도 우리의 아뢰야식 속 종자에 영향을 미친다. 그렇기 때문에 함께 시간을 보내는 사람을 신중하게 골라야 한다. 불행해하는 사람과 대화할 때 우리의 아뢰야식은 그의 괴로움 종자를 받아 저장한다. 대화하는 동안 자신의 긍정적인 종자를 잘 간수하지 못할 경우, 상대방의 괴로움은 우리 안의 괴로움 종자에 물을 주어 우리는 녹초가 되고 만다.

알아차림 수행은 우리가 더욱 유용한 새로운 습기를 생성할 수 있게 해준다. 특정한 문구를 들을 때마다 얼굴을 찡그린다고 해보자. 얼굴을 찡그리고 싶어서 그러는 게 아니라 그냥 자동으로 일어나는 반응이다. 이 오래된 습기를 다른 것으로 바꾸기 위해 우리는 그 문구를 들을 때마다 의식적으로 호흡한다. 처음에는 노력이 필요하다. 아직은 호흡을 알아차리는 것이 자연스럽지 않다. 하지만 수행이 계속되면 의식적인 호흡이 습기가 된다. 새로운 습관을 들일 때도 마찬가지다. 식사후 이를 닦는 습관을 처음 익힐 때는 때때로 깜빡 잊어버린다. 하지만 얼마 후에는 양치질이 습관이 되어서 이를 닦지 않는 것이 오히려 불편해진다.

몇 가지 습기는 바꾸기가 상당히 어렵다. 끊기 힘든 한 가지 습기가 흡연이다. 이 경우에는 알아차림이 중요하다. 담배를 피울 때마다 알아차림을 통해 자신이 담배를 피우고 있음을 자각한다. 이 습기에 대한 알아차림이 하루하루 깊어지고, 자신의 폐가 망가지고 있는 것이 보인다. 그러면 자신의 폐와 건강과 사랑하는 사람들 간의 연결고리가 보이게 되고, 자신을 돌보는 것이 곧 사랑하는 이들을 돌보는 것임을 깨닫는다. 그러면 자신만이 아니라 그들을 위해 자기 몸을 돌볼 결심을 하게 된다. 알아차림 수행은 이런 종류의 통찰을 촉진한다.

음주 역시 하나의 습기다. 슬플 때마다 우리는 슬픔을 잊으려고 술을 한 잔씩 마셨을지도 모른다. 이때도 술잔을 들 때마다 알아차림을 통해 이렇게 말한다. "나는 내가 지금 술을 마시고 있다는 것을 안다." 알아차림의 힘이 더욱 강해지면 술을 마실 때 이렇게 말하게 된다. "나는 내가 지금 슬프다는 것을 안다." 그리고 통찰이 깊어지면서 음주 습기 뒤에 놓인 슬픔을 더욱 분명히 알게 될 때 우리는 내면의 슬픔 종자를 바꾸기 시작할 수 있다.

행복도 습기가 될 수 있다. 걷기 명상을 하면서 우리가 내딛는 걸음걸음은 평화와 기쁨을 가져온다. 걷기 명상을 처음 시작할 때는 노력이 필요할 것이다. 아직 익숙하지 않기 때문이다. 하지만 어느 날 문득 아주 당연하게 평화와 기쁨을 느끼기 시작한다. 우리는 의아해한다. "나는 왜 그렇게 항상 서둘렀을까?" 걷기 명상을 할 때나 어떤 식으로든 몸을 움직일 때 알아차리는 것이 편안해지면 이것이 유익한 습기가 된다.

긍정적인 습기도 많지만, 부정적인 습기는 훨씬 더 빨리 굳어지는 것 같다. 학교에서 아이들은 좋은 것도 접하고 나쁜 것도 접하지만, 나쁜 것은 즉시 배우는 것 같다. 청소년이 셰익스피어 작품의 진가를 알기까지는 시간이 꽤 걸리지만 술 마시는 것을 배우는 데는 그리 오래 걸리지 않는다. 그래서 어린아이에게 뭔가를 가르칠 때는 여러 번 반복해야 한다. 그래야만 그 종자가 아이의 아뢰야식에 안정적으로 자리를 잡는다. 벽에 페인트 칠을 할 때 한 번 칠하는 것만으로는 부족하다.

틱낫한 마음

두 번, 세 번 덧칠해야 한다. 우리가 배우고 익히는 것도 그렇다.

우리는 자신의 부정적인 습기를 알아보고 포용하고 변화시키고 더욱 긍정적인 습기를 익히도록 스스로 훈련해야 한다. 다행히 나는 어린 나이에 매일 좌선을 하면서 마음을 고요하고 평안하고 자유롭게 하는 좋은 습기를 형성했다. 이제는 플럼 빌리지의 많은 수행자가 알아차림을 일깨우는 종소리를 들을 때마다 호흡에 주의를 돌리고 미소를 짓는 습기를 익혔다. 이런 긍정적인 습기를 키우고 강화해야 한다. 부정적인 습기는 항상 우리를 부추겨서 자신과 다른 사람에게 고통을 주는 말과 행동을 하게 만들기 때문이다.

8
인식의 경계

아뢰야식의 현행은
세 종류의 경계로 인식될 수 있으니,
성경과 대질경과 독영경이다.
일체가 십팔계 속에 있다.

아뢰야식 속 종자가 의식에 현행할 때, 우리는 그것을 있는 그대로 직접 인식하거나 왜곡해서 인식한다. 인식 차원에 따른 세 종류의 대상 경계를 삼류경三類境이라 한다. 성경性境과 대질경帶質境과 독영경獨影境이 그것이다. 유식학에 따르면, 우리가 현실을 인식하는 방식이 우리의 행복과 괴로움과 전적으로 연관된다.

첫째, 성경은 물자체物自體, 즉 본체에 대한 인식으로, 왜곡이나 미혹 없이 사물을 직접 인식할 때의 모습이다.9 직접적 인식은 삼류경 중 성경이 유일하다. 이런 인식은 누메논noumenon, 진여眞如의 세계에 속한다. 진여는 '있는 그대로의 참모습', 본성을 의미한다. 붓다를 칭하는 또 다른 이름인 여래如來는 '여여如如한 진리의 세계에서 왔다가 진리의 세계로 가는 분'을 뜻한다. 나뭇잎과 조약돌, 나와 너 등, 우주 만물이 진여에서 생겨난다. 파도를 존재하게 하는 바탕이 물이듯이, 진여는 우리 존재의 본바탕이다.

우리는 현실 자체를 접할 수 있을까? 불교에서는 그렇다고 말한다. 당신이 꽃 한 송이를 있는 그대로 직접 본다면 그 꽃은 진여의 현행일 수 있다. 인식 차원에 따라 우리는 꽃의 진여를 접하기도 하고, 우리 마음이 조작한 이미지만 보기도 한다. 하지만 우리가 본체, 성경을 보는 차원에 이르는 경우는 극히 드물다. 사물을 인식할 때 우리가 보는 모습은 주로 대질경이나 독영경이다.

예컨대, 누군가를 사랑한다고 할 때 우리가 사랑하는 것은 대체로 연인에 대해 자신이 지어낸 이미지다. 그 이미지가 진짜라고 믿기 때문에 우리는 먹는 것도, 자는 것도, 그 밖에 아무것도 하지 못한다. 우리 눈에는 연인이 아름답지만 사실 그 이미지는 현실과는 거리가 멀다. 우리가 인식하는 대상이 현실 자체, 있는 그대로의 참모습이 아니라 날조한 이미지에 불과하다는 것을 우리는 알지 못한다. 그와 결혼해서 함께 몇 년 살고 난 후에야 자신이 밤새도록 생각하고 집착했던 그의 모습이 대체로 가짜였음을 깨닫는다. 이렇게 인식한 대상, 연인에 대한 왜곡된 이미지는 인식의 두 번째 경계, 대질경에 속한다. 우리의 아뢰야식은 대상에 대한 이미지를 현행하고, 우리는 그 이미지를 사랑한다. 우리가 사랑하는 이미지는 그 사람 자체, 그의 참모습과는 거의 상관이 없다. 그것은 사진을 찍은 사진과 같다.

우리가 있는 그대로의 대상 그 자체, 성경을 보는 것은 불가능하다. 우리가 왜곡하고 조작한 이미지는 직접적 인식이 아닌 '대질경'이기 때문이다. 대질경은 일종의 표상表象이다. 본체에 기반하긴 하지만 극히 일부만 포함하기 때문에 완전한 진여는 결코 아니다. 우리가 사랑하는 사람은 진짜 사람이 아니라 우리 마음이 지어낸 이미지다. 이 그릇된 인식은 많은 괴로움을 일으킬 수 있다. 우리는 배우자 바로 옆에 있으면서도 그를 전혀 신경 쓰지 않는데, 이는 그의 모든 것을 이미 훤히 알고 있다고 믿어서 이제는 궁금한 것도 없고 자세히 살펴볼 필요도 없다고 생각하기 때문이다. 우리는 이런 종류의 느낌과 인식에 갇혀 있다. 때로는 분노와 증오가 사랑을 대체하기도 하지만 이런 그릇된 인식은 결코 성경에 해당하지 않는다.

이런 식으로는 누군가와 30년 동안 같이 살아도 그의 진짜 모습을 알지 못한다. 어쩌면 그에 대해 현재 지닌 이미지가 30년 전에 그렸던 이미지보다 본체의 세계에 더 가까울지도 모른다. 하지만 그 역시도 여전히 이미지이고, 여전히 대질경에 속한다. 현대 과학자들은 먼지 입자가 무엇인지조차 모른다는 것을 인정했으며, 전자電子를 자세히 관찰하면 경외감에 머리를 숙일 수밖에 없다. 그런데 우리는 지금 바로 옆에 있는 한 인간에 대해 자신이 그의 전부를 이미 안다고 생각하고, 자신이 만든 이미지에 의지해서 사랑하거나 미워한다. 우리의 갈망과 혐오의 대부분이 대질경이나 세 번째 독영경의 세계에서 생겨난다. 우리는 항상 끝없이 탐구해야 한다. 우리가 성경에 속한다고 생각하는 것들을 자세히 관찰하고 그것이 실제로는 대질경인지, 아니면 독영경에 불과한지를 알아야 한다.

삼류경의 세 번째는 독영경이다. 이 차원에서 우리가 인식하는 것은 실재하지 않는 이미지일 뿐이다. 길을 걷다가 강아지를 보았다면 당신이 인식한 것은 대질경에 속한다. 밤에 그 강아지 꿈을 꾸었다면 그 꿈속 이미지는 독영경이다. 꿈에서 우리는 사랑하는 사람과 미워하는 사람과 산과 강을 '본다'. 이것은 모두 독영경에 속한다. 시각화를 연습할 때 우리가 사용하는 이미지도 이 세 번째 독영경의 세계에서 가져온 것이다.

이미지는, 그것이 대질경이든 독영경이든 모두 가짜다. 그것들은 직접 인식한 성경이 아니다. 유식학에 따르면, 우리는 주로 대질경의 세계와 독영경의 세계에서 살고, 성경의 세계에서 살지 못한다. 우리의 식識은 현실 자체를, 참모습을 거의 접하지 못한다. 우리는 현실에 대한 자기만의 왜곡된 이미지들 속에 스스로를 가둔다.

저녁 어스름에 친구와 들판을 걷고 있다고 하자. 몇 걸음 앞에 길쭉하고 구불구불한 무언가가 보인다. 당신은 그 '뱀을 보고' 까무러치게 놀란다. 그런데 친구가 손전등을 켜서 뱀을 비추자 당신은 그것이 실제로는 밧줄이라는 것을 깨닫는다. 당신이 느꼈던 공포는 그릇된 인식에서 비롯된 것이다. 길고 구불구불한 사물이 보이는 순간, 당신은 아뢰야식에 저장된 뱀 이미지와 접촉했다. 현실 자체, 성경을 접하지 못하고 독영경을 접한 것이다.

우리가 매일 경험하는 괴로움의 많은 것이 두려움과 무명無明에 기반한 그릇된 인식에서 생겨난다. 힌두교도와 무슬림, 팔레스타인인과 이스라엘인은 상대방에 대해 그들 자신이 만든 이미지 때문에 엄청난 두려움에 시달린다. 그들은 대질경의 세계에서 살기 때문에 자신과 타인을 끝없이 고통스럽게 한다. 우리는 항상 분별과 오류로 가득한 대질경의 세계에서 살아가고, 이것 때문에 괴롭다.

전오식前五識(안식眼識·이식耳識·비식鼻識·설식舌識·신식身識)은 성경을 접할 수 있다. 의식의 간섭과 개입 없이 대상을 직접 지각할 때 특히 그렇다. 하지만 의식이 끼어들 때는 언제나 생각과 상상이 발동하고, 그러면 이 다섯 감각식 중 하나가 지각한 대상은 왜곡된다. 나무 탁자를 보고서 우리가 '탁자'라고 인식하는 것은 대질경에 속한다. 그 인식 과정에 의식이 수없이 관여하기 때문이다. 우리는 나무 탁자를 물건을 올려놓을 수 있는 가구라고 생각하지만, 흰개미에게는 먹이로 보인다. 탁자를 가구로 보든지 먹이로 보든지, 이 인식 작용은 성경의 차원에서 일어나지 않는다. 감각식이 성경의 차원에서 지각한 다음, 의식이 개입해서 분별한 것은 무엇이든지 대질경이 된다. 하지만 때때로 의식도 성경을 접할 수 있다. 강한 직관으로 볼 때 우리의 의식은 성경을 접한다. 직관이란 생각과 상상에 기반하지 않고 '아는 것'을 말한다.

식識은 이렇게 세 가지 차원을 통해 인식을 현행하고 구별하는 일을 한다. 인식이 현행하기 위해서는 인식 주관과 객관이 모두 필요하다. 서양 철학에서는 주관과 객관을 상대적인 것으로 여기지만, 유식학에서는 하나의 본체가 지닌 두 측면이라고 말한다.

아뢰야식은 이 세 종류의 경계, 성경과 대질경과 독영경을 모두 현행할 책임이 있다. 이 삼류경은 18가지 존재 요소, 즉 십팔계十八界에 속한다. 십팔계는 육근과 육경과 육식을 합한 것이다. 육근六根은 눈[眼根]·귀[耳根]·코[鼻根]·혀[舌根]·몸[身根]·뜻[意根]의 여섯 가지 감각기관을 말한다. 우리가 인식하는 모든 것이 그곳을 통해 들어오기 때문에 입처入處라고도 한다. 육경六境은 각 감각기관과 상응하는 여섯 가지 대상, 즉 형상[色]·소리[聲]·냄새[香]·맛[味]·감촉[觸]·법法이다. 육근이 육경과 접촉하면 안식眼識, 이식耳識, 비식鼻識, 설식舌識, 신식身識, 의식意識의 여섯 가지 식(육식六識)이 발동한다. 안근이 어떤 형상을 접하는 순간, 안식이 발동해서 그 형상을 본다. 이런 식으로 나머지 감관들이 각각의 대상을 접할 때도 그에 상응하는 식識이 일어난다. 의근의 대상은 법, 즉 생각과 상상과 개념이다. 의근과 법이 만날 때는 의식이 작동한다.

의근의 대상인 법은 세 종류의 경계(성경의 세계, 대질경의 세계, 독영경의 세계)에 모두 존재한다. 십팔계는 인식 작용을 통해 존재를 성립시킨다. 누군가 붓다에게 물었다. "세계가 무엇입니까? 존재하는 모든 것에 대해 어떻게 말할 수 있습니까?" 붓다는 이렇게 대답했다. "존재하는 모든 것은 십팔계 속에 있다. 십팔계를 떠나서는 어떤 것도 존재하지 못한다." 십팔계는 우리 아뢰야식의 현행이다. 우리의 인식 대상이 전부 십팔계 속에 있다.

이 책을 읽으면서 당신이 만지고 있는 종이는 성경의 세계에 속한다. 문제는 우리가 그 참모습을 접하는가이다. 우리는 자신이 그 종이를 있는 그대로 인식하고 있다고 생각하겠지만 그렇지 않다. 우리는 나와 남, 안과 밖, 이것과 저것, 시작과 끝 같은 개념에 의지해서 대상을 보고 듣고 생각하는 습관에 매여 있다. 우주를 이렇게 범주로 분류한다면 우리가 접할 수 있는 것은 대질경뿐, 성경은 접하지 못한다. 그 종이(인식 대상)를 실제로 눈으로 보고 손으로 만져도 우리가 인식하는 모습은 진여가 아니다. 대질경이다.

우리는 성경, 진여의 세계에 도달할 수 있지만 항상 생각하고 분별하기 때문에 대상의 참모습을 있는 그대로 인식하지 못한다. 우리 마음에는 두루 헤아려서 조작하는 성질, 변계소집성偏計所執性이 있다. 이 말은 우리가 현실을 왜곡하고 날조하기 때문에 환영으로 가득한 세계를 스스로 지어낸다는 뜻이다. 명상이란 깊은 관찰로써 실상(먼저 자신의 실상, 이어서 세계의 실상)에 이르는 것이다. 이 실상을 보기 위해 우리는 의식이 분별로써 지어낸 이미지를 버리고 나와 남, 안과 밖 같은 개념에서 벗어나야 한다. 이렇게 이원적으로 사고하고 분별하는 성향을 바로잡는 수행을 해야 한다. 그래야만 사물의 실상이 스스로를 드러낼 기회를 얻게 될 것이다.

9
이숙과 해탈

모든 현행 속에
개인과 집단의 흔적이 함께 있다.
아뢰야식의 이숙은 동일한 법칙에 따라
중생계 아홉 단계로 이끄는 작용을 한다.

아뢰야식 속에 깊이 묻혀 있던 종자가 성숙해서 의식에 현행할 때, 우리는 그제서야 그 종자의 존재를 알게 된다. 분노 종자와 슬픔 종자가 잠자고 있을 때는 그 존재를 알지 못하지만 화가 치밀어 얼굴이 달아오르고 목소리가 커질 때면 우리의 분노 종자가 무르익었음을 자각한다. 분노 종자는 우리가 화내기 훨씬 전부터 존재했지만 아뢰야식 속에 숨어 있었다. "나는 화내지 않아."라고 말한 적이 있다면 그게 거짓이었음이 이제 드러났을 것이다. 분노 종자는, 이전까지 현행하지 않았을 뿐 항상 거기 있었다.

현행現行은 중요한 용어다. 현행은 식識의 활동이며, 또한 식에 의해 인식된다. 십팔계 속에서 우리가 보는 모든 현행은 성경과 대질경과 독영경의 세 종류로 존재한다. 그리고 모든 현행은 개별성과 공통성을 함께 지닌다. 때로는 공통성보다 개별성이 강하고, 때로는 그 반대다. 가령 보름달은 별업 종자 및 공업 종자의 현행이다. 누구든지 달을 보고 즐길 수 있으므로 달은 공통성을 띤다. 하지만 달을 접할 시간 여유가 없는 사람도 많다. 달은 어떤 사람에게는 가깝고 어떤 사람에게는 멀다. 이것은 달의 개별성이다.

우리는 마음속에 자기만의 천국과 지옥을 세울 수 있다. 당신이 정말로 행복하기 위해서는 어떤 조건이 필요한가? 그것을 전혀 모르면 살아가는 내내 괴로울까? 아니면 그런 게 없어도 행복할 수 있을까? 우리는 행복할 수 있는 조건을 많이 갖고 있지만 그 혜택을 거의 받지 못한다. 바로 지금 당신이 이용할 수 있는 행복 조건을 몇 개 적어보라. 그것이 나타났을 때 금방 알아볼 수 있도록 당신의 인생을 체계화할 수 있는가? 그 행복 조건을 잘 활용할 수 있게 당신의 인생을 정돈하라. 그런 조건을 무시하거나 망쳐놓지 마라. 당신이 좋아하지 않는 것이 있을 때 어떻게 하면 그것을 더 잘 받아들일 수 있을까? 이 질문들에 대해 숙고해보라.

모든 존재와 현상의 현행은 아뢰야식으로부터 일어난다. 아뢰야식은 정신적 형태와 물리적 형태(눈, 귀, 코, 혀, 몸의 신체 기관과 그 대상인 형상, 소리, 냄새, 맛, 감촉)로 현행한다. 아뢰야식은 성경, 대질경, 독영경 세 종류의 인식 대상으로도 현행한다. 상의상관相依相關과 불이不二, 무상無常, 무아無我를 통찰할 때마다 우리는 성경, 즉 진여의 세계를 접할 수 있다. 상의상관적 공존interbeing의 이치와 상반되는 사고방식에 갇혀 있을 때는 대질경의 세계 속에서 살아가는 것이다. 독영경은 꿈과 상상과 환영의 세계다.

이 모든 현행은 개인과 집단의 흔적을 함께 지닌다. 나무와 풀, 산과 강 같은 자연계의 모든 현행, 자신과 타인의 몸 같은 모든 신체적 현행, 분노와 슬픔, 공포, 불안 같은 모든 심리적 현행, 이 모든 것이 개별성과 공통성을 동시에 지닌다. 순전히 개별적이거나 순전히 공통적인 현행은 없다.

우리 안의 분노 종자를 자세히 관찰해보면 그 종자의 개별성과 공통성을 볼 수 있다. 우리의 분노는 부모, 교사, 친구 등 주변 사람과의 관계와 자신의 일상적 경험에 그 원인이 있다. 태양은 모든 사람을 비추지만 순전히 공통적인 현행인 것은 결코 아니다. 태양에는 개별성도 있다. 당신이 보는 태양과 내가 보는 태양은 다르다. 내가 소풍을 갈 계획이라면 하루 종일 화창하기를 바라겠지만 농부는 비가 와서 농작물이 잘 자라기를 바란다. 동남아시아 사람들은 구름이 해를 가려주기를 간절히 바라고, 북아메리카에서는 해가 쨍쨍한 날이 사람들을 행복하게 한다. 이런 것이 태양의 개별성이다.

양초 한 자루에 불을 붙이면 여러 공간이 환해진다. 양초 주위가 즉시 환해지고, 조금 떨어진 공간이 환해지고, 이어서 훨씬 멀리 떨어진 공간이 환해진다. 양초를 또 한 자루 켜면 이 불빛도 똑같이 공간으로 퍼져나가고, 거리에 따라 각 공간에 다양한 밝기로 흘러든다. 일단 두 번째 양초를 켰다면 첫 번째 양초의 불빛만 비쳐지는 공간은 없다. 어느 공간이든 두 번째 양초의 불빛이 항상 함께 있다. 불빛으로 환해진 서로 다른 세 공간은 개별적 현행뿐만 아니라 공통적 현행이기도 하다.

모든 현행은 개별성과 공통성을 함께 지니고 있다. 그렇기 때문에 범죄를 저지른 청년에 대해 그 행위의 책임이 전적으로 그에게 있다고 말하는 것은 옳다고 할 수 없다. 감옥에 갇힌 그를 낳은 것은 가족과 학교 교육과 사회다. 자세히 살펴보면 우리는 그가 어릴 때 부모가 자주 싸웠고 서로를, 그리고 자녀를 괴롭혔다는 것을 알게 될지도 모른다. 그는 학대를 당했을 수도 있다. 사랑도 못 받고 학교도 제대로 못 다녔던 그는 마약에 빠져들었다. 마약 탓에 판단력이 훨씬 더 떨어져서 바른 결정을 내리지 못했고, 결국 범죄까지 저지르고 말았다.

깊이 관찰할 때 우리는 이 청년의 범죄 행위와 연관된 조건들이 오직 그 한 사람만의 마음과 경험에서 생겨난 것이 아니었음을 알게 된다. 그를 마약과 범죄로 이끈 조건이 생겨난 것에 대해 우리 모두가 어느 정도 책임이 있다. 그를 단순히 비난하고 처벌하는 것은 도움이 되지 않는다. 사람들이 마약에 빠지는 건 삶이 고통스러워서 도망치고 싶기 때문이다. 이렇게 고통 속에 있는 사람을 감옥에 가두는 것은 문제의 해결책이 아니다. 애정과 이해, 그리고 그를 일상으로 돌려보내고 즐거움과 명료한 판단력과 목표 의식을 제공할 몇 가지 방편이 필요하다.

우리의 두려움과 슬픔, 분노, 행복에도 개인과 집단의 흔적이 있다. 우리의 두뇌 역시 한 개인의 것이 아니다. 우리 각자가 생각하고 인식하고 창조하는 방식은 집단의 생각과 인식과 창조를 반영한다. 그리고 집단의 생각과 인식과 창조는 우리가 인식하는 세계를 반영하며, 또한 그 세계의 현행을 돕는다. 그리고 우리는 그렇게 현행한 세계에서 산다.

이숙식異熟識은 아뢰야식의 또 다른 이름이다. 우리는 온갖 씨앗을 전부 한 개의 창고(아뢰야식)에 넣고 씨앗이 충분히 무르익어서 다양한 표상[想]과 느낌[受]과 심소心所 등, 심리적·물리적 형태로 현행할 때까지 기다린다. 각각의 현행은 개별성과 공통성을 지닌다. 이숙異熟을 의미하는 산스크리트 위파카vipaka에는 '성장해서 열매를 맺는다'는 뜻도 있다. 씨앗이 성장해서 열매를 맺기 위해서는 알맞은 양의 시간과 적절한 조건[緣]이 항상 필요하다. 충분히 익으면 씨앗은 그 특성이 실제로 표출된 형태의 존재로 변한다. 즉, 오렌지 씨앗이라면 성장해서 오렌지 꽃을 피우고 오렌지를 맺는다. 이것이 이숙이다. 그 씨앗이 우리가 먹을 수 있는 오렌지가 되기 위해서는 알맞은 시간과 적절한 조건이 필요하다. 이와 비슷하게, 업業이 성장해서 열매를 맺기 위해서는 시간이 필요하다. 우리의 업, 카르마karma(우리가 했던 말과 생각과 행동)가 충분히 익으려면 시간이 필요하다. 아뢰야식 속 업 종자는 다른 식識들과의 유기적인 관계 속에서 현행한다.

종자의 이숙은 세 가지 방식으로 일어난다.

1) 익는 시간이 다르다(이시이숙異時而熟). 우리가 딸기와 복숭아와

사과를 먹고 나서 그 씨앗을 모두 땅에 심었다고 하자. 딸기가 제일 먼저 열매를 맺고, 이어서 복숭아가, 마지막으로 사과가 영글 것이다. 우리 자신과 부모, 조부모, 친구들이 우리 마음밭에 심고 물을 준 씨앗들은 항상 제철을 따라 익는다. 그러니 이런 질문은 할 필요가 없다. "붓다의 가르침을 그렇게 많이 공부했는데 왜 나는 달라지지 않을까? 걷기 명상을 그렇게 많이 하고도 왜 나는 아직도 평화롭지도, 즐겁지도 않을까?" 씨앗마다 제 나름의 시간에 맞춰서 열매를 맺는다. 우리는 다만 우리 안의 긍정적인 종자에 물을 주는 것만 수행하면 된다. 그리고 계속 물을 준다면 그것이 싹을 틔우고 열매를 맺으리라는 것을 믿어야 한다.

2) 다른 형태로 익는다(이류이숙異類異熟). 씨앗이 생장해서 열매가 되고, 덜 익은 딸기는 잘 익은 딸기가 된다. 덜 익은 딸기가 복숭아로 익는 일은 결코 없다.

3) 변하면서 익는다(변이이숙變異異熟). 어떤 것이 익으면 그것의 많은 면이 완전히 달라진다. 아직 덜 익은 오렌지는 초록색이고 시디시지만, 잘 익은 오렌지는 주황색이고 달콤하다.

심어진 종자는 열매의 원인이 되므로 업인業因이다. 업인이 익으면 열매라는 결과, 즉 업과業果로 나타난다. 동료가 당신에게 화를 내서 당신의 자신감을 떨어뜨렸다고 해보자. 이 불선행 때문에 당신의 아뢰야식에 불선업 종자가 심어지고, 뿐만 아니라 동료의 아뢰야식에도 심어진다. 그가 예전에 격려해준 행위에 의해 심어진 종자에 비해 이 종자는 아직 힘이 약하다. 하지만 동료의 아뢰야식에는 이제 두 개의 종자가 있다. 하나는 선업 종자이고, 다른 하나는 불선업 종자다. 이 두 가지 업 종자가 익으면 그는 양쪽 업의 무게의 합계에 해당하는 결과를 거둘 것이다.

이숙이란 모든 업인이 변화와 성장을 거쳐서 업과로 나타나는 것을 의미한다. 깊이 관찰할 때 우리는 자신의 심리 상태와 신체 상태, 행복과 고통 전부가 과거에 심은 업인이 현재 업과로 나타난 것임을 알게 된다. 돌이켜보면 자신의 아뢰야식에 종자로 심어진 과거의 업이 보인다. 부모와 스승, 친구를 비롯한 다른 사람들이 심어준 각종 선업 종자 덕분에 우리는 지금 평화롭고 즐겁게 걷기 명상을 할 수 있다. 이 선업 종자에 계속 물을 주고 똑같은 종자를 또 심는다면 미래에 훨씬 더 큰 평화와 기쁨을 얻을 수 있을 것이다.

우리의 현재 모습은 '업 A'와 '업 B'를 합한 값이다. 자신의 몸과 마음을 자세히 살펴보면 자기 안의 행복과 평안과 자유의 수준이 보인다. 이어서 오늘 자신에게 이런 행복과 평안과 자유를 가져다준 과거의 업인, 즉 자신이 했던 것, 자신을 도와준 사람들, 자신이 수행한 것들이 서서히 명확하게 보인다. 그리고 과거에 자신이 심은 어떤 업인이 현재 분노와 슬픔과 질투를 초래하는지도 보인다. 과거에 심은 업 종자를 알아내기 위해서는 현재 이 순간에 맺힌 열매를 보기만 하면 된다.

이 게송에서 말하는 '중생계'는 3장에서 언급했던 중생이 생사윤회하는 세 가지 세계, 바로 욕계와 색계와 무색계를 말한다. 욕계는 중생이 사는 첫 번째 단계에 해당하며, 색계와 무색계는 각각 네 단계로 나뉜다. 따라서 이 게송에서 말하는 아홉 단계는 삼계 아홉 단계를 가리킨다. 욕계, 색계의 사선천四禪天, 무색계의 사처四處는 다음과 같다.

1) 욕계欲界. 이 세계의 특징은 한없는 감각적 욕망과 물질 추구와 집착이다. 붓다의 말씀에 따르면, 깨닫지 못한 중생은 생사를 거듭하며 여섯 갈래의 세계(육도六道)를 돌고 돈다. 이 육도는 천상도天上道, 똑똑하지만 호전적이고 분노로 가득한 아수라가 사는 아수라도阿修羅道, 인간도人間道, 지옥도地獄道, 음식과 거처와 애정과 신뢰할 수 있는 뭔가를 갈망하지만 그 갈망을 결코 채우지 못하는 아귀도餓鬼道, 수행과 이상과 연민이 없이 본능에 따라 사는 축생도畜生道를 말한다. 천신, 아수라, 인간, 아귀, 지옥중생, 축생의 여섯 중생은 욕계에만 있다.

2) 초선천初禪天. 색계의 첫 번째 단계로서 범천梵天이라고도 부른다. 이곳의 중생은 몸은 서로 다르지만 생각하는 방식이 거의 똑같다.

3) 이선천二禪天. 색계의 두 번째 단계로 빛으로 가득한 광천光天이다. 이 세계의 중생은 몸은 똑같지만 생각하는 방식이 다르다.

4) 삼선천三禪天. 색계의 세 번째 선정 단계로 평화롭고 청정한 세계다. 이곳 중생은 몸과 마음이 똑같다.

5) 사선천四禪天. 색계에서 가장 높은 선정 단계로서 무상천無想天이다. 이곳의 중생은 개념과 생각을 갖지 않는다.

6) 공무변처空無邊處. 공간이 무한한 곳으로 무색계의 첫 번째 단

계다.

7) 식무변처識無邊處. 식이 무한한 곳으로 무색계의 두 번째 단계다.

8) 무소유처無所有處. 객관이 없는 곳으로 무색계의 세 번째 단계다.

9) 비상비비상처非想非非想處. 생각이 있지도 않고, 없지도 않은 곳
으로 무색계의 마지막 네 번째 단계다.

삼계에 아홉 단계가 존재하는 것은 수많은 사람의 아뢰야식이 함께 작
용하기 때문이다. 한 예로, 프랑스 남서부에 있는 플럼 빌리지는 스승
과 제자, 도반, 그리고 그곳에 있는 수행 공동체 구성원 전부의 아뢰야
식의 현행이다. 우리는 공부하고 수행하려는 의도를 갖고 있으며, 이에
따라 공부와 수행을 위해 플럼 빌리지를 만들었다. 우리가 욕계에서
살든, 색계나 무색계에서 살든, 그 세계는 그곳에 거주하는 모든 중생
의 아뢰야식이 함께 만들어낸 것이다.

　　우리가 욕계에 살고 있다면, 그곳은 각 개인의 아뢰야식의 현행일
뿐만 아니라 구성원 전체의 아뢰야식의 현행이기도 하다. 서양은 소비
사회지만, 플럼 빌리지 수행자들은 파리나 보르도에 사는 사람들과 똑
같은 수준으로 소비하지는 않는다. 하지만 우리는 여전히 욕계에 살고
있고, 이 세계는 욕계 중생 전부의 아뢰야식의 현행이다. 텔레비전 광
고는 우리 안의 욕망 종자에 물을 주게끔 영리하게 설계되어 있지만,
플럼 빌리지에는 텔레비전이 없어서 우리의 욕망 종자는 그런 매체를
통해 물을 흡수하지 못한다. 이는 소비사회라는 공통적 현행 속에서의
개별적 현행이다.

아뢰야식의 이숙은 비슷한 것끼리 서로 이끌린다는 끌림의 법칙 Law of Affinity을 따른다. 우리는 이것은 하고, 저것은 하지 않는다. 그 이유는 '이숙인異熟因' 속에 이미 정해져 있다. 그리고 이숙인은 '이숙과異熟果'로 이어진다. 이숙과의 한 예가 플럼 빌리지와 그곳 수행 공동체의 존재다. 이숙인은 우리가 과거에 심은 선과 불선의 업 종자로서 우리를 그곳으로 끌어왔다. 이렇게 과보를 끌어오는 업 종자의 힘을 '업력業力'이라고 한다. 이 경우에는 선업 종자다. 만약 마약 중독 종자를 심었다면 우리는 플럼 빌리지에 오지 않았을 것이다. 하지만 우리는 마음밭에 불법佛法 종자를 심고 물을 주었기 때문에 플럼 빌리지로 이끌려갔다. 이런 점에서 플럼 빌리지 공동체는 예정되어 있었던 것이다. 우리의 아뢰야식에 이미 심어져 있던 선업 종자가 물을 충분히 흡수했고, 그래서 지금 싹을 틔우고 있다. 그 종자들이 우리를 수행 공동체로 이끌어서 참여하게 할 힘을 발휘한 것이다.

어느 날, 기원정사祇園精舍에 앉아 수행승들을 살피던 붓다가 이렇게 말하였다. "법담法談을 좋아하는 수행승들은 사리불舍利弗 옆에 앉아 있고, 계율을 좋아하는 이들은 우바리優婆離 옆에 앉아 있는 것이 보이는가? 설법하기 좋아하는 수행승들은 부루나富樓那 주위에 모여 있다. 사리불은 지혜가 출중하고 우바리는 계율에 정통하며 부루나는 설법에 탁월하다." 이 말씀은 끌림의 법칙을 잘 보여주는 예다. 우리의 염원과 욕구와 업력이 우리가 중생계의 어느 세계 또는 어느 단계에 이끌릴지를 결정한다. 어떤 친구를 만날 때 무척 즐겁다면 여기에는 끌림의 법칙이 작용한 것이다. 그 친구에게 친밀감을 느끼면 이 정보는 아뢰야식에 종자로 심어진다. 이 친밀감 종자가 무르익으면 우리는 특정 상황이나 사람에게 자기도 모르게 이끌린다.

플럼 빌리지는 작은 지역이고, 유럽은 넓은 지역이다. 우리는 넓은 지역에 속해 있으면서도 작은 지역에 이끌려와서 지낸다. 하지만 플럼 빌리지에 있는 우리는 유럽 속에도 존재한다. 이와 비슷하게, 우리가 삼계 아홉 단계 중 한 곳에 속해 있다는 말은 나머지 여덟 단계에는 속하지 않는다는 뜻이 아니라 그 여덟 단계에 끌리는 정도가 약하다는 뜻이다. 끌림의 법칙으로 인해 우리를 끌어당긴 곳에 훨씬 더 열심히 참여하지만, 나머지 단계에도 속해 있는 것이다. 아홉 단계 모두 우리 안에 존재한다. 한 단계가 현행하면 나머지 단계들은 잘 드러나지 않지만, 그럼에도 존재한다.

이숙은 업 종자가 성장해서 열매가 익었다는 뜻이다. 이숙 과정이 끝나면 아뢰야식은 우리가 지은 업에 가장 잘 어울리는 단계에 머물려고 한다. 아뢰야식 속에서 마약 중독과 연관된 업 종자가 익으면 우리는 그 업력에 이끌려 저절로 마약 중독자들과 어울리게 된다. 아뢰야식 속에서 무르익은 종자가 우리를 삼계의 한 단계로 끌고 가는 방식은 대단히 심오하다.

이 책을 깊이 관찰해보자. 이 책은 우리 공업 종자의 현행이다. 이 책을 읽는 우리는 자신의 아뢰야식에 수행 종자를 이미 심었기 때문이다. 아마 당신은 이것과 비슷한 책을 읽었거나 알아차림 수행이나 불교 심리학에 대해 들어본 적이 있을 것이고, 그래서 치유하고 변화하는 방법을 더 많이 알고 싶은 욕구가 있을 것이다. 그랬던 것이 바로 얼마 전의 일이었을 수도 있다. 이제 내가 이 책을 쓰고 당신이 읽기에 필요한 조건이 충족되었다. 우리가 이 책에 끌리는 정도는 각자가 과거에 심은 별업 종자에 따라 다르다. 다른 사람들은 왜 이 책을 읽지 않을까? 그들은 우리와 관심사가 다르기 때문이다. 하지만 우리에게는 이 길을 함께 가게 만든 무언가가 있다. 그것이 바로 우리의 아뢰야식에 저장된 공업 종자이고, 이것이 끌림의 법칙이다.

우리 각자의 내면에는 천상도, 싸움을 일삼는 아수라도, 인간도, 아귀도, 지옥도, 축생도 등, 육도의 모든 곳으로 끌고 갈 수 있는 종자들이 들어 있다. 누구든지 지옥에 머문 적이 있으며, 지옥은 그리 멀리 있지 않다. 바로 여기에 지옥이 있다. 불교 세계관에는 아귀라는 존재가 있는데, 아귀는 배가 산만큼 크지만 목구멍은 바늘만큼 좁아서 굶주림을 면치 못한다. 불교 국가에서는 매년 음력 8월 15일(한국을 비롯한 몇몇 국가는 음력 7월 15일-옮긴이)에 앞서간 조상에게 공양을 올린다. 우리 조상은 굶주린 귀신이 아니다. 그들에게는 자손도 있고 돌아올 곳도 있다. 하지만 우리는 거처도 없이 굶주린 채 떠도는 아귀가 많다는 것을 안다. 그렇기 때문에 아귀를 위해서도 떡과 물 등을 차려놓고 아귀의 목구멍을 넓혀주는 진언을 외운다. 그리고 『반야심경般若心經』을 읽은 후, 아귀들을 불러서 공양물을 먹기를 청한다.[10] 그러고는 아미타불에게 아귀들을 극락정토로 이끌어 달라고 기도한다.[11]

아귀는 불교 신앙에서나 볼 수 있는 존재가 아니다. 우리 사회는 매일 수천 명의 아귀를 만들어낸다. 자세히 살펴보면 우리 주변 어디에나 아귀가 있다. 바로 뿌리를 내리지 못한 사람들이다. 가정에서 그

틱낫한 마음

들의 부모는 행복하게 살 수 있다는 것을 보여주지 못했고, 교회나 공동체는 그들을 이해한다거나 받아들인다는 느낌을 주지 못했다. 그래서 그들은 모든 것을 거부했다. 가족과 사회와 종교를 신뢰하지 않고, 고유한 전통을 신뢰하지 않는다. 하지만 그래도 좋은 것, 아름다운 것, 믿을 수 있는 진실한 것을 여전히 찾고 있다. 그들은 이해와 애정에 굶주려 있다.

때때로 플럼 빌리지 같은 수행센터에도 아귀가 온다. 우리는 그를 금방 알아볼 수 있다. 당신이 그를 이해하고 애정을 줘도 그는 의심한다. 아귀를 도우려면 참을성이 있어야 한다. 먼저 그의 신뢰를 얻어야 한다. 하지만 목구멍이 너무 좁기 때문에, 즉 모든 것을 의심하고 아무것도 믿으려 하지 않기 때문에 당신에게서 애정이 넘쳐흘러도 그는 그것을 받아들이지 못한다. 또한 끌림의 법칙 때문에 아귀는 다른 아귀들과 어울리는 것을 좋아한다. 우리 안의 아귀 종자에 물을 준다면, 우리도 아귀가 될 것이다. 그러면 다른 아귀들을 찾아서 어울릴 것이고, 그들과 함께 아귀 사회를 세울 것이다.

우리를 천상계로 끌고 갈 종자나 인간계나 아수라계, 아귀계, 지옥계, 축생계로 끌고 갈 종자들은 우리의 아뢰야식 속에 이미 자리 잡고 있다. 카르마는 업을 뜻한다. 일상에서 우리가 하는 모든 행동과 말과 생각이 열매를 맺을 힘을 갖고 있다. 몸과 입과 뜻으로 심은 수많은 업 종자가 아뢰야식 속에서 서로 영향을 주고받으며 충분히 성장하고 익었을 때, 다른 단계의 중생이라는 열매를 맺는다. 신업과 구업과 의업을 지으며 오래 살고 나면 우리의 아뢰야식 속 별업 종자와 공업 종자들이 우리가 이끌려서 향하고 있는 중생계에 현행한다.

　어떤 사람이 마약 중독의 악순환에 빠져 있다고 하자. 어디를 가든지 그는 마약과 연관된 환경에 끌릴 것이다. 이것은 그의 아뢰야식 속 업 종자의 현행이다. 그가 과거에 심은 업 종자가 충분히 익어서 그를 그런 방향으로 끌고 간다. 그의 아뢰야식이 그런 중생계에 끌리는 건 그가 살아온 방식이 그런 열매를 맺었기 때문이다. 하지만 그를 사랑하고 도와줄 수 있는 사람을 만난다면 그의 아뢰야식 속에 있는 긍정적인 종자가 물을 흡수하고, 그는 각성할지도 모른다. 그리고 그 사람의 도움으로 해로운 환경을 완전히 차단할 수도 있다. 그러면 이제 다른 종자들이 서서히 익으면서 그가 다른 중생계로 이끌려 향하도록 도와줄 것이다.

　아뢰야식 속 종자들은 우리를 끌고 가서 선한 삶이든 불선한 삶이든, 우리와 비슷한 사람들의 삶을 공유하게 한다. 하지만 변화할 수도 있다. 먼저 어느 방향으로 가고 싶은지를 결정해야 한다. 둘째, 변화와 치유의 길에 들어서겠다는 원을 세워야 한다. 셋째, 자신이 따라갈 수 있는 길이 있음을 깨닫고 알아차림을 일상에 적용하고자 하는 다른 사람들과 함께 수행할 방법을 찾는다. 그리고 우리가 똑같은 업, 치유와 변화를 수행하는 업을 공유하고 있음을 깨닫는다. 식욕과 수면욕과 성욕만 채우려는 사람들은 욕망의 세계에서 함께 어울릴 것이고, 그 욕계에서 괴로워하는 사람들을 염려하는 이들은 봉사할 방법을 찾아 함께 어울릴 것이다. 이것이 끌림의 법칙이다.

　평화와 기쁨의 세계에 머무는 해탈은 종자를 접하고 바꾸는 것, 선업 종자가 생장하게 돕는 것과 관계가 있다. 꼭 죽어야만 새로운 존재로 다시 태어나는 게 아니다. 변화를 향한 몇 주 또는 몇 개월의 수행만으로도 우리의 선업 종자가 무르익어서 지금 이곳에서 새로운 존재로 다시 태어나게 도와줄 수 있다. 우리가 자신의 종자를 보살피고 선업 종자를 심고 물을 주고 불선업 종자의 현행을 억제하면 성숙의 길로 들어갈 수 있다. 고작 사나흘의 수행 후에 새로운 존재로 태어난 사람들을 나는 보았다. 그들은 집으로 돌아가서 가족과 화해하고 행복을 되찾았다. 새 출발, 깊은 관찰, 변화, 치유와 연관된 종자들이 지극한 보살핌을 받자 이숙 과정이 순식간에 끝날 수 있었던 것이다. 우리도 할 수 있다. 우리의 아뢰야식 속 종자로부터 새로운 존재를 탄생시킬 수 있다. 더욱 긍정적으로, 더욱 행복하게 살아갈 수 있다. 불가능하다고 생각할 이유가 없다.

10
변행 심소

그 성질이 무부이며 무기인
아뢰야식은 항상 흐르고 변화한다.
상응하여 일어나는
다섯 가지 변행 심소도 같은 성질을 띤다.

이 게송은 나머지 식들과 구별되는 아뢰야식의 특징을 설명한다. '무부
無覆'는 덮여 있지 않음, 물들지 않음을 뜻한다. 아뢰야식은 대상에 물
들지 않으므로 궁극의 청정에 이를 능력이 있다. 아뢰야식은 또한 무
기無記이다. 이 말은 선과 불선을 가리지 않고 일체 종자를 보유하지만
아뢰야식 자체는 선도 아니고 불선도 아니라는 뜻이다.

　모든 현상은 선善, 불선不善, 무기無記, 세 가지 성질 중 하나를 지

닌다. 우리의 모든 행동과 말과 생각은 이 세 가지 중 하나에 속한다. 선은 나에게도 이롭고 남도 이롭게 하는 것, 불선은 나에게도 해롭고 남도 해롭게 하는 것을 뜻한다. 무기는 어떤 행동이나 말, 생각이 선도 아니고, 불선도 아니라는 뜻이다. 선과 불선이 아직 결정되지 않았으므로 조건에 따라 선이 될 수도 있고, 불선도 될 수 있다. 그것이 나와 남에게 이로울지 해로울지는 우리가 살아가는 방식에 의해 결정된다.

아뢰야식은 밤낮없이 계속 작동한다. 결코 멈추지 않는다. 안식, 이식, 비식, 설식, 신식, 의식은 작동할 때도 있고 쉴 때도 있다. 예컨대 안식은 우리가 깨어 있을 때는 작동하지만 잠들었을 때는 작동을 멈춘다. 눈이 감겨서 형상을 보지 못하기 때문이다. 감각식은 감각기관이 대상과 접촉할 때만 일어난다. 우리가 꿈도 없이 푹 잠들었을 때는 의식도 활동을 중단한다. 그러나 아뢰야식과 밀접하게 연계되고 의식을 지탱하는 제7 말나식은 활동을 멈추지 않는다. 아뢰야식처럼, 말나식도 결코 쉬지 않고 계속 활동한다. 말나식에 대해서는 이 책의 2부에서 자세히 살펴볼 것이다.

아뢰야식은 활동을 멈추는 법이 없다. 하지만 이 말은 아뢰야식이 항상 똑같은 상태를 유지한다는 뜻이 아니다. 마치 강처럼, 아뢰야식은 끊임없이 흐르고 변화한다. 강은 언제나 똑같은 강이지만 그 속의 강물은 시시각각 변하며 흘러간다. 아뢰야식도 마찬가지다. 아뢰야식은 강이고, 그 속의 수많은 종자는 강물처럼 시시각각 변화한다.

마음 작용, 즉 '심소心所'는 불교에서 매우 중요한 용어로서 이 책의 처음부터 끝까지 자주 언급될 것이다. 심소는 아뢰야식 속 종자가 심리적 형태로 현행한 것이다. 유식학파에서는 심소를 51가지로 분류했는데, 이에 대해서는 이 책의 뒷부분에서 자세히 다룰 것이다. 이 게송을 이해하기 위해서는 다섯 가지 변행 심소遍行心所에 대해 알아야 한다. 바로 촉觸, 작의作意, 수受, 상想, 사思다. 이 오변행 심소는 아뢰야식과 '상응相應'한다. 상응이란 서로 의지하고 연합한다는 뜻이다. 이 다섯 가지를 변행이라고 부르는 건 여덟 가지 식(전오식, 의식, 말나식, 아뢰야식) 전부에서 일어나기 때문이다.

오변행 심소는 아뢰야식의 기능인 종자를 수용, 유지, 보존, 저장하는 것과 관련해서 제8 아뢰야식과 함께 기능한다. 아뢰야식은 이 오변행 심소의 형태로 작용한다. 하지만 다른 식들에서는 오변행 심소가 다르게 작용한다. 아뢰야식이 대상을 '헤아리는 방식[量]'이 나머지 식들의 방식과 다르기 때문이다.

식識이 어떻게 작동하는지를 알기 위해서는 각 식의 성질과 인식 대상, 인식 방식을 알아야 한다. 8장에서 우리는 세 종류의 인식 대상(성경, 대질경, 독영경)을 살펴보았다. 성경을 보려면 대상을 있는 그대로 직접 보아야 하는데, 이것이 직접적 인식인 현량現量이다. 현량은 생각이나 상상을 통하지 않고 대상을 직접 헤아리는 것이지, 비교와 추론의 결과가 아니다. 아뢰야식의 인식 방식은 항상 현량이다. 불을 보고 그것이 불이라는 것을 아는 것, 그것이 현량이다.

그런데 먼 산에서 피어오르는 연기를 보고 산불이 났다고 생각했다고 해보자. 이렇게 비교하고 짐작하고 추론하는 것은 비량比量이다. 비량은 옳을 수도 있고, 틀릴 수도 있다. 당신이 산불 연기라고 생각했던 것이 실제로는 안개일 때, 이렇게 안개를 보고 산불 연기라고 말하는 것은 대상을 틀리게 헤아리는 비량非量이다. 붓다는 우리의 인식 대부분이 그릇된 비량이라고 말하였다. 아름다운 일몰을 볼 때 우리는 지금 순간의 태양을 보고 있다고 믿는다. 하지만 과학자들의 말에 따르면, 우리가 보는 태양은 실제로는 8분 전 태양의 이미지다. 살아가는 내내 우리는 수없이 틀리게 헤아리지만 그것이 전부 옳다고 믿는다. 그리고 그릇된 인식은 엄청난 고통을 초래한다.

아뢰야식은 생각하거나 비교하거나 추측하거나 상상하지 않는다. 그것은 항상 현량으로 대상을 본다. 그러므로 아뢰야식과 함께 작용하는 변행 심소의 인식 방식도 항상 현량이다. 제8식에서 일어나는 촉觸은 현량으로 대상을 인식한다. 작의, 수受, 상想, 사思 모두 마찬가지다. 하지만 이 오변행 심소가 다른 식들에서도 반드시 현량으로 대상을 보는 것은 아니다. 다른 식들은 성질과 작용이 다르기 때문이다.

오변행 심소는 마음과 별개가 아니다. 마음의 내용물이 곧 마음이다. 따라서 아뢰야식의 성질은 또한 이 오변행 심소의 성질이기도 하다. 아뢰야식과 그에 상응하는 주관과 객관의 오변행 심소는 무부, 무기이며 항상 흐르고 변화한다. 모든 종자, 모든 대상, 모든 인식이 낱낱이 아뢰야식이라는 강의 물방울과도 같다. 그리고 그것들 전부 아뢰야식의 성질을 따른다.

아뢰야식의 바로 이런 독특한 성질 덕분에 그 안의 종자들이 변화를 거듭할 수 있는 것이다. 대상에 물들지 않고 선과 불선이 결정되지 않았기 때문에, 중립적이기 때문에, 항상 흐르면서 변화하기 때문에,

아뢰야식은 변화할 수 있다. 매일매일이 변화의 기회다. 우리가 아뢰야
식 속 종자를 변화시킬 때 근본으로부터 변화가 일어난다.

11
삼법인

무상이며 별개의 실체가 없음에도
아뢰야식은 우주의 일체 제법을 함유하니,
그 속에 유위법과 무위법이
종자의 형태로 존재한다.

현상[法]은 두 부류로 나뉠 수 있다. 유루법有漏法과 무루법無漏法이다. '유루'는 금이 간 도자기 잔에서 물이 새듯이 무언가가 샌다는 뜻이다. 행위나 경험이 번뇌로 물들어서 진정한 통찰과 해탈의 성질이 없음을 뜻한다. 그러므로 유루법은 밑으로 떨어지고 돌아갈 가능성, 즉 업과業果가 아뢰야식에 더 많은 번뇌 종자를 심을 가능성이 있다. '무루'는 행위나 경험에 새는 것, 번뇌가 없다는 뜻이다. 그러므로 무루법은 괴로운과보를 낳지 않는다.

우리가 기쁨을 느꼈을 때, 이 경험은 무루법일 수도 있고, 유루법일 수도 있다. 통찰 없이 피상적인 이해에 따른 불안정한 경험이었다면 이 기쁨은 유루법이다. 우리가 대상의 참모습을 보고 바르게 이해하고 통찰할 경우, 이때 느끼는 기쁨은 청정하며, 따라서 무루법일 수 있다. 우리의 마음은 이전 상태로 돌아가지 않을 것이다. 번뇌에 물든 상태와 번뇌를 끊은 상태가 반드시 상반되는 것은 아니다. 대상의 본질을 보지 못한다면 우리의 보는 행위에서는 여전히 번뇌가 샌다.

번뇌가 '새는' 유루법은 괴로운 생사의 세계, 윤회의 세계에 속한다. 이것은 현상 세계다. 번뇌가 새지 않는 무루법은 생사가 없는 세계, 열반, 진리의 세계에 속한다. 현상계와 진리계가 하나의 현실의 두 차원이라는 것을 기억하는 게 중요하다. 파도는 두 차원(현상계와 진리계)을 함께 지닌다. 현상 세계(파도) 속에서만 사는 것은 생사윤회 속에서 사는 것이지만 파도의 본질이 물이라는 것을 깨달을 수 있을 때 두려움이 사라지고 우리는 진리의 세계, 열반 속에서 존재한다. 파도는 물이 될 필요가 없다. 이미 물이다. 현상계는 진리계와 따로 떨어져 존재하지 않는다.

현상계에서는 모든 현상이 유루법처럼 보인다. 하지만 통찰로써 현상을 깊이 관찰할 때 우리는 진리계로 들어선다. 거기에는 번뇌가 없다. 우리가 현상계 속에 있는지 진리계 속에 있는지는 우리의 인식과 전적으로 연관되어 있다. 우리는 현상에 대해 태어남과 죽음, 우월과 열등, 높음과 낮음, 아름다움과 추함 등 수많은 상반된 개념을 토대로 인식하는 경향이 있다. 이렇게 한계에 갇힌 이원적 인식은 윤회를 의미하며, 괴로움을 초래한다. 파도가 파도이자 물이라는 것을 기억한다면 우리는 모든 이원적 개념을 초월할 것이며 두려움과 괴로움은 사라질 것이다. 현상계에서 우리가 태어남과 죽음, 영원과 단멸斷滅, 오는 것과 가는 것, 존재와 비존재로 인식하는 것들이 진리계에서는 태어남과 죽음, 영원과 단멸, 오는 것과 가는 것, 존재와 비존재로 인식되지 않는다. 이 현상들은 모두 청정해지고, 번뇌가 새지 않는다.

우리의 행위가 유루법인지 무루법인지도 우리의 인식에 달려 있다. 우리는 배고픈 아이를 도울 수도 있고, 벌레를 살릴 수도 있고, 누군가 자신이나 타인을 해치는 것을 멈추게 할 수도 있다. 하지만 이 선한 행위는 기쁨과 좋은 과보를 낳을지라도 유루법일 수 있다. 우리가 시간과 공간, 나와 남 등 이원적 개념에 매이지 않고 어떤 것을 한다면 그 행위는 청정하다.

어떤 행위가 청정한지 아닌지는 쉽게 알 수 있다. 보육원에 방문한 어떤 사람이 기부를 하면서 자신의 이름과 기부액을 장부에 직접 적어야 한다고 했을 때, 그 사람이 이름과 금액을 적는 방식이 그의 기부가 청정한지 아닌지를 드러낸다. 너무 적은 금액은 남들 눈에 좋게 보이지 않을 거라는 생각에 100달러를 기부한다면 그의 보시 행위는 유루법이다. 반면에 그 장부를 자신이 얼마나 기부했는지에 대한 기록으로 보지 않고 그 금액이 남들에게 어떻게 보일지를 생각하지 않고 100달러를 기부한다면 그의 행위는 청정하다. 기부하면서 그는 이렇게 생각하지 않는다. "나는 보육원에 기부하고 있어. 불쌍한 아이를 돕는 거야." 이 생각은 자신과 자신이 돕는 사람을 별개로 보는 것이다. 이렇게 이원적으로 보지 않고 그는 무상과 무아에 대한 깨달음을 토대로 기부를 한다. 그러므로 그의 행위는 청정하다.

유루의 행위는 생사의 세계, 현상계 속에 있다. 그것은 괴로움을 줄여줄 수도 있고, 더 많은 괴로움을 일으킬 수도 있다. 하지만 청정한 무루의 행위는 우리를 해탈과 비집착非執着으로 이끌고, 우리가 더 낮은 중생계로 떨어지지 않도록 돕는다.12 두 종류의 행위는 비교가 되지 않는다. 청정한 행위는 필요한 노력의 양이나 자신이 얻을 명예와 이익을 계산하지 않는다. 그것은 통찰과 자유로부터 저절로 일어난다. 그렇기 때문에 청정한 행위가 가져오는 행복이 훨씬 더 크다. 왜냐하면 그것은 번뇌가 없고 겉으로 드러나는 것에 의지하지 않기 때문이다. '유루'는 생사윤회에 속박되는 것을 의미하고, '무루'는 해탈을 의미한다.

꽃, 분노, 시간, 공간 등 유·무형의 모든 현상을 가리켜 제법諸法이라고 한다. 이 일체 제법에는 유위법有爲法과 무위법無爲法이 있다. 미혹한 마음은 조건 지어진 유위법만 접할 수 있다. 유위법은 인연 따라 끊임없이 변화하면서 생生하고 멸滅한다. 열반의 경지에는 생멸하지 않는 무위법만 있다. 하지만 깊이 관찰할 때 우리는 일체 현상, 제법의 본성이 열반이라는 것을 깨닫는다. 시작도 없는 처음부터 일체가 이미 '열반의 경지'였다. 대승의 반야부 경전 중 『금강경金剛經』 같은 경전들은 제법의 불생불멸성不生不滅性을 체득하게 도와준다.13 제법이 현행하는 세계, 즉 법계法界 속에 일체가 있다.

꽃은 유위법이다. 한 송이 꽃이 피기 위해서는 씨앗, 토양, 햇빛, 구름, 비, 대지, 농부, 우리의 아뢰야식 등 특정 조건들이 화합해야 한다. 꽃은 생하고 멸한다. 어떤 현상이 유위법이라는 말은 그것이 다른 모든 것과 서로 의지해서 존재해야 한다는 뜻이다. 모든 현상은 독립적으로 존재하지 못한다. 꽃을 자세히 들여다볼 때 우리는 그 꽃이 혼자서는 존재할 수 없음을 알 수 있다. 거기에는 영원불변하는 독립적인 실체가 없기 때문이다. 이를 가리켜 별개의 자아가 없다고 말한다. 꽃은 무아無我와 무상無常의 성질을 지닌다. 그러므로 그 꽃이 텅 빈 동시에 일체 제법으로 가득 차 있다. 한 송이 꽃을 깊이 접할 때 우리는 우주 법계를 접한다.

일부 종파에서는 공간이 무위법이라고 말한다. 하지만 내가 보기에 공간은 유위법이다. 공간은 시간에 의지해서 생겨나며, 식識이 없으면 존재하지 못한다. 아뢰야식도 이와 비슷하다. 다른 모든 것과 마찬가지로, 아뢰야식은 무상하고 별개의 실체가 없다. 아뢰야식으로부터 생겨나는 모든 심소도 무상하고 별개의 실체가 없다. 아뢰야식은 나머지 식들에 의지해서 존재하며, 그 식들은 아뢰야식에 의지해서 존재한다. 바로 자신의 아뢰야식 속에서 우리는 상의상관성을 볼 수 있다.

꽃을 자세히 관찰하면 그 속에는 햇빛, 구름, 시간, 공간, 심지어 우리의 식까지, 즉 법계가 있음을 볼 수 있다. 아뢰야식도 이와 같다. 그 속에는 유·무위의 일체 제법이 있다. 대부분은 인연에 의지해서 현상으로 현행한다. 하지만 어느 것에도 의지하지 않고 현행하는 것들이 있다. 그런 무위법이 열반, 즉 궁극적 진리의 세계다. 우리의 아뢰야식 속에 무위법 종자가 있다. 열반이 이미 우리 안에 있는 것이다.

무상無常, 무아無我, 열반涅槃을 삼법인三法印이라고 한다. 붓다의 말씀에 따르면, 삼법인은 진리의 문을 여는 열쇠이자 모든 현상의 참모습을 깊이 접하게 해주는 열쇠다. 깊은 알아차림을 통해 우리는 색계에서 현상을 접할 수 있다. 예컨대, 우리가 자신의 간肝에 주의를 기울이면 간은 그것을 느끼고 매우 행복하게 우리의 관심을 받아들인다. 알아차림을 통해 간과 깊이 접할 때 우리는 간의 무상성無常性을 본다. 그것은 시시각각 변화한다. 우리의 간이 3개월 전에는 건강했어도 영원히 건강할 것이라는 보장은 없다. 우리가 간을 염려하고 돌보지 않는다면 특히 그렇다. 이와 동시에 우리는 간의 무아성無我性, 상호의존성도 본다. 간의 건강은 소화계 전체의 건강과 우리의 식습관과 유전요인 같은 다른 많은 요소에 의지한다.

간의 무상성과 무아성을 깊이 관찰할 때 우리는 간이 처한 곤경을 이해하기 시작하고, 애정을 가지고 간을 돌보고 싶어진다. 그리고 우리의 행동은 간의 상태를 변화시킬 수 있다. 이것은 폐와 심장 등 우리 몸의 다른 모든 부위에도 똑같이 적용된다. 간이나 폐를 망가뜨리거나 혈액 순환을 방해하는 흡연과 음주를 멈추고 식습관을 바꾸게 된다. 붓다가 가르친 삼법인을 몸의 실상의 문을 여는 열쇠로 이용하면 우리는 자기 몸을 깊이 이해하게 된다. 그리고 깊이 이해할 때에만 그것을 세심하게 돌본다.

똑같은 방식으로 우리는 이 세 개의 열쇠를 이용해서 제법의 실상의 문을 열 수 있다. 맨 앞의 두 개의 열쇠, 무상과 무아는 우리가 현상계의 제법을 이해하도록 돕는다. 주변 세계를 깊이 관찰할 때 우리는 세 번째 열쇠인 열반의 세계에 머물러서 지극히 평안하고 두려움이 없다. 훨씬 더 깊이 관찰하면 우리는 진리계에서 우리의 몸과 느낌과 생각과 심소를 접한다. 알아차림을 통해 자신의 슬픔과 분노와 불안을 접할 수 있다. 이것이 붓다가 가르친 명상 수행의 핵심이다. 식에 대해 배우면 훨씬 더 많은 도움이 된다.

무상과 무아는 본질적으로 똑같다. 둘 다 별개의 고정된 실체가 없다는 뜻이다. 시간적 차원에서 보았을 때는 무상이라고 부르고, 공간적 차원에서 보았을 때는 무아라고 부른다. 아뢰야식은 무상하고 별개의 실체가 없으며, 그 속에는 우주 법계의 일체 유위법과 무위법이 있다. 한 송이 꽃 속에 온 우주가 있는 것과 같다. 꽃 속에서, 그리고 우리의 아뢰야식 속에서 성경을 볼 수 있다. 대질경과 독영경도 한 송이 꽃 속에, 우리의 아뢰야식 속에 있다.

당신은 당신만의 개별적인 아뢰야식을 갖고 있는가? 개인이 집단에 의지해서 생겨난다는 것을 알고 있다면, '그렇다'고 답할 것이다. 당신의 몸속 어디에 아뢰야식이 있는가? 몸을 이루는 각각의 세포 속에 있다. 당신은 각 세포 속에 존재하는 아뢰야식 전체를 접할 수 있다. 낱낱의 세포 속에 몸 전체를 재창조할 힘이 잠재해 있으므로 세포 하나만으로도 동일한 개체를 복제해낼 수 있다. 침술과 지압술 같은 치료법은 몸의 단 한 부위에 접촉함으로써 온몸을 접할 수 있음을 입증한다.

아뢰야식은 혼자 존재하지 못한다. 다른 식들과 서로 의지하고 연결되어야 한다. 하나 속에 일체가 있고, 하나는 일체에 의지해서 생겨난다. 또한 일체 속에 하나가 있고, 일체는 그 하나에 의지해서 생겨난다. 집단은 개인에 의지해서 존재하고, 개인은 집단에 의지해서 존재한다. 이런 통찰은 '개인'과 '집단'의 개념을 버리게 도와준다. 아뢰야식의 성질을 깊이 관찰할 때 그것이 순전히 개별적이지도, 순전히 공통적이지도 않고 개별적인 동시에 공통적임을 알 수 있다. 개인과 집단, 개별성과 공통성 개념을 버린 후에야 우리는 아뢰야식의 진정한 불이不二의 성질을 볼 수 있다.

12
종자와 현행

종자는 종자를 낳는다.
종자는 현행을 낳는다.
현행은 종자를 낳는다.
현행은 현행을 낳는다.

현상[法]은 종자 또는 현행의 형태로 존재한다. '종자'는 현행할 능력을 지닌 원인이며, '현행'은 종자가 결과로 나타난 모습이다. 이 게송은 종자와 현행의 관계를 설명한다. 우리가 분노하지 않을 때는 분노 종자가 현행하지 않은 것이다. 하지만 그 분노 종자는 여전히 아뢰야식 속에 존재한다. 누군가에게 불쾌하거나 상처가 되는 말을 들을 때면 우리 안의 분노 종자는 물을 흡수한다. 그러면 그 종자가 현행해서 우리의식에 심소로 나타난다.

의식이 개입하지 않아도 종자는 아뢰야식 내의 다른 종자들에게 영향을 미칠 수 있다. 우리가 아뢰야식 속 분노 종자에 자주 물을 준 탓에 종자가 생장해서 매우 강해졌다고 하자. 물을 충분히 흡수하면 종자는 의식에 나타난다. 종자가 의식에 나타날 때 그것이 현행했다고 말하며, 그 과정에서 세력이 강해진다. 현행할 기회를 얻은 종자는 어느 것이든 힘이 세다. 현행한 종자는 이제 성질이 똑같은 다른 종자를 낳아서 아뢰야식에 심을 수 있다. 분노 종자가 의식에 현행할 때 알아차림을 통해 그것을 다스리지 못한다면 그 현행은 아뢰야식 속에 분노 종자를 심고 강화한다.

종자는 결코 똑같은 상태에 머물지 않는다. 항상 변화를 거듭한다. 아뢰야식 속 종자들은 시시각각 생하고 멸한다. 이 종자에서 비롯된 현행도 시시각각 생하고 멸한다. 현행으로서 우리의 육체는 매 순간 생하고 멸한다. 우리의 아뢰야식 속에서, 낱낱의 체세포 속에서 매 순간 생멸이 일어난다. 각각의 종자와 각각의 현행은 인연에 따라 생멸 과정을 겪는다. 현행했다고 해서 그 종자가 반드시 소멸하는 것은 아니며, 종자와 현행은 서로 의지해서 존재한다.

아뢰야식 속 분노 종자가 현행하여 의식에 분노로 나타날 때도 그 종자는 종자로서 계속 존재한다. 분노는 그렇게 표면의식에 나타나 한동안 작용한 후에 근원으로 돌아간다. 그리고 그 분노 종자는 세력이 조금 더 커진다. 어떤 종자든지 현행해서 구체적으로 작용할 기회를 얻으면 더욱 크게 성장하고 더욱 강해진다. 우리가 아뢰야식 속의 연민, 용서, 기쁨 종자와 접촉해서 그 종자들을 하루에 몇 번씩 현행시킬 수 있는 방법을 안다면 아뢰야식 속에서 그 종자들의 세력이 갈수록 커질 것이다. 반면, 불안, 분노, 고통 종자와 자주 접촉하고 주변 사람들이 그 종자에 물을 주게 놔둔다면 우리는 그 종자들이 강력해지도록 계속 돕고 있는 것이다.

분노할 때 우리는 괴롭다. 우리는 분노를 표출하면 얼마간 편안해질 거라고 믿는다. 일부 심리치료사들은 내담자에게 "자신의 분노와 만나라." 또는 "분노를 몸 밖으로 꺼내라."라고 조언한다. 내담자를 방에 들여보내서 베개를 마구 때리게 하는 치료법도 있다. 이것이 다른 사람을 실제로 때리지 않고 분노를 안전하게 표출하는 방법이라는 게 그들의 주장이다. 하지만 분노를 표출하는 행위는 분노를 몇 배나 강화한다. 베개를 때릴 때마다 우리는 분노를 시연하고 자신의 분노 종자가 쑥쑥 자라게 돕고 있는 것이다. 내 생각에 그것은 현명한 치료법이 아니라 위험한 치료법이다. 베개를 후려치면서 이미 현행한 분노를 표출하는 동안, 이와 동시에 아뢰야식 속 분노 종자를 강화하기 때문이다.

이 말이 분노를 억제해야 한다는 뜻은 아니다. 자신의 분노를 알아보고 포용하고 그대로 놔두는 법을 배우는 것이 중요하다는 것이다. 그러면 알아차림을 통해 분노와 접촉해서 그것을 변화시킬 수 있다. 분노로 인해 베개를 때리는 행위는 자신의 분노와 접촉하는 게 아니라, 분노가 자신을 제압하도록 방치하는 것이다. 사실은 베개와도 접촉하지 못한다. 베개와 진실로 접촉했다면 그것이 베개라는 것을 분명히 알 테고, 그러면 베개를 그렇게 때리고 싶지는 않을 것이다. 분노를 접하고 알아보고 그냥 그대로 놔두고 변화시키기 위해서는 알아차림 수행이 반드시 필요하다. 우리가 부정적인 현행을 알아차릴 때마다 그것은 조금씩 힘을 잃는다. 그렇기 때문에 종자가 심소로 현행할 때 호흡 명상과 걷기 명상과 알아차림을 이용해서 그 심소를 알아보고 포용하는 것이 대단히 중요하다. 분노를 안전하게 돌보기 위해서는 깊은 알아차림이 필요한 것이다.

우리 안의 모든 긍정적 종자와 모든 부정적 종자를 확인하는 법을 열심히 배워라. 그러면 부정적 종자에는 물을 주지 않고, 긍정적 종자에는 기회가 있을 때마다 물을 줄 수 있다. 이것을 '선별적 물 주기'라고 한다. 이 연습은 인간관계에서 상당히 중요하다. 사랑하는 사람의 입장을 이해하고 그의 부정적 종자에 물을 주지 않으려고 노력하라. 긍정적 종자에만 물을 주는 연습을 하라. 그리고 상대방에게 이렇게 말하라. "나를 정말 사랑한다면 내 안의 부정적인 종자를 자주 건드리지 마세요." 함께 동의서를 쓰면 좋다. 두 사람의 온갖 종자를 서로 함께 돌보기로 약속하는 일종의 평화협약이다. 긍정적인 종자에만 물을 주는 연습은 상대방을 긍정적인 방향으로 변화시킬 것이다. 그리고 이런 변화는 더 큰 기쁨과 평화와 행복으로 당신에게 돌아온다.

13

인드라망

종자와 현행은
상의상관과 상입상즉의 성질이 있다.
하나는 일체에 의지하여 생기고
일체는 그 하나에 의지한다.

제13송과 제14송은 유식학에 영향을 미친 『화엄경』의 관점을 보여준다. 4세기에 무착無着과 세친世親 형제는 유식불교를 개창했다.[14] 그때 당시 화엄종의 교리는 초기불교의 논장論藏에 기초한 불교심리학 체계에 포함되지 않았다. 7세기에 현장이 유식학을 중국으로 전했지만, 그때까지도 화엄 사상은 불교심리학에 포함되지 않았다. 중국 화엄종의 3대 조사祖師인 법장(法藏, 643~712)이 저서 『화엄경탐현기華嚴經

探玄記』에서 처음으로 이 중요한 대승의 가르침을 불교심리학 체계에 도입했다.

제13송은 『화엄경』의 상의상관相依相關과 상입상즉相入相卽의 가르침을 설명한다. 『화엄경』에서는 그 가르침을 도리천忉利天 제석천왕帝釋天王의 궁전에 걸려 있는 인드라망에 비유한다.[15] 인드라망은 한없이 펼쳐진 거대한 그물로, 그물코의 매듭마다 보배 구슬이 달려 있다. 그 수많은 구슬 낱낱에 일체 세계가 비쳐 보이며, 각 구슬은 서로를 비추고 서로에게 비친다. 한 구슬이 모든 구슬을 비추고, 모든 구슬이 한 구슬을 비춘다. 화엄의 세계에서는, 인드라망에서는 하나가 일체 속에 존재하고 일체가 하나 속에 존재한다. 불교는 이 아름다운 장면을 이용해서 상의상관과 상입상즉의 이치를 보여준다.

차별적인 현상 세계 속에서 우리는 찻주전자를 독립적으로 존재하는 단일체로 본다. 하지만 찻주전자를 깊이 관찰할 때 그 속에 흙, 물, 불, 바람, 시간, 공간 등, 많은 현상이 들어 있음을 알 수 있다. 그리고 실제로 온 우주가 합심해서 이 찻주전자를 만들었다는 것을 깨닫는다. 이것이 찻주전자의 상의상관성이다. 한 송이 꽃은 구름과 흙과 햇빛 등 수많은 꽃 아닌 요소들로 만들어진다. 구름과 흙이 없다면 꽃은 존재할 수 없을 것이다. 이것이 상의상관적 공존interbeing이다. 일체가 하나를 낳고, 그 하나가 일체를 존재할 수 있게 한다.

모든 종자와 현행 속에서 우리는 상의상관성과 상입상즉성을 볼 수 있다. 상입상즉이란 모든 것이 걸림 없이 서로 드나들며 융합하므로 하나가 곧 일체라는 뜻이다. 꽃은 혼자서는 존재하지 못한다. 다른 모든 것과 서로 의지해야 한다. 모든 현상이 그렇다. 붓다는 이렇게 말했다. "이것이 있으므로 저것이 있다." 단순하지만 심오한 가르침이다. 이 말은 모든 것이 다른 모든 것과 연결되어 있다는 뜻이다. 모든 것이 다른 모든 것 속으로 들어가고, 다른 모든 것이 모든 것 속으로 들어간다. 햇빛과 식물이 서로 드나들고, 식물과 동물이 서로 드나든다. 우리는 서로서로 드나든다. 하나 속에서 일체를 보고, 일체 속에서 하나를 본다. 하나 속에서 일체를 접하고, 일체 속에서 하나를 접한다. 이것이 『화엄경』의 법계연기法界緣起로, 가장 심오하고 광대한 연기법이다.

영국의 핵물리학자 데이비드 봄(David Bohm, 1917~1992)은 '드러난 질서explicate order'와 '숨겨진 질서implicate order'라는 용어를 통해 불교에서 현상계와 진리계라고 말하는 것을 설명했다. 드러난 질서 속에서는 모든 것이 다른 모든 것의 외부에 존재한다. 코끼리는 장미의 외부에 존재하고, 탁자는 숲의 외부에 존재하고, 당신은 나의 외부에 존재한다. 드러난 질서는 우리가 사물을 깊이 관찰하지 않을 때 보는 모습이다. 하지만 데이비드 봄이 발견했듯이, 소립자를 자세히 관찰하면 한 개의 소립자가 다른 모든 소립자로 이루어져 있음을 본다. 우리가 일상에서 쓰는 개념들이 극미極微의 세계에는 적용되지 않는다. 한 개의 소립자 속에서 다른 모든 소립자의 존재를 확인할 수 있다. 소립자를 깊이 살펴볼 때 숨겨진 질서가 드러난다. 거기에는 모든 것이 다른 모든 것의 내부에 있다. 이것이 『화엄경』의 가르침이다.

숨겨진 질서는 진리계에 해당하고, 드러난 질서는 현상계에 해당한다. 현상계에는 태어남과 죽음, 시작과 끝, 이것과 저것, 존재와 비존재 같은 개념이 있다. 하지만 진리계에는 태어남과 죽음, 시작과 끝, 이 것과 저것, 존재와 비존재가 없다. 진리계는 언어와 개념으로 설명할 수 없다. 언어와 개념은 그 본래 성질에 따라 진리를 조각조각 분리하는 역할을 하기 때문이다.

물론 서로 소통하기 위해, 불교를 배우기 위해 우리는 언어와 생각과 개념을 사용해야 한다. 하지만 바르게 이해하기 위해서는 결국 이 모든 개념을 버려야 한다. 같음과 다름, 집단과 개인 같은 개념은 사다리의 가로대일 뿐이다. 그것을 딛고 다음 단계로 올라가야지, 그런 개념에 갇혀서는 안 된다. 언어와 생각과 개념에 갇히면 참된 이해가 불가능하고 진리의 세계에 들어서지 못한다.

『화엄경』에서 찾은 상입상즉의 가르침을 이용할 때 우리는 진리의 문을 열고 그 세계와 연관된 개념들을 버릴 수 있다. 진리를 짜맞추기 위해 사용한 개념들은 해체해야 한다. 우리는 폐가 있어서 숨을 쉴 수 있다는 것을 안다. 그렇지만 더 깊이 관찰하면 산과 숲도 우리의 폐라는 것을 알 수 있다. 그것들이 없으면 우리는 숨을 쉬지 못한다. 우리는 잘 작동하는 심장을 갖고 있다. 그리고 이 심장이 작동을 멈추면 우리는 생존할 수 없음을 안다. 하지만 깊이 관찰할 때 태양이 우리의 두 번째 심장이라는 것을 알 수 있다. 저 태양이 작동을 멈춘다면 우리도 내 몸의 심장이 멈춘 것처럼 곧바로 죽을 것이다. 내 몸이 곧 법계의 몸이고 법계가 곧 내 몸인 것을 본다.

안과 밖, 나와 너라는 개념을 꿰뚫어 볼 때에야 이런 통찰이 가능하다. 『화엄경』의 눈으로 볼 때 우리는 우주 법계와 그 속의 제법이 인드라망의 부분인 것을 본다. 하나와 여럿, 오는 것과 가는 것, 개인과 집단, 위와 아래, 존재와 비존재 같은 대립적 개념이 진리계에는 적용될 수 없음을 깨닫는다.

14

진실과 거짓

아뢰야식은 같지도 않고 다르지도 않으며,
개별적이지도 않고 공통적이지도 않다.
같음과 다름은 서로 의지하며
개인과 집단은 서로를 생기게 한다.

나의 아뢰야식과 당신의 아뢰야식은 하나일까, 둘일까? 둘이라고 대답한다면 틀렸다. 하나라고 대답해도 틀렸다. 당신과 나는 하나가 아니다. 또한 둘도 아니다. 하나는 개념이고, 둘도 개념이다. 이 두 개념 모두 진실에 부합하지 않는다. 나의 아뢰야식 속에 당신의 아뢰야식이 있고, 마찬가지로 당신의 아뢰야식 속에 나의 아뢰야식이 있다. 그것들이 같은지 다른지, 아뢰야식이 한 개인지 여러 개인지를 우리는 말할 수 없다. 같음과 다름은 서로 의지해서 존재한다. 같음 속에 다름이 있고, 다름 속에 같음이 있다. 같음과 다름, 하나와 여럿 같은 한 쌍의 개념은 서로 대립한다. 그리고 진리는 언제나 대립적 개념을 초월한다. 괴로움과 미혹을 없애는 유일한 방법은 이원적 사고방식을 바꾸고 개념을 초월하는 것이다.

모든 현상은 개별성과 공통성을 함께 지닌다. 하나와 여럿이 협력해야만 어떤 것이 생겨나듯이, 개인과 집단은 서로 의지해서 발전하고 변화한다. 우리는 같음과 다름, 개인과 집단 같은 개념을 뛰어넘어야 한다. 이것이 삼론종三論宗의 가르침이다. 삼론종을 따르는 논사論師들은 세 권의 논서, 즉 용수龍樹의 『중론中論』과 『십이문론十二門論』, 제바提婆의 『백론百論』을 바탕으로 중도中道의 가르침을 공부하고 확장한다. 중도란 개념에 갇히지 않은 길이다. 유식학은 『화엄경』과 이 세 논서의 근본 사상을 담고 있다.

용수는 이렇게 말했다. "태어나지도 않고[不生] 소멸하지도 않으며[不滅], 상주하지도 않고[不常] 단멸하지도 않으며[不斷], 같지도 않고[不一] 다르지도 않으며[不二], 오지도 않고[不來] 가지도 않는다[不出]." 그는 태어남과 죽음, 상주와 단멸, 같음과 다름, 오는 것과 가는 것, 이 개념들에서 벗어나야 한다고 했다. 용수의 이 이원적인 여덟 가지에 대한 부정을 '팔부중도八不中道'라고 한다. 태어남은 무無에서 어떤 것이 생겨남을 뜻하는 개념이지만, 자세히 관찰해보면 그 개념이 거짓이라는 것을 알 수 있다. 무에서 어떤 것이 생겨날 수는 없다. 우리는 태어남 이전에 이미, 형태가 다르긴 했지만 존재했었다. 구름은 비의 전생이고, 비는 구름의 연속이다. 에너지가 물질이 되는 것은 연속할 뿐이지, 물질이 무에서 단번에 새로 생겨난 것이 아니다. 물리학 법칙과 불교 가르침은 그 무엇도 무에서 생겨날 수는 없다고 말한다.

마찬가지로 어떤 것이 무가 될 수는 없다. 완전히 소멸해서 존재를 끝낼 수는 없다는 뜻이다. 한 장의 종이를 태운다 해도 그 종이는 소멸하지 않는다. 열과 재와 연기로 바뀔 뿐이다. 열은 우주로 스며들고, 연기 등의 기체는 공중으로 퍼져서 구름을 이루고, 구름은 비로 내린다. 재는 바닥으로 떨어져 흙을 비옥하게 한다. 비와 흙은 나무의 성장에 필요한 두 가지 조건이므로, 훗날 그 나무가 다시 종이가 될지도 모른다. 이렇게 관찰할 때 우리는 종이 한 장조차 생멸을 초월한다는 것을 볼 수 있다.

오고 간다는 개념도 진실이 아니다. 우리는 이렇게 말한다. "나는 저기서 와서 여기로 가고 있다." 또는 "태어나기 전에 나는 다른 곳에 있었고 죽은 후에는 또 다른 곳으로 갈 것이다." 그러나 상입상즉과 상의상관의 가르침을 통해 우리는 '여기'와 '저기'가 단지 개념일 뿐이라는 것을, 어떤 곳이 다른 모든 곳 속에 있음을 안다. 진리의 세계에서는 실제로 오고 갈 곳이 없다.

상주常住는 어떤 것이 결코 변하지 않고 그 모습 그대로 영원히 존재한다는 뜻이지만, 이 개념도 거짓이다. 모든 것은 변한다. 상주와 대립하는 개념인 단멸은 우리가 죽으면 몸과 식識이 소멸해서 존재가 끊어진다는 뜻이지만, 어떤 것도 무無가 되지 않음을 우리는 이미 안다. 우리의 몸과 식은 단순히 형태가 바뀔 뿐이다.

우리 마음은 칼과 같아서 현실을 잘게 조각내서 따로따로 분리한다. 하지만 그런 분별심, 즉 상상하고 차별하고 분석하는 마음으로는 현실을 바르게 볼 수 없다. 우리는 평소의 사고 패턴을 이용하지 않고 현실을 접하는 방법을 배워야 한다. 사물의 상의상관성을 깊이 관찰하는 수행을 할 때 현실의 문을 열 수 있고 같음과 다름, 개인과 집단 같은 개념을 버릴 수 있다. 이런 대립적 개념은 현실의 참모습에 적용되지 않는다.

제14송은 같음과 다름, 개인과 집단 개념을 초월하게 도와준다. 오른쪽과 왼쪽, 위와 아래처럼 짝을 이룬 대립적 개념은 한쪽이 다른 쪽에 의지해서 생겨난다. 일단 그런 개념을 이용해서 깊이 관찰했다면 그 후에는 개념을 버려야 한다. 그래야만 현실을, 제법의 실상을 참되게 이해할 수 있다. 이 게송은 우리의 참된 이해를 도와줄 수 있다. 당신의 아뢰야식이 내 아뢰야식과 똑같다고 생각한다면 당신은 같음의 개념에 갇힌 것이다. 다르다고 생각한다면 또 다른 극단에 갇힌 것이다. 아뢰야식의 참모습을 보기 위해서는 그런 개념을 버려야 한다. 아뢰야식은 같지도 않고 다르지도 않으며, 개별적이지도 않고 공통적이지도 않다. 그리고 같으면서 다르고, 개별적이면서 공통적이다.

개념과 관념을 초월하지 못한다면 우리는 가르침에 갇히고 만다. 붓다는 당신의 가르침이 뱀과 같아서 위험하다고 말했다. 가르침에 갇히는 것이 뱀을 잡으려다 뱀에게 물리는 것과 같음을 알려주는 경전이 있는데,**16** 그 경전에서 붓다는 이렇게 말했다. "뱀을 잡으려면 갈라진 막대기로 뱀의 머리를 눌러야 한다. 그래야만 머리 뒤쪽에서 뱀을 잡을 수 있고, 물리지 않는다. 맨손으로 뱀을 잡으려 한다면 물릴 것이다." 가르침을 배우는 것도 이와 같다. 총명한 사람은 가르침을 제시하기 위해 사용된 개념에 매이지 않는다. 그는 개념과 관념을 붙잡고는 그것이 진리라고 착각하지 않는다.

15
대원경지

미혹이 사라지면 지혜가 드러나고,
아뢰야식은 이제 번뇌에 종속되지 않는다.
아뢰야식은 대원경지가 되어
시방의 우주 만물을 비춘다.
이때 그 이름은 청정식이다.

바른 수행으로 무명이 걷힐 때 밝음이 드러나고 아뢰야식이 정화된다. 미혹이 사라진 그 자리에 지혜가 있다. 무명과 미혹은 모든 그릇된 인식의 근원이며, 이 그릇된 인식이 많은 괴로움을 일으킨다. 상의상관성을 깊이 관찰하는 수행을 통해 미혹이 프라즈냐prajña, 즉 지혜로 바뀔 수 있다.

연기緣起의 12가지 연결고리 중 첫 번째가 무명이다.17 연기법은 불교 가르침의 기본으로, 모든 정신적·물리적 현상[諸法]은 원인과 조건이 서로 연관되어 일어난다고 말한다. 십이연기의 12가지 연결고리는 앞엣것이 원인이 되어 다음 것을 일으킨다. 밝게 알지 못하는 마음, 무명無明으로 인해 의도인 행行이 일어나고, 행으로 인해 식識이 일어나고, 식으로 인해 정신과 물질인 명색名色이 일어나고, 명색으로 인해 여섯 감각기관인 육입六入이 일어나고, 육입으로 인해 닿음인 촉觸이 일어나고, 촉으로 인해 느낌인 수受가 일어나고, 수로 인해 갈애인 애愛가 일어나고, 갈애로 인해 집착인 취取가 일어나고, 취로 인해 존재인 유有가 일어나고, 유로 인해 태어남인 생生이 일어나고, 생으로 인해 늙고 죽음인 노사老死가 일어난다. 연기법은 윤회의 바퀴를 굴리는 엔진이고 첫 번째인 무명이 괴로움의 근원이다.

무명을 가리키는 산스크리트 아비드야avidya는 지식의 결여, 이해의 결여를 뜻한다. 무명과 미혹 때문에 우리는 아뢰야식에 수많은 불선업 종자를 심고 물을 준다. 깊이 관찰할 때 우리는 약간의 통찰을 얻고 그런 종자를 변화시킬 수 있다. 수행이 계속되면서 무명이 차차 줄어들고 이해가 깊어진다. 그러다가 무명이 완전히 걷혀서 명明이 드러나고 이해가 지혜가 되는 지점이 있다. 무명과 두려움, 분노, 혐오 같은 심소의 일체 번뇌煩惱가 전부 제거되어 완전히 정화될 때 아뢰야식은 대원경지大圓鏡智로 변화해서 진여의 세계를 있는 그대로 비춘다.

우리는 대개 무명과 미혹에 덮인 채 사물을 인식하고 경험하기 때문에 우리의 아뢰야식은 그 궁극의 지혜를 드러내지 못한다. 하지만 사실 아뢰야식의 본성에는 처음부터 번뇌가 없었다. 무아와 상의상관을 통찰하고 깊이 관찰할 때에만 무명이 걷혀서 우리 안에 이미 존재하는 진여성眞如性이 드러난다.

무명이 없어지면 아무것도 남지 않는다고 생각하는 수행자들이 있다. 일단 그 지점에 이르면 자신이 해야 할 일은 다른 세계로 건너가는 것뿐이라고 생각한다. 하지만 붓다의 말씀에 따르면, "무명이 완전히 없어질 때 지혜가 드러난다." 어둠이 걷힌 그 자리에서 밝음이 드러나고 깨달음이 빛난다. 이때 아뢰야식 속의 일체 종자가 정화된다. 번뇌에 물들었던 종자가 전부 정화될 때 아뢰야식은 크고 둥근 거울 같은 지혜, 대원경지로 변화하여 존재하는 모든 것을 왜곡하지 않고 있는 그대로 비춘다. 태어남과 죽음과 괴로움이 평화와 기쁨과 깨달음으로 바뀐다. 이렇게 깨끗해진 아뢰야식을 '청정식淸淨識', 또는 번뇌의 때가 없다는 뜻에서 '무구식無垢識'이라고 부른다. 이제 우리는 바로 이 삶 속에서 진여를 보고 그 세계로 들어갈 수 있다.

아뢰야식은 땅처럼 종자를 간직하는 일을 맡는다. 아뢰야식 자체는 본래 선도, 불선도 아니라는 것을 우리는 안다. 아뢰야식 속의 선업 종자와 불선업 종자는 다른 식들의 활동에 의지해서 현행한다. 땅은 해가 비추면 따뜻해지고, 비가 오면 젖는다. 그러면 땅속 씨앗들이 싹을 틔우고 온갖 초목이 자라면서 땅이 푸르러진다. 비가 부족할 때나 햇빛이 충분하지 않은 겨울철에 땅은 푸르지 않다. 하지만 그럴 때도 그 땅에 생명이 없다고는 말하지 못한다. 땅은 묵묵히 맡은 일을 계속한다.

나머지 일곱 가지 식은 땅을 돌보는 농부다. 우리는 여섯 감각을 이용해서 공부하고 수행한다. 이 인식 활동이 아뢰야식에 종자로 심어지고, 그러면 아뢰야식은 땅처럼 묵묵히 제 할 일을 시작한다. 우리는 농부로서 흙을 일구고 씨앗을 뿌리고 물을 주고 잡초를 뽑고 거름을 주지만 땅이 하는 일을 대신하지 못한다. 땅만이 종자를 간직하고 우리의 노동에 대한 열매를 내어준다. 가장 중요한 것은 땅이 그 속에 뿌려진 씨앗을 발아시킬 거라고 믿는 것이다.

명상 수행 중에 스승으로부터 특정 대상을 깊이 관조하라는 말을 들었다고 하자. 이때 지성만을 이용해서 대상을 살펴려고 해서는 안 된다. 우리의 지성, 제6 의식은 농부일 뿐이다. 의식은 아뢰야식의 작업을 대신하지 못한다. 우리가 해야 할 일은 명상 대상을 씨앗처럼 아뢰야식에 심고 매일 물을 주는 것이다. 걷고 서고 앉고 눕고 이런저런 활동을 할 때면 알아차림을 통해 그 씨앗에 물을 주게 된다. 날마다 물을 준다면 어느 날 전혀 예기치 못한 아뢰야식의 선물로 지혜의 꽃이 피어날 것이다. 하지만 의식을 이용해서 종자를 싹틔우려 한다면 그 종자는 바싹 말라버릴 것이다. 농부는 땅이 할 일을 대신하지 못한다.

어린 시절 어느 아침에 나는 빗물통 바닥에 예쁜 나뭇잎 한 장이 가라앉아 있는 것을 보았다. 그것을 꺼내고 싶었지만 팔이 짧아서 바닥에 닿지 않았다. 그래서 막대기를 구해다가 물을 마구 휘저으며 나뭇잎이 떠오르기를 바랐다. 그러다 기다리기가 지루해져서 막대기를 던져두고 나가서 놀았다. 그렇게 10분 정도 놀다가 돌아와보니 나뭇잎이 수면에 둥둥 떠 있었다. 내가 없는 동안에도 그 물은 계속 소용돌이치면서 나뭇잎을 수면으로 올려 보냈던 것이다.

아뢰야식도 이와 비슷하다. 의식이 어떤 일을 시키면 아뢰야식은 밤낮으로 그 일을 한다. 길을 가다 아는 사람을 만났는데 그의 이름이 기억나지 않았던 경험이 있을 것이다. 그러면 집에 오는 내내 그의 이름을 기억해내려고 애를 쓰게 된다. 분명히 알고 있는 이름을 기억해내려고 기를 쓰다 보니 머리가 아프다. 그래서 생각하지 않기로 마음먹고 책을 읽다가 잠이 든다. 의식을 이용해서 이름을 기억해내려고 한동안 애쓰다가 이제는 그 문제를 아뢰야식에 맡긴 것이다. 우리가 잠자는 동안, 의식은 활동을 멈추지만 아뢰야식은 그 문제와 계속 씨름한다. 다음날 아침에 양치질을 하다가 그의 이름이 퍼뜩 떠오른다. 명상 수행이 이와 같다. 우리는 아뢰야식을 믿어야 한다. 그 모든 일을 해내는 것은 지성이 아니다. 아뢰야식이 어떻게 작동하는지를 알 때 우리는 올바르게 수행할 수 있다.

제15송은 아뢰야식에 대한 마지막 게송으로, 이제부터는 2부로 넘어가서 제7 말나식을 살펴볼 것이다. 하지만 우리는 아뢰야식을 결코 떠나지 못한다. 아뢰야식은 근본이다. 그리고 우리가 근본에서 변화를 일으키지 않는다면 아뢰야식의 완전한 전환은 불가능하다. 말나식에 대한 게송에서도, 이어지는 의식과 다섯 감각식과 수행법에 대한 게송에서도 아뢰야식을 만날 것이다. 상의상관과 상입상즉의 가르침을 통해 우리는 진리를 분리하는 것이 가능하지 않음을 알고 있다. 하나 속에 일체가 있다. 이것을 알기 위해서는 자세히 깊이 보아야 한다.

2부

말나식

제16송부터 22송까지는 제7 말나식에 대해 설명한다. 말나식과 아뢰야식의 관계는 매우 밀접하고도 미묘하다. 말나식은 아뢰야식에서 생겨나며 아뢰야식의 한 부분을 대상으로 삼아 사랑하고 집착한다. 말나식은 그 부분을 별개의 실체, '자아'라고 여겨서 그것에 매달린다. 엄마의 치맛자락에 매달려서 엄마가 제대로 걷지도 못하게 만드는 어린애처럼, 말나식은 아뢰야식을 단단히 붙잡고 놓지 않는다. 그래서 아뢰야식의 작용을 방해하고 종자의 변화에 장애가 된다.

달의 인력引力이 지구에 밀물과 썰물을 일으키듯이, 아뢰야식에 대한 말나식의 집착력이 종자를 의식에서 심소로 현행시킨다. 우리의 습기와 미혹과 갈애가 합쳐져서 엄청난 세력을 형성하고, 그것이 우리의 말과 생각과 행동을 좌우한다. 그 세력을 말나식이라고 부른다. 말나식은 애착하는 기능이 있다.

아뢰야식처럼, 말나식도 밤낮으로 쉬지 않고 작동한다. 앞에서 우리는 사물을 인식하는 세 가지 방식에 대해 배웠다. 첫째는 바르게 직접 헤아리는 현량現量, 둘째는 비교와 추측으로 헤아렸기 때문에 맞을 때도 있고 틀릴 때도 있는 비량比量, 셋째는 틀리게 헤아리는 비량非量이다. 말나식은 항상 틀리게 헤아린다. 이 그릇된 인식, 특히 자아에 대한 말나식의 견해가 너무도 많은 괴로움을 일으키기 때문에 비량非量과 관련해서 말나식이 어떤 역할을 하는지를 아는 것이 중요하다.

16
무명과 미혹

무명과 미혹이
갈애와 번뇌라는 결박을 일으킨다.
이 결박이 아뢰야식을 오염시키고
명색으로 현행한다.

아뢰야식은 세계, 즉 기세간(자연환경)과 유정세간(우리를 비롯한 유정중생의 거처)으로 현행한다. 우리의 몸도 아뢰야식의 현행이다. 정신과 물질을 가리키는 명색名色도 아뢰야식의 현행이다. 그런데 제7 말나식이 끼어들면 아뢰야식 속 미혹 종자들은 온갖 심소로 현행할 수 있다. 그리고 그 결과가 괴로움이다.

아뢰야식의 여러 모습 중 하나가 '집장執藏'이다. 자아로 오인되어 애착의 대상이 된다는 뜻이다. 이것은 말나식과 관계가 있다. 말나식은 무명과 미혹과 갈애로 가득한 마음이다. 이 식은 아뢰야식에서 생겨났으면서도 아뢰야식을 돌아보며 그것의 한 부분을 '나'라고 여겨서 집착한다. 8장에서 우리는 인식의 세 경계를 다루었다. 말나식이 집착하는 부분은 아뢰야식의 견분見分으로, 견분은 인식하는 주관을 가리킨다. 말나식이 아뢰야식을 돌아볼 때 말나식을 인식하는 아뢰야식의 견분이 일어나고, 말나식은 그 견분을 대상으로 삼아 집착한다.

말나식은 견분에 대한 이미지를 지어내고 그것에 매달린다. 말나식의 집착의 대상이 된 견분은 자유를 잃는다. 말나식이 견분을 자아라고 믿고 매달릴 때, 우리 마음은 노예가 된다. '너는 내 것'이라고 말하듯이, 말나식은 그 애착의 대상을 단단히 붙들고 놓지 않는다. 일종의 지독한 짝사랑이다. 실제로 말나식을 자아에 대한 사랑, '아애我愛'라고 부르지만 사실은 자아에 대한 집착, 아집我執이다. 말나식은 사랑을 주고, 아뢰야식은 사랑을 받는다. 둘의 사랑은 집착이며, 그 결과로 괴로움이 나타난다.

말나식에 의지해서 제6 의식이 생겨난다. 의식은 혼자서 또는 전오식과 연합해서 활동한다. 말나식은 '생존 본능'의 역할도 한다. 깊이 잠들었다가 갑작스런 소음에 번쩍 깨는 것은 말나식이 작동했기 때문이다. 누군가가 우리에게 뭔가를 던졌을 때 반사적으로 피하는 것도 말나식 덕분이다. 말나식의 이런 기능은 본능적인 방어기제로서 지혜에서 비롯된 것이 아니다. '나'를 지키려는 노력이 지나쳐서 결국에는 나를 파괴할 수도 있다.

말나식이 하는 일은 생각하고 헤아리고 계산하고 추측하고 집착하고 매달리는 것이다. 말나식은 밤낮없이 사물을 사량思量한다. "나는 이런 사람이야. 너는 저런 사람이야. 이것은 내 것이야. 저것은 네 것이야. 이것이 나야. 저것이 너야." '나'를 별개의 실체로 봄으로써 생기는 네 가지 심소인 아견我見, 아치我癡, 아애我愛, 아만我慢은 말나식에서 일어난다. 갈애와 두려움과 집착으로 가득한 미혹한 마음이므로 말나식은 성경性境을 접할 능력이 없으며, 아뢰야식의 본성, 진여를 접하지 못한다. 말나식이 보는 모습은 자아에 대한 이미지에 불과하며 대질경帶質境에 속한다. 자신이 지어낸 이미지를 토대로 자아에 집착하는 것이다. 우리가 연인 자체가 아니라 그에 대한 이미지를 사랑하는 것과 똑같다.

육근이 육경과 접촉할 때 육식이 일어나 활동하고, 그 결과 집착과 갈애, 분노, 혐오, 절망 등의 종자가 아뢰야식에 심어지게 된다. 똑같은 과정이 반복되면 이 종자들이 성장하면서 갈수록 세력이 커진다. 그것들을 내적 결박, 또는 족쇄, 매듭, 속박 등으로 부른다. 이것들은 묶고 가두고 선동하고 몰아붙이는 힘이 있어서 우리의 자유와 행복을 빼앗는다. 알아차림과 통찰이 부족할 때 그런 종자를 심게 되고 내적 결박이 형성된다.

내적 결박이 항상 불쾌한 것은 아니다. 사랑에 빠지면 달콤한 결박의 종자들이 우리의 몸과 마음에 심어진다. 틈이 날 때마다 우리는 연인을 만나고 싶어 한다. 그의 집에 갈 계획이 없었더라도 집을 나서면 자기도 모르게 그 방향으로 가고 있다. 자신도 어쩔 수가 없는 것 같다. 강한 결박이 우리를 묶어서 끌고 다닌다. 바로 집착하는 성질이 있는 갈애 종자다. '집착'은 단단히 들러붙다, 맹목적으로 매달린다는 뜻이다. 붉은 잉크를 만지면 손끝이 붉어지는 것처럼 탐욕과 증오, 미혹, 편견으로 가득한 사람을 자주 만나면 우리도 얼마간 그런 성향에 물든다. 그리고 그런 종자가 심어지면서 우리의 아뢰야식이 '오염'된다. 쓰디쓰든, 다디달든 모든 내적 결박은 괴로움이다. 결박은 우리에게도 남들에게도 이롭지 않은 일을 하게 만들고, 이롭지 않음에도 우리는 복종한다. 일종의 습기, 일종의 중독이 우리를 몰아붙인다.

우리의 아뢰야식 속에는 많은 종류의 내적 결박 종자가 있다. 무명과 갈애와 번뇌라는 결박은 강한 힘으로 우리 행동의 상당 부분을 결정하고 우리를 고통으로 끌고 간다. 많은 불교 문헌에서 이런 내적 결박을 결結이라고 부른다. 우리를 단단히 묶어서 평화와 기쁨과 자유를 얻지 못하게 방해하기 때문이다. 그리고 그 모든 갈애와 번뇌의 근원은 무명이다. 사물을 밝게 보지 못하는 무명은 십이연기의 첫 번째 지분이다. 바른 이해의 결여는 의도적 행위, 즉 업業으로 이어지고, 이것은 고통과 슬픔으로 이어진다.

알코올 중독자를 보자. 그의 몸의 모든 세포가, 모든 욕망과 갈망이 그를 끌고 가서 술을 마시게 만든다. 이렇게 끌고 가는 힘이 업력業力으로, 그의 인생의 방향을 결정한다. 내적 결박은 우리로 하여금 특정 대상을 갈구하게 하고 특정 방향으로 달려가고 싶게 만든다. 우리는 다른 방향으로 가려고 애쓰기도 하지만 우리를 끌고 가는 그 힘이 너무나 강력하다. 이 맹목적인 힘의 근원은 무명이다. 그 결박 종자들은 아뢰야식 깊은 곳에 있으면서 정신과 물질, 명색으로 현행한다. 명상 수행을 하며 깊이 관찰할 때 우리는 아뢰야식 속의 무명과 갈애와 번뇌를 알아보고 접촉하고 바르게 노력하여 그 방향으로 가는 것을 멈출 수 있다.

17
사량

아뢰야식에 의지해서
말나식이 일어난다.
말나식은 항상 사량하며
아뢰야식을 자아로 여겨 집착한다.

말나식은 전식轉識 또는 현행식現行識으로 불린다. 아뢰야식의 전변에 의해 생겨났고, 현시점에서 나타나 활동하기 때문이다. 말나식은 독립적으로 존재하지 못한다. 유식학을 공부할 때는 이 점에 주의해야 한다. 말나식은 아뢰야식을 기반으로 일어나 활동하는 하나의 식識이지만 동시에 제6 의식의 기반 역할도 한다.

　8장에서 감각기관이 감각 대상과 접촉할 때 그에 상응하는 감각식이 일어난다는 것을 배웠다. 즉, 육근(안근·이근·비근·설근·신근·의근)이 육경(색·성·향·미·촉·법)과 만날 때 곧바로 육식(안식·이식·비식·설식·신식·의식)이 일어난다. 근根과 경境은 형상과 그림자처럼 함께 다니며 동시에 생겨난다.

눈이 안식의 기반으로 안근이고, 귀가 이식의 기반으로 이근인 것과 같이, 말나식은 의식의 기반으로 의근이다. 하지만 안근의 대상과 이근의 대상이 외부 세계에서 생기는 것과 달리, 의근의 대상은 외부 세계에서 생겨나지 않는다. 그 대신 말나식이 아뢰야식 속 종자를 가지고 작업한 결과로 생겨난다. 그런 대상이 없으면 의식은 일어나지 않는다. 안근과 접촉할 대상, 즉 형상이 없으면 안식이 일어나지 않는 것과 똑같다. 식識은 항상 어떤 것에 대한 식이라서 인식할 대상이 없으면 식은 일어나지 않는다. 우리에게는 일곱 가지 전식轉識(육식과 말나식)과 그 뿌리가 되는 한 가지 근본식根本識(아뢰야식)이 있다.

식에 대해 말할 때 우리는 보통 식에 주관과 객관, 두 측면이 있다고 생각한다. 주관과 객관은 현대 서양 철학에서 쓰는 용어로, 유식학은 모든 인식 작용에 세 측면이 있다고 말한다. 인식하는 주관인 견분見分과 인식되는 객관인 상분相分, 그리고 주관과 객관이 작용하는 바탕으로서 본체인 자증분自證分이다.

독일의 현상학자 에드문트 후설Edmund Husserl은 인식이란 '어떤 것'을 인식해야만 존재한다고 말했다. 유식학에서도 똑같이 말한다. 화가 난다는 말은 어떤 사람, 또는 어떤 것에 대해 화가 난다는 뜻이다. 슬프다는 말은 어떤 사람, 또는 어떤 것에 대해 슬퍼한다는 뜻이고, 걱정한다는 말은 어떤 사람, 또는 어떤 것에 대해 걱정한다는 뜻이다. 생각한다는 말은 어떤 것에 대해 생각한다는 뜻이다. 이 모든 정신적 활동이 곧 식識이다.

접시를 볼 때 우리는 접시에 윗면과 밑면이 있음을 안다. 밑면이 없으면 윗면도 없다. 윗면과 밑면은 식의 견분과 상분과 같다. 하나가 없으면 다른 하나도 존재하지 못한다. 그리고 접시에는 세 번째 측면이 있다. 접시를 만든 재료다. 그 기본 재료가 없다면 윗면과 밑면은 생겨나지 못할 것이다. 접시 밑면을 만든 재료와 접시 자체를 만든 재료가 다르다고 말할 수 없는 것처럼, 상분과 본체인 자증분을 구분해서 상분은 본체가 아니라고 말해서는 안 된다. 또한 접시의 밑면은 윗면과 다르다는 말도 틀리다. 접시의 두 측면이 그것을 만든 기본 재료, 즉 그 전부를 포함하는 본체에서 생겨난다.

견분과 상분, 자증분을 합쳐서 삼분三分이라고 부르는데, 이 셋은 서로 의지한다. 이것을 경전에서는 서로를 지탱하며 기대어 서 있는 세 개의 갈대에 비유한다. 갈대 한 개는 어느 것도 지탱해주지 못하고 혼자 서지도 못한다. 하지만 갈대 세 개를 균형을 맞춰 엇갈려 세우면 서로 의지해서 모두 설 수 있다. 식의 이 세 측면(견분, 상분, 자증분) 역시 별개의 세 부분으로 나눈다면 우리는 붓다의 가르침을 거꾸로 배우는 것이다. 한 부분 속에 나머지 두 부분이 있다. 나머지 두 부분이 없으면 한 부분은 존재하지 못한다. 이것을 이해한다면 수행에 도움이 된다.

현행한 현상세계와 한 개의 감각기관으로 현행한 육체는 아뢰야식의 상분이다. 인간, 동물, 식물, 광물의 세계 등 우리가 인식하는 모든 것이 아뢰야식의 상분이다. 기세간은 자연계를 말하고, 유정세간은 인간을 비롯하여 마음을 지닌 중생들의 세계다. 기세간과 유정세간 모두 우리의 인식 대상이며, 아뢰야식의 상분이다. 아뢰야식은 그 상분을 인식하고 지탱하고 유지한다. 견분 속에 종자와 현행이 있고, 견분은 그것들을 저장하고 보존한다. 정신적 현상은 아뢰야식 속 종자에서 현행한다. 모든 종자와 모든 현행이 상분의 근원에 있다. 견분이 또한 상분이고, 상분이 또한 자증분이다.

말나식도 아뢰야식의 자증분에서 생겨나며, 따라서 아뢰야식에 뿌리를 둔 전식轉識이다. 말나식은 아뢰야식을 별개의 단일체, 자아라고 여겨서 집착하는 기능이 있다. 이 집착의 씨앗은 우리가 태어날 때부터 이미 있었으며, 사회와 주변 환경의 많은 것이 그 씨앗에 계속 물을 준다. 우리의 무명, 미혹, 갈애, 번뇌 종자가 말나식의 이런 집착으로 현행한다.

말나식의 대상은 아뢰야식의 견분이다. 견분이 상분을 끌어들이는 것처럼, 말나식은 아뢰야식의 견분을 끌어들여서 객관 대상으로 삼고 그것에 매달린다. 그러면 그 대상은 자아라는 개념이 된다. 말나식이 하는 일은 '이것이 나'라고 생각하고 계산하고 비교하는 것이 전부다. 이것을 사량思量이라고 부른다. 말나식은 아뢰야식을 대상으로 삼아 그것이 별개의 실체라고 믿고 밤낮으로 생각하고 자세히 헤아리고 분별하고 집착한다. 그 대상을 실체로 여기는 것은 일종의 본능으로서 항상 존재한다. 말나식이 인식한 대상은 대질경에 속하며, 그 인식은 그릇된 비량非量이다.

말나식은 그 성질이 미혹하다. 미혹은 아뢰야식 속에 종자로 존재하는 무명에서 생겨난다. 말나식은 항상 작동하면서 '나'와 '나 아닌 것'에 대한 생각에 사로잡혀 있다. 말나식은 항상 자세히 헤아리고 분별한다. "이것은 나야, 이것은 내 것이야, 이것은 자아야. 저것은 내가 아니야, 저것은 내 것이 아니야, 저것은 자아가 아니야." 우리가 의식하든지 못하든지 간에 그것이 말나식이 하는 일이고, 말나식은 끊임없이 그 일을 한다.

말나식은 또한 '이 몸이 바로 나'라고 믿는다. 의식이 혼자 힘으로 이 문제에 대해 생각할 수 있다면 우리는 그 믿음이 틀렸다고 말나식을 일깨워줄 수 있을 것이다. 하지만 말나식은 그 믿음을 단단히 붙들고 있다. 만약에 몸이 흩어지면 나도 흩어질 거라고 말나식은 굳게 믿는다. 또한 말나식의 한 가지 기능이 생존 본능, 나를 지키는 것이기 때문에 내 몸과 마음은 영원불변하는 '자아atman'라는 믿음을 철저히 고수한다. 힌두교의 토대인 브라만 신앙에 따르면, 위대한 자아, '마하 아트만maha-atman'은 불변하고 파괴될 수 없는 근원으로서, 이를 인격화한 것이 브라흐마Brahma 신이다. 그리고 각 개인의 내면에는 이 아트만이 하나씩 있으며, 구원이란 작은 자아와 위대한 자아와의 합일을 의미한다. 이 신앙체계가 붓다 시대의 인도 사회를 지배했었다. 붓다의 무아無我와 무상無常은 그 신앙체계에서 완전히 벗어난 급진적인 가르침이었다.

붓다는 제법의 실상을 탐구하고 무아의 진리를 깨닫는 방편으로서 무상을 제시했다. 꽃이 꽃 아닌 요소들로 이루어지듯이, '나'는 '나

아닌' 요소들로 이루어져 있다. 깊이 관찰하면 자아[我]를 이루는 비아
非我 요소들이 보인다. 즉, 나는 다른 모든 사람, 모든 현상, 온 우주로
이루어져 있다. 하지만 말나식은 무아와 비아를 모른다. 말나식은 영원
불변하는 '나'가 있다고 철석같이 믿는다. 그렇기 때문에 '나'와 '나 아
닌 것'을 항상 구분하고 분별하고 차별한다. '나'와 '나 아닌 것'에 대한
말나식의 집착을 끊는 유일한 방법은 제법의 상호의존성과 무상성을
깊이 관찰하는 수행뿐이다.

18

자아의 표상

말나식의 대상은 자아의 표상으로
대질경에 속하며
말나식과 아뢰야식이
접촉할 때 생겨난다.

앞에서 우리는 인식의 세 가지 경계, 성경, 대질경, 독영경의 삼류경三
類境과 세 가지 인식 방식, 직접 보는 현량現量, 비교와 추론으로 보는
비량比量, 틀리게 보는 비량非量의 삼량三量을 이미 배웠다. 현량은 항
상 성경을 본다. 비교와 추측에 의지하지 않고 사물을 직접 바르게 인
식한다. 말나식의 인식 방식으로 보는 대상은 대질경에 속한다. 한자
'대질帶質'은 '본질을 약간 띤다'는 뜻이다. 중국어로 '사랑하는 대상'을

칭할 때 '마음속의 사람'을 뜻하는 표현을 사용한다. 『팔식규구송』에서 현장은 이렇게 말한다. "말나식의 객관은 대질경이며 그 세계의 성질은 어둠이다." 말나식은 어둡기 때문에, 무명에 덮여 있기 때문에 맹목적으로 사랑한다. 말나식이 '사랑'해서 집착하는 대상은 아뢰야식의 참모습이 아니라 말나식이 지어낸 이미지다.

말나식이 인식하고 사랑하는 대상은 말나식과 아뢰야식, 양측 모두와 연결되어 있다. 말나식과 아뢰야식이 접촉할 때 그 두 세력은 접촉하는 바로 그 지점에 한 개의 대상을 내놓는다. 말나식은 대상을 현량으로 인식하지 못한다. 그것은 아뢰야식에서 생겨나며 아뢰야식 한 부분을 보고 그것에 대한 이미지를 지어낸 후 대상으로 삼는다. 그리고 이렇게 인식한 대상을 자아라고 믿고 사랑한다. 그러면 이제 자신이 대상화해서 애착하는 아뢰야식의 그 부분을 보호해야 한다.

말나식을 변화시키기 위해서는 말나식으로 하여금 이렇게 행동하게 만든 무명과 갈애를 깊이 살펴봐야 한다. 말나식은 아뢰야식에 뿌리를 둔다. 말나식을 깊이 관찰하면 거기에 갈애와 번뇌 같은 내적 결박과 무명이 있는 것을 볼 수 있다. 그 종자들은 아뢰야식에 저장되어 있다. 이것은 오렌지를 자세히 관찰할 때, 오렌지 씨앗에서 자라날 오렌지 나무를 볼 수 있는 것과 같다. 말나식은 무명의 장막에 덮여 있어서 '어둡다'. 그럼 말나식을 아예 없애는 게 좋다는 뜻일까? 그렇지 않다. 말나식 속에 아뢰야식이 있고, 아뢰야식 속에는 불성佛性을 비롯한 모든 것이 들어 있다.

사실 팔식八識 전부와 모든 심소가 상의상관성과 상입상즉성을 지닌다. 그것들은 공통적인 동시에 개별적이다. 말나식이 맹목적이고 그것의 활동이 우리에게 엄청난 괴로움을 일으키긴 하지만, 나머지 일곱 가지 식이 전부 말나식 속에 함께 존재한다. 말나식을 없애는 것은 우리 자신을 파괴하는 것과 같다. 꽃 속에서 해와 흙과 거름을 볼 수 있듯이, 하나는 그 안에 다른 모든 것을 품어 안는다. 하나가 곧 일체다. 이렇게 보는 법을 배울 때 우리는 말나식과 항상 괴로움을 주는 말나식의 활동에 대해 불평하지 않을 것이다. 불교에서는 외부의 적이 없다. 자기 자신만 있을 뿐이다. 말나식의 대상은 한낱 대질경, 우리 마음속의 이미지, 표상에 불과할 뿐, 외부에 실재하는 어떤 것이 아니다. 말나식이 어떻게 대상을 잘못 보는지를 알면 그 그릇된 인식을 피하는 방법을 배울 수 있다.

대부분의 불교 종파에서는 제법의 현행에는 네 가지 조건, 즉 연緣이 필요하다고 말한다. 첫째는 직접적인 원인으로 인연因緣이다. 인因이라는 글자를 보면 큰 대大 자가 큰 입 구口 자 속에 갇혀 있다. 원인 자체는 한정적이어도 그 결과는 막대할 수 있다는 뜻이다. 쌀알 한 개가 벼 한 포기로 자란다.

둘째는 원인을 돕는 증상연增上緣이다. 증상연의 도움에는 두 종류가 있다. 좋은 방향으로 돕는 것과 나쁜 방향으로 돕는 것이다. 햇빛과 비와 흙은 시기와 정도와 질적 수준에 따라 벼의 성장을 도울 수도 있고, 방해할 수도 있다. 비가 와야 할 시기에 오지 않거나 너무 많이 오면 벼는 제대로 자라지 못한다. 하지만 모든 역연逆緣이 해로운 결과로 이어지는 것은 아니다. 계획한 것을 누군가의 방해로 포기했는데 그 덕분에 큰 불행을 피할 수도 있다. 이 경우에는 역연이 실제로는 좋은 쪽으로 도와준 것이다. 불선업의 형성을 방해했기 때문이다.

셋째는 대상이 되는 소연연所緣緣이다. 여기서 '대상'은 인식 대상을 뜻한다. 대상이 없으면 인식도 없다. 아나타핀디카Anathapindika는 붓다의 가장 헌신적인 재가 수행자 중 한 명이었다. 그는 붓다의 제자였던 매형을 통해서 붓다에 대해 처음 알게 되었다. '붓다'라는 이름을 들었을 때 그의 마음속에 한 개의 이미지가 생겨났고, 붓다를 향한 큰 사랑을 느꼈다. 하지만 그때까지 그는 붓다를 만난 적이 없었다. 따라서 그의 마음속 이미지는 대질경이었다. 이 대질경(붓다에 대해 그가 지어낸 이미지)은 소연연이었고, 이것은 증상연(매형이 붓다에 대해 해준 말과 붓다를 맞으려고 준비하는 모습)에 의지했다. 나중에 붓다를 직접 만났을 때 아나타핀디카의 인식 대상, 소연연은 붓다의 진짜 모습에 조금 더 가까워졌다.

넷째는 끝없이 이어주는 등무간연等無間緣이다. 현행한 현상은 연속성이 필요하다. 그렇지 않으면 현행이 단절된다. 지금 순간의 꽃이 존재하려면 이전 순간의 꽃이 필요하다. 순간순간 연속하지 않으면 어느 것도 존재하지 못한다.

어떤 것이 생겨나거나 어떤 현상이 나타나기 위해서는 이 네 가지 연이 필요하지만, 인과因果에 대해 우리는 지나치게 단순하게 생각한다. 인연은 종자다. 종자는 결과를 생기게 하는 직접적 원인이지만, 이 한 가지만으로는 아무것도 생겨나지 못한다. 증상연과 소연연과 등무간연도 있어야 한다. 이전 순간에 내가 없었다면 지금 순간에 나는 존재하지 못한다.

말나식의 인연은 아뢰야식의 자증분이다. 말나식은 아뢰야식의 한 부분을 갈망하는 종자에서 생겨나는데, 말나식의 증상연은 아뢰야식의 견분이다. 말나식은 아뢰야식의 견분을 '나'라고 믿어서 집착하고, 이것을 토대로 인식 대상을 만들어낸다. 아뢰야식의 견분은 말나식의 직접적인 대상이 아니다. 따라서 그 견분은 말나식의 직접적인 소연연이 아니다. 그 대신에 말나식은 아뢰야식의 견분을 토대로 자기만의 특별한 소연연을 만들어낸다. 아뢰야식의 견분이 증상연이 되는 이유는 말나식의 그릇된 인식을 돕기 때문이다. 말나식은 그 견분을 실체라고 인식해서 사랑하고 집착하지만 이것은 그릇된 인식이다. 마치 꿈속에서 본 사람을 진짜라고 믿는 것과 같다.

밤이 되면 우리 마음은 말나식의 의도에 종속된다. 잠을 자는 동안 우리는 대질경의 세계에서 살지 않고 독영경의 세계에서 산다. 우리가 잠들었을 때 말나식은 의식을 충동질해서 그것이 아뢰야식 속 종자를 이용해 말나식의 욕망을 채워주는 환경을 창조하게 만든다. 의식은 아뢰야식의 종자에서 생겨난 이미지들로 이루어진 꿈을 생산하지만 꿈속 사람은 진짜 사람이 아니다. 이와 똑같이, 말나식의 인식 대상은 아뢰야식의 진짜 견분이 아니다. 말나식은 아뢰야식의 진짜 견분을 토대로 자기만의 소연연을 만들어내므로 그 견분은 증상연의 역할을 한다. 그 소연연은 말나식의 그릇된 인식이 창조한 것이다. 말나식은 이런 종류의 창조 행위를 돕는 증상연에 의지함으로써 사랑하는 대상에 대해 그런 잘못된 이미지를 지어낸다. 이런 일은 일어나는 이유는 아뢰야식 속 종자에서 생겨난 무명과 갈애의 의도 때문이다.

『섭대승론攝大乘論』과 『능가경楞伽經』에서는 아뢰야식을 바다에, 칠전식七轉識을 파도에 비유한다. 이런 방법으로 우리는 말나식의 뿌리를 확인할 수 있다. 말나식은 아뢰야식을 보며 애착하고 그것의 한 부분을 취해서 대상으로 삼고 그것에 매달린다. 이렇게 되면 아뢰야식은 자유롭지 못하다. 말나식의 대상은 말나식과 아뢰야식이 접촉할 때 생겨난다. 하지만 이 대상은 성경이 아니라 대질경일 뿐이다. 이는 아뢰야식의 견분에 대해 말나식이 합성해낸 이미지에 불과하며 아뢰야식의 본질, 진여와는 별로 상관이 없다.

식識에는 많은 기능이 있다. 식의 모든 기능은 심리적 현실이다. 여덟 가지 식에 대해 말할 때 우리가 실제로 가리키는 것은 식의 여덟 가지 기능이다. 만약에 식을 여덟 개의 독립적인 개체로 나누려고 한다면 우리는 모든 것이 다른 모든 것과 밀접하게 연결되어 있다는 불교 가르침에 역행하는 것이다. 우리는 아뢰야식과 말나식이 다르다고 생각하지만, 그 둘은 밀접하게 연결된다. 아뢰야식과 말나식은 둘이면서 하나다.

내 이름은 틱낫한이다. 나는 법사이자 시인이며 농부다. 나의 시인 부분은 법사 부분과 분리되지 않으며, 법사 부분은 농부와 분리되지 않는다. 우리는 저마다 여러 측면을 갖고 있다. 그리고 각 측면의 토대를 보고 분석할 수 있다. 하지만 이 말은 한 측면이 나머지 측면들과 따로 떨어져 있다는 뜻이 아니다. 그것들은 전체의 서로 다른 면면일 뿐이다.

식도 마찬가지다. 여덟 가지 식은 서로 무관한 여덟 가지의 독립적인 개체가 아니다. 식의 각기 다른 기능에 각기 다른 이름을 부여한 것이다. 하지만 그 다양한 기능은 서로 밀접하게 연결된다. 그 기능은 여덟 가지인 동시에 한 가지다. 식의 첫 번째 기능이 종자를 저장하는 것일 때 우리는 이 기능에 '아뢰야식'이라는 이름을 붙이고, 그러면 아뢰야식이라는 한 가지 개념이 생긴다. 식의 두 번째 기능이 세심하게 헤아리고 분별하는 것일 때 이 기능을 말나식이라고 부른다. 두 번째 기능은 첫 번째 기능과 당연히 연결되고 그것의 영향을 받는다. 시를 쓰는 기능은 밭을 일구는 기능과 연결되고 그 영향을 받는다. 밭을 일구는 기능은 설법하는 기능과 연결되고 그 영향을 받는다. 진정한 시인 속에 농부가 있고, 진정한 농부 속에 법사가 있다.

말나식의 대상은 자아의 표상으로 대질경에 속하며 말나식과 아뢰야식이 접촉할 때 생겨난다. 그 시점에 '자아'라고 불리는 대상이 등장한 것이다. 이 대상은 마음이 조작해낸 것으로 무명과 미혹에 기반한다. 그것은 대질경이지, 진여, 즉 성경이 아니다. 밧줄을 뱀으로 착각할 때처럼 우리의 미혹한 마음이 조작한 것일 뿐이다.

아뢰야식은 바다와 같고, 칠전식은 파도와 같다. 이것을 이해하고 말나식과 아뢰야식의 밀접한 관계를 기억할 때, 우리는 말나식을 미워하고 비난하지 않을 것이다. 그 대신에 아뢰야식 속 종자들이 이로운 방향으로 현행하고 말나식의 그릇된 인식의 대상이 되지 않도록 그 종자들을 바꾸려고 노력할 것이다.

19
분별

나머지 여섯 현행식의
선과 불선의 바탕으로서
말나식은 끊임없이 분별한다.
그 성질은 무기이며 유부이다.

말나식은 나머지 여섯 가지 현행식(안식·이식·비식·설식·신식·의식)이 선인지 불선인지를 결정하는 바탕이다. 이 여섯 현행식은 말나식으로부터 상당한 영향을 받는다. 말나식이 어리석고 미혹할 때 이 현행식들도 어리석고 미혹하다. 말나식이 번뇌에서 얼마간 벗어났을 때는 이 현행식들도 번뇌에서 얼마간 벗어난다. 말나식이 맹목적으로 사랑하고 집착한다면 이 현행식들도 괴로울 것이다. 말나식의 맹목적인 성향이 강하면 강할수록 이 현행식들의 맹목적 성향도 강해진다. 말나식이 자기를 열어서 더 많은 것을 받아들이면 이 현행식들도 개방성과 수용성을 띤다. 그래서 말나식을 '선과 불선의 바탕'이라고 부른다. 말나식을 변화시키기 위해서는 아뢰야식을 변화시켜야 한다. 아뢰야식이 말나식의 토대가 되는 일체 종자를 보유하기 때문이다.

나머지 여섯 현행식은 때때로 활동을 멈추지만, 말나식은 아뢰야식과 똑같이 밤낮으로 활동한다. 하지만 대상을 분별하지 않는 아뢰야식과 달리, 말나식은 쉬지 않고 활동하면서 항상 헤아리고 분별한다. 말나식이 항상 분별한다는 말은 자아라고 여기는 대상에 애착한다는 뜻이다. 이 세상의 모든 것이 나와 연결되어 있지만 우리는 이렇게 생각한다. "그것들은 내가 아니야. 이것만 나야." 대체로 우리는 자신의 행위가 합리적이라고 생각하고, 행동의 합당한 이유를 잘 알고 있을 때에만 행동한다고 생각한다. 하지만 항상 그렇지는 않다. 우리도 알고 있지만, 종종 감정이 이성보다 훨씬 강하다.

아뢰야식과 똑같이, 말나식도 그 성질이 무기無記다. 하지만 말나식은 무명에 덮여 있다. 어떤 것에 덮여 있으면 빛이 없어서 어둡다. '무명'을 뜻하는 산스크리트는 아비드야avidya로, 단어 그대로 해석하면 지식vidya의 결여, 이해의 결여다. 말나식을 덮은 무명의 장막은 '나'와 '나 아닌 것'을 항상 분별하는 성향이 있다. 무기란 선도, 불선도 아니라는 뜻이다. 이 말은 집착과 분별에서 비집착과 무분별로 바뀔 수 있음을 의미한다. 말나식의 변화가 가능한 이유는 그 성질이 무기이기 때문이다. 땅은 가시나무와 떨기나무도 키울 수 있고, 향기로운 꽃과 열매도 키울 수 있다.

아뢰야식의 성질은 무부無覆로, 무부란 번뇌에 덮이지 않았으므로 참마음, 불성佛性에 이를 수 있음을 의미한다. 진리를 향해 가는 길에 장애가 없으며, 성경性境에 도달할 가능성이 있다. 변화는 아뢰야식에서 일어난다. 말나식을 생기게 했던 종자들이 변화할 때 말나식도 변화한다. 그러면 '나'와 '나 아닌 것', '내 것'과 '내 것 아닌 것'을 분별하는 성향이 사라진다.

명상 수행의 목표는 말나식의 뿌리와 아뢰야식에서 변화를 일으키는 것이다. 이것을 전의轉依라고 한다. 전轉에 해당하는 산스크리트 파라브리티paravritti는 '회전廻轉'을 뜻한다. 회전은 '방향을 바꿔 다른 방향으로 가는 것'을 의미한다. 의依에 해당하는 산스크리트 아쉬라야 ashraya는 '의지하는 기반'을 뜻한다. 따라서 전의는 '근본에서 변화함으로써 진리에 도달한다'는 뜻이다. 오직 알아차림의 빛에 의해서만 이런 근본적인 변혁이 일어날 수 있다. 알아차림을 통해 우리는 방향을 바꿔 깨달음의 방향으로 갈 수 있다. 우리가 수행할 것은 말나식의 성질을 매일 조금씩 바꾸고 아뢰야식을 붙잡고 있는 말나식의 손아귀를 조금씩 풀어주는 것이다.

말나식의 뿌리는 아뢰야식 깊은 곳에 있는 무명과 미혹 종자들이다. 의식의 최상위 과제는 알아차림의 빛을 말나식과 아뢰야식 속 종자들에 비춰서 우리가 볼 수 있게 해주는 것이다. 의식이 이 종자들에게 빛을 비추고 알아차림을 통해 그 종자들과 깊이 접할 때 그 빛은 켜켜이 쌓인 무명과 미혹을 뚫고 들어가서 그 종자들이 변화하도록 돕는다. 알아차림의 빛으로 밝게 비추면 미혹은 우리가 몸과 말과 생각으로 짓는 불선업으로 현행할 능력이 줄어든다. 미혹은 어둠 속에서 활발하게 작용하지만, 빛 속에서는 힘을 잃는다. 이런 무명과 미혹 종자들이 변할 때 말나식이 변한다.

의식은 말나식을 직접 다룰 필요가 없으므로 아뢰야식 속 종자들을 가지고 작업한다. 아뢰야식은 밭, 즉 모든 종자를 품고 있는 땅 한 뙈기와 같다. 땅이 땅을 경작하지는 못한다. 농부가 필요하다. 농부가 땅을 갈고 호미질을 하고 씨앗을 뿌리고 물을 주면 땅은 꽃과 곡식과 열매를 맺어서 농부가 먹고 살 수 있게 해준다. 열매를 맺도록 한 것은 자신이 아니라 땅 자체라는 것을 농부는 안다. 그가 하는 일은 땅을 돌보는 것뿐이다. 의식은 알아차림을 통해 아뢰야식에 있는 미혹과 갈애 같은 내적 결박, 괴로움과 접촉한다. 농부가 쉬지 않고 일하듯이, 이 작업은 밤낮으로 행해진다. 이런 방법으로 의식은 아뢰야식이 기쁨과 평화와 변화라는 수행의 결실을 맺도록 돕는다.

우리가 의식을 이용해서 호흡 명상과 걷기 명상을 수행함으로써 알아차림의 힘을 키우면 아뢰야식 속에 이미 존재하는 알아차림 씨앗이 물을 흡수한다. 이 수행은 알아차림의 힘을 훨씬 더 강화해서 그 빛이 아뢰야식의 훨씬 더 깊은 곳을 비출 수 있도록 한다. 이 알아차림의 힘을 이용해서 다른 종자들을 접할 때 우리는 그것들이 변화하도록 도울 수 있다. 알아차림의 빛은 아름답고 긍정적인 종자들을 접할 때는 이 종자들이 생장하고 더욱 뚜렷하게 드러나도록 돕고, 부정적인 종자를 접할 때는 그 종자가 변하도록 돕는다.

수행센터에 올 때 우리는 자신의 아뢰야식과 말나식과 함께 오고, 그곳에서 법dharma 종자를 받는다. 우리의 의식은 이 종자를 아뢰야식에 심는다. 법 종자를 지성에, 의식에 심을 수는 없다. 우리는 붓다의 가르침을 아뢰야식이라는 밭에 심어야 한다. 그러고 나서 밤낮으로 걷고 앉고 먹고 마시는 등 어떤 활동을 하든지 항상 알아차림으로써 그 법 종자에 물을 줘야 한다.

우리는 결코 활동을 멈추지 않는 아뢰야식을 믿어도 된다. 잠을 잘 때 우리의 의식은 작동을 멈추고 쉬지만, 아뢰야식은 계속 일한다. 농부가 밭일을 마친 후에도 땅은 계속 제 할 일을 하며 씨앗이 싹트고 자라게 돕는다. 그러다 보면 어느 순간 우리는 저절로 도약한다. 우리의 아뢰야식으로부터 깨달음의 꽃이 피고 열매를 맺는다. 농부가 땅을 믿듯이, 의식은 아뢰야식을 믿어야 한다. 그 둘의 역할이 모두 중요하다. 하지만 기억할 게 있다. 그런 깨달음은, 통찰은 의식에서 생겨나지 않는다. 지적 이해를 통해서 얻어지지도 않는다. 그것은 아뢰야식의 깊은 지혜에서 생겨난다. 이렇게 완전히 변화하면 아뢰야식은 대원경지가 되어 우주 만물을 비춘다.

깨달음의 꽃을 피우기 위해서는 깨달음 종자를 아뢰야식에 심어야 한다. 의식을 이용해 머리로만 헤아리려고 한다면 우리는 멀리 가지 못할 것이다. 배운 가르침을 의식에 집어넣고 지성을 이용해서 요리조리 따지고 분석하는 사람이 많다. 그 가르침에 대해 항상 생각하고 이야기한다 해도 그런 사람은 법 종자를 아뢰야식에 심고 그 비옥한 땅에 믿고 맡기는 법을 배우지 못한다.

의식 하나만 이용해서 명상 수행을 해도 결코 성공하지 못한다. 스승에게서 배운 내용에 대해 너무 많이 생각하지도 말고 추론하지도 마라. 그 대신, 당신의 아뢰야식에 법 종자를 심어라. 그런 다음에 일상에서 걸을 때나 서 있을 때나 앉아 있거나 누워 있을 때나 요리하거나 컴퓨터 작업을 할 때나 항상 알아차림으로써 그 종자에 물을 주어라. 당신의 아뢰야식, 당신이 일구는 땅 한 뙈기가 이 법 종자의 싹을 틔우고 깨달음이 꽃필 수 있게 해줄 것이다.

11장에서 무아, 무상, 열반의 삼법인에 대해 이야기했는데, 열반을 묘사하는 또 다른 말은 상의상관이다. 무아, 무상, 제법의 연기성緣起性을 깊이 관조함으로써 우리는 말나식 속의 미혹을 줄이고 무분별지無分別智에 가까워질 수 있다. 이 지혜의 도움으로 진정한 상의상관성을 꿰뚫어 볼 수 있다. 거기에는 '이것'과 '저것'의 분별이 없다. 바르게 수행할 때 말나식의 미혹이 변화하여 평등성지平等性智가 된다.

20

말나식의 동반자

말나식은 다섯 변행 심소와
다섯 별경 심소 중 지知와
네 가지 근본 번뇌와 여덟 가지 수 번뇌와 함께 작용한다.
전부 무기이며 유부이다.

51가지 심소 가운데 많은 것이 말나식과 함께 작용한다.[18] 먼저 다섯
가지 변행遍行 심소가 따라 일어난다. 오변행 심소는 촉觸, 작의作意,
수受, 상想, 사思다. 이것을 '변행'이라고 부르는 건 모든 식에서 일어나
기 때문이다. 말나식의 항상 헤아리고 분별하는 기능이 이 오변행 심
소로 현행한다. 말나식은 언제나 대상과 접촉하고 주의를 기울이고 느
낌을 수용하고 개념을 짓고 의도한다. 이 변행 심소의 활동을 통해 말

나식은 아뢰야식의 한 부분을 자아로 여겨서 집착한다.

별경別境 심소는 모든 식에서 항상 일어나지는 않고, 특정 경계를 대할 때만 일어난다. 역시 다섯 가지로서 욕欲, 승해勝解, 염念, 정定, 혜慧다. 첫째, 욕은 이끌려서 원하고 행하려는 마음이다. 당신은 어떤 것에 이끌려서 그것을 보고 알고 관심을 쏟는다. 둘째, 승해는 이해하고 결정하는 마음으로, 당신은 대상을 분명히 알았다고 생각해서 그것에 대해 나름의 확고한 견해를 지닌다. 셋째, 염은 알아차림이다. 여기서 알아차림은 예전에 경험한 대상을 잊지 않고 지금 여기서 선명하게 떠올리는 것을 뜻한다. 넷째, 정은 대상에 주의를 집중하는 것을 가리킨다. 마지막, 혜는 지혜로서 여기서는 당신이 보는 대상이 정확히 무엇인지를 안다고 믿는 것을 의미한다.

이 다섯 가지 별경 심소를 가리키는 산스크리트 단어는 혼란을 일으킬 수도 있다. 문맥에 따라 의미가 달라지기 때문이다. 다섯 가지 별경 중 '혜' 심소 하나만 말나식에서 일어난다. 그런데 이 '혜'에 해당하는 산스크리트 '프라즈냐prajña'는 프라즈냐파라미타prajñaparamita(지혜바라밀)의 '프라즈냐'와 의미가 다르다. 여기서는 일종의 앎 또는 확신을 뜻하며, 이때의 앎은 단지 확고한 생각, 주장에 불과하다. 청정한 지혜가 아니다. 사실 그런 앎은 종종 그릇된 인식에 기반한다. 즉, 당신은 자신이 옳다고 확신하지만 실제로는 틀렸다. 당신은 뱀을 보았다고 주장하지만 그것은 밧줄이었을 뿐이다.

매우 빈번하게, 우리는 자신이 진실이라고 생각하는 한 가지에 집착한다. 그 하나가 절대적 진실이라고 굳게 믿고, 그 확신에서 놓여나지 못한다. 그렇기 때문에 지혜, '프라즈냐'도 여기서 쓰일 때는 그릇된 앎이 된다. 그러므로 '프라즈냐'는 참된 앎, 참된 지혜를 가리키는 용어로 따로 놔두고, 이 별경 심소는 '혜' 대신에 마티mati, 즉 '지知'라는 단어를 쓰기로 하자. '지'는 틀릴 수도 있는 앎을 뜻한다. 어떤 것을 인식할 때, 틀리게 인식해도 우리는 자신이 옳다고 생각한다. 어떤 것을 보고 그것에 집착하고 바뀔 수 없는 진실이라고 말한다. 말나식은 자신이 지어낸 대상이 '나'라고 믿고 '나'가 가장 중요하다고 말한다. 이런 앎은 무명에 덮여 있다. 그것은 단단히 자리 잡은 틀린 앎, 그릇된 인식으로 마티, 즉 지知다.

붓다는 이런 종류의 인식을 잘 보여주는 우화를 말해주었다. 한 남자가 어린 아들을 집에 두고 며칠 동안 멀리 떠나게 되었다. 돌아와 보니 도적 떼가 집에 불을 질러서 남은 게 없었다. 그런데 폐허가 된 집 근처에 어린아이 형상의 잿더미가 있었다. 그것을 보자마자 그게 아들의 시신이라고 믿은 그 남자는 그대로 주저앉아 가슴을 치며 슬퍼했다. 다음날, 그는 그 잿더미를 모아서 고운 비단 주머니에 넣고 장례를 치렀다. 그는 아들에 대한 사랑이 지극했기 때문에 어디를 가든지 그 비단 주머니를 갖고 다녔다. 그는 아들이 도적에게 잡혀가서 아직 살아 있다는 것을 알지 못했다.

얼마 후, 아이는 간신히 도망칠 수 있었다. 그리고 한밤중에 아버지가 새로 지은 집에 도착해서 문을 두드렸다. 문을 연 아버지는 아들이 이미 죽었다고 믿었기 때문에 불같이 화를 내며 고함을 질렀다. "귀찮게 하지 말고 썩 꺼져라. 내 아들은 죽었어." 아이는 자기가 아들이라며 몇 번이나 말했지만 아버지는 아들이 죽었다고 확신했던 탓에 아이의 말을 곧이듣지 않았다. 결국 어린 아들은 단념하고 떠나버렸다.

때때로 우리는 자신의 견해에 집착한 나머지, 진실이 찾아와 문을 두드려도 그것을 집안에 들여놓지 않는다. 자기 견해에 대한 이런 맹목적인 믿음(광신)은 수행의 적이다. 자신의 지식을 맹목적으로 믿어서는 결코 안 된다. 한 차원 높은 진실과 마주친 순간에 기존의 견해를 버릴 준비가 되어 있어야 한다. 견해에 집착하지 않아야 한다는 것은 수행의 가장 중요한 요소 중 하나다. 어떤 견해든지, 아무리 뛰어나고 숭고한 견해라고 해도, 심지어 불교에 대한 믿음조차 덫이 될 수 있다. 당신의 가르침이 뱀과 같다고 하신 붓다의 말씀을 기억하라. 그 가르침을 바르게 받아들이는 법을 모르면 그것에 집착하게 된다. 뱀에 물린다.

제20송은 말나식과 연관된 번뇌煩惱에 대해서도 말한다. 번뇌는 불선 심소다. 이 게송에 언급된 네 가지 근본번뇌는 모두 자아와 연관된 것으로, 아치我癡, 아견我見, 아만我慢, 아애我愛다. 아치는 자아에 대한 어리석은 생각으로서 "이 몸이 나야. 이 느낌이 나야. 이 생각이 나야. 이 몸과 이 느낌과 이 생각이 아닌 것은 내가 아니야. 남들에게 일어나는 것은 내게 중요하지 않아."와 같은 믿음이다. 우리가 '나'라고 부르는 것은 우주 만물과 연결되어 있다. 극히 일부만을 취해서 그것에 대한 이미지를 지어내고 그 이미지를 자아라고 부른다면 그 자아는 참된 자아가 아니라 자아의 표상에 불과한 대질경이다. 결코 성경이 아니다. 따라서 이것을 '자아에 대한 무지'라고 말한다.

아견은 자아가 독립적이고 영원하다는 그릇된 견해, 자아가 다른 것들과 따로 떨어져 존재한다는 그릇된 견해다. 아만은 자신이 남보다 우월하다거나 더 똑똑하다거나 더 아름답다거나 더 중요하다는 태도다. 아애는 자신을 지나치게 사랑하는 것, 모든 말과 생각과 행동이 자신에 대한 지극한 애착을 드러내는 것을 말한다. 이 네 가지 번뇌는 말나식 속에 항상 존재한다. 말나식이 자아에 대한 집착을 버릴 수 있도록 우리는 말나식에 알아차림의 빛을 비추는 수행을 해야 한다.

수 번뇌隨煩惱는 근본 번뇌에 의지해서 일어나는 번뇌로서 자아와 연관된 번뇌들에 비해서는 초래하는 고통이 적다. 수 번뇌는 다시 대수 번뇌大隨煩惱, 중수 번뇌中隨煩惱, 소수 번뇌小隨煩惱로 나뉜다. 말나식에서는 여덟 가지 대수 번뇌가 일어난다. 불신不信, 해태懈怠, 방일放逸, 혼침昏沈, 도거掉擧, 실념失念, 부정지不正知, 산란散亂이 그것이다.

변행이든 별경이든, 이 심소들은 동일한 성질을 지닌다. 말나식과 똑같이, 그것들 모두 선과 불선이 결정되지 않았고 번뇌에 물들어 있다. 바다는 짜고, 따라서 바닷물 한 방울도 짜다. 심소는 그것과 상응하는 식의 성질을 따른다. 말나식이 무기無記이고 유부有覆이기 때문에 말나식에서 일어나는 모든 심소가 같은 성질을 띤다. 즉, 무기이고 유부다. 그리고 무기이므로 변화가 가능하다.

21

그림자가 형상을 따르듯

그림자가 형상을 따르듯,
말나식은 항상 아뢰야식을 따른다.
말나식은 맹목적인 자기보존 본능으로
영원과 만족을 갈망한다.

우리의 그림자가 몸의 움직임을 그대로 따르는 것처럼 말나식은 항상
아뢰야식을 따른다. 아뢰야식 속의 어떤 종자에게 끌리면 말나식은 그
게 무엇이건 맹목적으로 따라다닌다. 선업 종자건, 불선업 종자건 개의
치 않는다. 하지만 상의상관의 가르침에 따르면, 불선한 성질 속에 항
상 선한 성질이 잠재해 있다. 쓰레기 속에서 꽃을 보고, 꽃 속에서 쓰레
기를 보는 것과 똑같다. 그렇기 때문에 변화와 깨달음이 가능하다. 말

나식이 깨달을 때, 완전히 변화할 때 평등성지平等性智라는 놀라운 기능이 드러난다. 평등성지는 일체 속에서 하나를 보고 하나 속에서 일체를 보는 능력을 뜻한다.

앞에서 말했듯이, 말나식은 생존 본능으로 기능한다. 자아에 애착하기 때문에 말나식의 행위는 모두 자아를 보호하기 위한 것이다. 우리가 잠을 자다가 어렴풋한 소리에도 화들짝 깨는 것은 말나식 덕분이고, 누군가가 우리를 때리려고 주먹을 휘두르는 순간 잽싸게 피하는 민첩한 자기보호 반응도 말나식의 소관이다. 의식이 상황을 검토하고 실제로 행동을 취하기까지는 시간이 걸리지만 말나식은 자동으로, 본능적으로 행동한다. 말나식의 이런 능력은 생물학자들이 '원시뇌prim-tive brain'라고 부르는 것과 비슷하다. 원시뇌는 오로지 생존, 자기방어를 위해서만 기능한다.

우리가 위험에 처할 때마다 말나식은 제 역할을 충실히 이행한다. 말나식은 우리를 설득해서 당장 도망치거나 목숨을 건지기 위해 필요한 것은 뭐든지 하게 만든다. 하지만 말나식은 맹목적이기 때문에, 무명에 덮여 미혹하기 때문에 종종 우리를 엉뚱한 방향으로 몰아붙인다. '생존본능'에는 자기파괴적인 측면이 내재한다. 이것을 보여주기 위해 현대심리학에서는 뱀의 몸뚱이 위에 앉아 있는 모기를 예를 든다. 뱀이 모기를 없애기 위해 도로 한복판에 누워 있다. 곧바로 자동차가 그 위로 지나가며 모기를 죽인다. 하지만 뱀도 죽는다. 인간도 이렇게 행동한다. 우리는 누군가에게 벌을 주고 싶어서 그 사람을 고통스럽게 하려고 자신을 파괴한다. 이런 종류의 결정 뒤에는 강력한 말나식이 있다.

  말나식은 '자아' 개념에 집착하기 때문에 항상 나를 방어하고 보호한다. 맹목적인 자기보존 본능이 있어서 영원불변하는 나를 항상 갈망하고 만족을 갈구한다. 의식은 깊은 관찰을 통해 진실을 접할 수 있다. 말나식은 미혹하고 무명에 덮여 있고 항상 분별한다. 영원과 만족을 갈망하고 미혹에 갇혀 있다. 말나식은 갈애를 채우려고 애쓴다. 그렇게 하는 것이 이롭지 않을 때도 그러하다. 말나식은 쾌락을 얻는 방향으로 우리를 몰고 가지만, 가서 보니 실제로는 행복을 주지 않는 쾌락일 때가 많다. 하지만 말나식은 자기가 어디로 가고 있는지를 모르기 때문에 그 여정의 종착지는 종종 행복이 아닌 괴로움, 기쁨이 아닌 슬픔이 된다.

22

내려놓음

보살이 초지에 들어설 때
소지장과 번뇌장이 끊어지기 시작한다.
제8지에서 아집이 끊어지고
아뢰야식이 말나식의 집착에서 벗어난다.

대승불교의 가르침에 따르면, 보살이 완전한 깨달음을 증득하기까지
거쳐야 할 경지[地]는 열 가지(십지十地)가 있다.[19] 첫 번째는 환희지歡
喜地다. 수행을 처음 시작할 때 우리는 환희를 경험한다. 일상의 소음
과 고달픈 의무와 잡다한 활동을 중단할 수 있기 때문이다. 가지고 있
던 것을 내려놓고 가볍게 뒤돌아서는 기쁨을 느끼게 되고, 많이 내려
놓을수록 기쁨도 커진다. 당신은 이것이나 저것이 행복에 꼭 필요하다

고 생각하지만 이 생각을 내려놓는다면 그것들이 사실은 행복의 장애물이었음을 알게 될 것이다. 이 보살의 첫 단계(초지初地)에서 우리는 자신을 속박해온 많은 것들을 내려놓을 수 있으며, 커다란 기쁨과 편안함을 느낀다. 하지만 보살은 이 단계에 머물지 않는다. 환희지에 집착하고 혼자만의 즐거움을 위해 그곳에 안주하기를 원한다면 보살도에서 멀리 가지 못한다.

보살이 초지에 들어갈 때 두 종류의 장애에 변화가 생긴다. 지식으로 인한 장애인 소지장所知障과 번뇌로 인한 장애인 번뇌장煩惱障이 그것이다. 불교의 가르침에 따르면, 어떤 것을 배워서 알 때 그것이 우리의 진전을 가로막는 장애가 될 수 있다. 자신이 배운 것이 절대적 진리라고 믿고 집착하면 우리는 그 지식에 갇힌다. 그렇기 때문에 자신이 아는 것에 대해 매우 유의해야 한다. 그것이 우리의 변화와 행복에 장애가 될 수도 있다. 지식을 습득하는 것은 사다리를 오르는 것과 비슷해서 다음 단계로 올라가기 위해서는 자신이 딛고 선 가로대에서 발을 떼야 한다. 그 자리가 가장 높다고 믿으면 더 높이 오르지 못한다.

불교의 전통적인 학습법은 자신이 지금까지 배운 것, 이미 얻어 아는 것을 버린다. 매번 버리고 또 버린다. 당신이 아는 것이 절대적 진리라고 믿어서는 안 된다. 이것이 접현종接現宗, Order of Interbeing(틱낫한 스님이 창시한 종파-옮긴이)의 알아차림 수행의 첫 단계다. 현재 소유한 지식에 갇혀 있다면 당신의 진전은 거기까지다. 과학자들도 이미 아는 사실에 매달린다면 새로운 사실을 발견하지 못한다. 지금까지 알던 것과 모순되거나 그것을 대체하는 새로운 것을 배우는 순간, 기존의 지식을 버릴 수 있어야 한다. 수행의 길에서 지식은 극복해야 하는 장애물일 뿐이다. 한 차원 더 높은 지혜를 얻기 위해서는 언제 어느 때나 자신의 지식을 버릴 준비가 되어 있어야 한다.

보살 초지에서 번뇌장과 소지장은 이미 끊어지기 시작한다. 소지장은 지성의 영역에서 더 많이 생기고, 번뇌장은 감정의 영역에서 더 많이 생긴다. 질투, 혐오, 분노, 슬픔, 절망, 불안은 모두 번뇌장에 해당한다. 큰 슬픔에 짓눌려서 무력해진다면 이 슬픔은 번뇌장이다. 우울하다거나 견딜 수 없이 괴롭다거나 욕심이 지나치게 많다면, 이 모두가 수행을 막는 장애다.

진리를 보지 못하는 무능과 무명은 소지장에 속한다. 이것은 말나식의 지知 심소, 틀릴 수도 있는 앎, 또는 확신과 마찬가지로 우리가 사물을 있는 그대로 보지 못한다는 뜻이다. 우리의 관점, 개념, 인식, 학습이 모두 지식의 대상이며, 이것들이 바로 우리가 앞으로 나아가지 못하게 막는다. "그것에 대해 알아야 할 모든 것을 나는 이미 알아. 이제는 배울 필요가 없어." 고작 사다리의 네 번째 가로대에 오르고는 거기가 꼭대기라고 생각하는 것이다. 지성과 이해로써 얻은 것이 아무리 소중할지라도 우리는 그것을 버려야 한다. 그렇게 하지 않으면 거기서 한 발짝도 나아가지 못한다. 어떤 작은 가치가 있더라도 지식은 장애가 된다. 자신의 지식에 갇힐 때, 그것이 절대적 진리라고 주장할 때 우리는 소지장으로 인해 괴롭다. 지식이 있어도 더 멀리 가기 위해 그것을 버릴 줄 아는 사람은 소지장으로 인한 괴로움이 없다.

지식의 대상은 얼어붙은 강물과 같아서 강이 흐르지 못하게 만든다. 지식은 필요한 것이지만 이를 영리하게 이용할 줄 알아야 한다. 현재의 지식이 최고라는 생각은 장애가 되어 우리의 앞길을 막는다. 지식을 이렇게 바라보는 태도는 불교 특유의 것으로, 붓다는 그 무엇에도 집착하지 말라고 가르쳤다. 우리는 지식과 이해, 통찰마저도 버려야 한다.

번뇌장은 소지장보다 없애기가 더 어려워서 번뇌장을 없애려면 더 많은 시간과 수행이 필요하다. 분노와 슬픔과 절망은 아뢰야식 속의 장애물이다. 그 뿌리를 찾아 바꾸기 위해서는 알아차림을 이용해서 그것들과 깊이 접촉하는 수행이 필요하다. 평정과 자유는 우리의 행복에 있어 중요한 것으로, 걷기 명상을 할 때 의식적으로 내딛는 걸음걸음이 당신의 평정과 자유를 조금씩 키워준다. 갈애와 분노와 질투가 의식에 심소로 현행하는 것은 불이 나는 것과 같다. 번뇌의 불길이 타오르지만 환희지에서 소지장과 번뇌장이 없어지기 시작하므로 이 초지 보살은 정반대의 불길이 잦아들어 상쾌해진 상태를 경험한다.

여덟 번째 보살지에서 자아에 대한 타고난 집착, 구생아집俱生我執이 바뀐다. 이 경지가 부동지不動地다. 이 제8지에 이르면 자아에 대한 뿌리 깊은 집착이 끊어진다. 그리고 바로 이때 아뢰야식을 꽉 붙들고 있던 말나식의 손아귀가 풀어지고, 자아가 별개로 존재한다는 믿음에서 벗어난다. 이전까지는 무아에 대해 얼마간의 지식을 얻을 수 있었어도 말나식 깊은 곳에 여전히 아집이 있었다. 그 아집은 우리가 본래 타고난 것이기 때문에, 이 구생아집의 뿌리를 뽑기 위해서는 제8 부동지에 도달할 때까지 수행해야 한다. 그러면 아뢰야식은 그 집착에서 풀려나고 대원경지가 된다.

아집에는 두 종류가 있다. 현생에서 그릇된 지식이나 습관에 의해 후천적으로 생기는 분별아집分別我執과 태어날 때 이미 갖춘 구생아집이다. 이 게송에서 말하는 것은 구생아집이다. 자아에 대한 집착은 아주 오래전부터 아뢰야식 속에 종자로 묻힌 채 생을 거듭하며 이어졌다. 부동지에 이르면 보살은 이 구생아집을 완전히 끊고 말나식은 평등성지平等性智가 된다. 분별과 차별, 무명, 아애 같은 장애가 모두 바뀐다. 의식을 이용해 깊이 관찰하는 수행 덕분이다.

이렇게 말나식이 완전히 전환할 때 지혜가 드러난다. 이전까지 말나식은 자세히 분별하고 강하게 집착했지만, 이제는 진정한 상의상관성을 볼 수 있는 지혜가 된다. 이제는 '나'와 '나 아닌 것'을 전혀 구분하지 않는다. 내가 당신이고, 당신이 나다. 우리는 서로 의지해서 존재한다. 우리를 나누는 경계가 없다. 이 경지에서 보살은 자신의 상의상관성과 일체 제법의 상의상관성을 깨닫는다. 그것을 알고 그것에 따라 살아가는 능력이 평등성지다.

현행은 종자를 낳고 강화한다. 모든 물리적·심리적 현상이 종자의 현행이다. 아뢰야식 속 종자로부터 다양한 심소가 생겨날 뿐만 아니라 신체 기관과 생리 현상도 종자에서 생겨난다. 십팔계(육근과 육경과 육식) 속에 존재하는 모든 것이 아뢰야식 속 종자의 현행이다. 명상 수행자는 이 모든 현행의 실상을 세심하게 관찰하고 각 현행이 실체가 아니라 단지 편의상 붙인 가짜 이름, 가명假名일 뿐임을 보는 법을 배운다. 모든 현행이 우리의 인지 대상, 개념, 관념, 비유, 명칭, 언어다. 그러므로 우리가 일상생활 속에서 온갖 종자를 심고 키우는 활동은 '언어 훈습'이라고 부를 수 있겠다. 이것 외에도 '자아성自我性 훈습'이 있다. 이것은 자아 개념과 영유領有(자기 것으로 삼음) 성향 또는 자아 집지執持 성향을 심고 키우는 것을 뜻한다. 아뢰야식을 '집지식執持識'이라고도 부르는 건 육근, 육경, 육식을 전부 붙들어 유지할 뿐만 아니라 미래의 모든 존재와 현행을 지키고 보관하기 때문이다. 그리고 일상에서 우리는 환생 종자도 심고 물을 주기 때문에 세 번째 훈습도 진행 중이다. 이는 '윤회 훈습'으로, 십이연기를 뜻한다. 알아차림과 깊은 관찰, 선정 수행을 통해 이 성향을 바꿀 수 있다. 모든 현행이 임시로 붙인 가명임을 아는 능력, 거기에는 별개의 실체가 없음을 아는 능력, 집착과 갈애를 바꾸는 능력은 우리를 해탈과 치유의 방향으로 이끈다.

3부

의식

이어지는 다섯 계송, 제23송부터 제27송까지는 제6 의식意識의 성질과 특징을 설명한다. 앞에서 배웠듯이, 의식의 기반은 말나식이다. 말나식은 대상을 항상 그릇되게 인식하기 때문에 의식이 대상을 인식할 때도 많은 경우 그릇된 비량非量이다. 그리고 말나식이 무명에 덮여 있으므로 의식도 종종 무명에 덮여 미혹하다. 하지만 말나식과 달리, 의식은 나머지 두 가지 인식 방식인 현량現量과 비량比量도 가능하다. 즉, 대상을 직접 바르게 보거나 비교와 추론으로써 인식할 수 있다. 사물을 현량으로 인식할 수 있을 때 의식은 진여의 세계를 접할 수 있다.

알아차림 수행을 이용해서 우리는 의식이 대상을 바르게 인식하도록 가르칠 수 있다. 그것이 의식의 가장 중요한 공헌이다. 매 순간 알아차림할 때, 자신이 몸과 말과 생각으로 짓는 모든 업을 자각할 때, 우리는 불선업을 짓기보다는 선한 방향으로 행동하고 말하고 생각하기로 결심할 수 있다. 의식에서 생겨난 깊은 알아차림을 통해 우리는 아뢰야식 속의 분노, 갈애, 미혹 종자에는 물을 주지 않고 기쁨, 평화, 지혜 종

자에 물을 줄 수 있다. 그러므로 의식이 알아차림을 습관화하도록 가
르치는 것이 대단히 중요하다.

23
의식의 경계

말나식을 기반으로 하고
현상을 대상으로 하여
의식이 현행한다.
의식의 인식 영역은 우주 법계다.

앞에서 배웠듯이, 근根이 경계[境]를 접할 때 식識이 일어난다. 전오식
은 지각 기능과 연합하며, 각 식은 눈·귀·코·혀·몸이라는 해당 감관을
근으로 삼는다. 말나식을 근으로 삼고 일체 현상[諸法]을 경계로 삼아
의식이 현행한다. 의식은 어느 방향으로든 뻗어나갈 수 있다. 십팔계
(육근과 육경과 육식) 속의 모든 것이 의식의 대상이다. 우리가 보고 듣고
냄새 맡고 맛보고 감촉하고 생각하는 모든 것이 의식의 대상이 될 수

있다. 의식의 인식 영역은 우주 법계다. 의식은 모든 것을 생각하고 상상하고 인지하고 분별하고 감지하는 기능이 있으며, 모든 정신적·물리적 현상, 즉 제법이 의식의 인식 대상이 될 수 있다. 정신적 현상은 생각과 개념과 관념이다. 개념이나 생각으로서의 '산'은 의식의 대상이다.

어떤 것이 현행하기 위해서는 많은 종류의 조건, 즉 연緣이 필요하다. 가장 중요한 두 가지 조건은 감관과 그 대상, 즉 근과 경이다. 한 가지 현상이 생기려면 그 두 가지를 전부 갖춰야 한다. 말나식이 의근이지만, 의식을 생기게 하는 인연因緣 종자는 말나식이 아닌 아뢰야식 속에 존재한다. 말나식은 아뢰야식과 의식 사이에 놓인 전기도관과 같다. 하지만 말나식은 그 성질이 미혹하기 때문에 아뢰야식과 의식이 주고받는 전기신호, 즉 정보를 왜곡한다. 말나식의 왜곡 없이 아뢰야식 속 종자를 직접 접할 수 있을 때 의식은 진여의 세계를 접한다.

아뢰야식은 땅이고, 의식은 농부다. 농부는 땅을 믿고 자신이 중요하게 여기는 씨앗을 땅에 맡긴다. 아뢰야식은 그 씨앗을 유지하고 생장시키고 농부가 기대하는 것을 내어줄 능력이 있다. 명상 수행을 할 때 우리는 아뢰야식을 믿게 된다. 아뢰야식이라는 땅에 씨앗을 심고 그것에 물을 준다. 그리고 언젠가는 그 씨앗이 싹을 틔우고 꽃을 피우고 열매를 맺으리라는 것을 믿는다.

24
인식

의식은 세 가지 인식 방식을 사용하고,
세 종류의 인식 경계를 접하며,
세 가지 성질을 지닌다.
모든 심소가 의식에 현행하니,
변행, 별경, 선, 불선, 부정이 그것이다.

1부에서 우리는 삼량三量과 삼류경三類境에 대해 배웠다. 그것이 의식과 함께 어떻게 작용하는지를 더 잘 이해하기 위해 여기서 다시 살펴보겠다. 삼량은 대상을 직접 인식하는 현량現量과 추론하여 인식하는 비량比量, 틀리게 인식하는 비량非量을 가리킨다.

첫 번째 현량에는 매개체나 추론이 필요하지 않다. 손가락을 불에 넣으면 뜨겁다고 하는 것이 현량이며, 바른 인식이다. 하지만 대상을 직접 인식해도 바르지 않을 때가 있다. 당신이 뱀을 보았다고 해보자. 여기에는 생각도, 비교도 개입하지 않는다. 바로 지금 뱀을 직접 보았을 뿐이다. 이 인식 자체는 현량이다. 하지만 곧바로 그게 뱀이 아니라 밧줄이라는 것을 발견한다면 이것은 바르지 않은 현량이므로, 세 번째인 그릇된 비량非量에 속한다.

두 번째는 추론하는 비량比量으로, 비교하고 짐작하고 추측하는 것이다. 이 방식은 바르게 인식할 수도 있고, 틀리게 인식할 수도 있다. 한 예로, 높이 쌓인 나뭇더미에서 멀찍이 떨어진 곳에 당신이 있다고 하자. 그 나뭇더미 뒤에서 연기가 나는 것을 보고 당신은 불이 났다고 생각한다. 이것은 추측을 통한 비량이며, 사실일 수도 있다. 당신은 바로 그 자리에 있었고 실제로 연기를 보았다. 하지만 추측과 추론은 때때로 틀리기도 한다. 그 연기는 나무에 불이 붙어서 생긴 것일 수도 있지만, 자동차의 배기가스일 수도 있고, 근처에서 누군가가 피우는 담배 연기여서 불난 것이 전혀 아닐 수도 있다. 이런 경우에는 그릇된 추론, 그릇된 인식이므로 세 번째 인식 방법인 비량非量에 속한다.

세 번째는 그릇된 비량으로, 이것은 현량, 또는 추론하는 비량의 결과일 수도 있다. 우리가 직접 보거나 추론한 것이 대상의 있는 그대로의 모습이 아니라면 이때는 그릇된 비량이다. 현량은 옳을 수도 있고, 틀릴 수도 있다. 비량比量 역시 옳을 수도 있고, 틀릴 수도 있다. 직접 보는 현량과 추론하는 비량이 틀릴 때는 그릇된 비량非量으로 분류된다. 의식은 이 세 가지 방식을 전부 이용할 수 있다. 대상을 직접 인식할 수도 있고, 추론할 수도 있고, 잘못 인식할 수도 있다. 하지만 첫 번째 전식轉識이며 의근인 말나식의 인식 방식은 항상 세 번째, 그릇된 비량이다. 말나식은 자아가 아닌 것을 항상 자아라고 인식한다. 말나식이 의근이기 때문에 의식은 그릇된 비량에 쉽게 빠진다.

인식은 수많은 인과 연, 직접적 원인과 부차적 조건에 의해 일어난다. 사실, 사물에 대한 우리의 인식은 대체로 회상에 불과하다. 인식은 단지 익숙한 기억일 뿐이라고 가르친 분은 붓다가 최초일 것이다. 『증일아함경增一阿含經』에 따르면, 우리의 인식은 대부분 과거에 인식했던 것을 회상한 결과물이다. 그러므로 우리가 어떤 것을 인식할 때는 단지 아뢰야식 속의 오래된 종자를 인식하고 있는 것에 불과하다. 이 인식은 지금 여기에 있는 실제 대상과는 아무 상관이 없다. 새로운 진실이 드러날 때도, 말나식 때문에 우리는 그것을 접하지 못한다. 단지 아뢰야식 속 종자만 접할 뿐이다.

우리는 사물을 직접 바르게 보거나 바르게 추론하는 일이 거의 없어서, 우리의 인식 방식은 대체로 그릇된 비량이다. 남부 사람이 북부 사람에 대해 가지고 있는 인식은 그가 읽었던 책이나 다른 사람에게서 들었던 말에서 생겨났을 것이다. 이 남부 사람이 북부 출신이라고 전해 들은 누군가를 만난다고 해보자. 그는 북부 사람은 어떠어떠하다는 인식을 이미 갖고 있다. 이 인식 때문에 그는 바로 앞에 있는 진짜 그 사람을 보지 못한다. 그의 인식은 그가 북부 사람을 있는 그대로 보지 못하게 막는 장애물이다. 그는 북부 사람의 실제 모습을 접하지 못하고 단지 북부 사람에 대한 자신의 인식만 접할 뿐이다.

우리는 누구나 북부 사람은 어떻고, 남부 사람은 어떻고, 중부 사람은 어떻다는 인식을 지니고 있다. 여러 개의 범주를 마련해두고서 북부 사람은 그중 한 범주에 넣고, 남부 사람은 다른 범주에 넣고, 중부 사람은 또 다른 범주에 넣는다. 우리 모두가 이런 종류의 인식의 피해자다. 우리는 아뢰야식 속에 보관 상자 한 세트를 마련해두고 어떤 것을 인식하면 그중 한 곳에 넣는다. 하지만 우리가 그것을 넣는 방식은 뒤죽박죽이다. 감초 상자에 계피를 넣고는 계피를 감초라고 말하고, 감초라고 믿는다. 하지만 감초 상자에 넣어두었어도 그것은 계피다.

추론하는 비량은 숙고가 필요하다. 우리가 영리하게 숙고하는 방법을 안다면 이 비량이 진실을 보여줄 수 있다. 고고학자들은 구덩이에서 찾아낸 물건에 의지해서 옛날 사람들의 일상생활을 재구성한다. 이런 재구성은 정확할 수도 있고, 틀릴 수도 있다. 프랑스의 철학자이자 인류학자 클로드 레비스트로스Claude Levi-Strauss는 "과학자는 문명인이 거주한 적이 없는 지역에 가서도 땅을 파서 타자기를 찾아내고는 6천여 년 전에 타자기 기술을 가졌던 인류가 그곳에 살았었다는 결론을 내릴 수 있을 것이다."라고 말했다. 충분한 훈련을 받고 적절한 자격을 갖추었어도 우리는 옳은 결론에 이르지 못한다. 이것은 추론에 의한 그릇된 비량非量이다.

우리는 잘못된 추론 때문에 누군가를 의심할 때가 많다. 어떤 아이가 생일 선물로 손목시계를 받았다고 해보자. 그런데 수영장에서 헤엄을 치고 나와보니 시계가 없어졌다. 그 아이는 생각한다. "어제 내가 선물 받을 때 제일 친한 친구가 옆에 있었어. 엄청 부러워했고 그걸 갖고 싶어 하는 눈치였어." 아이는 이런 생각을 토대로 친구가 자기 시계를 훔친 게 분명하다는 결론을 내린다. 그 아이는 시계가 없어질 만한 다른 이유는 숙고하지 않았다. 아이의 결론이 옳다면 그것은 추론, 즉 비량比量이 바르게 사용된 경우가 되겠지만, 틀렸다면 그것은 추론에 의한 비량非量이 된다.

우리의 인식과 추론은 종종 부정확하다. 대상을 사랑과 이해의 눈으로 보지 못하고 의심과 분노, 슬픔, 갈망의 눈으로 볼 때 특히 그렇다. 그릇된 추론은 날마다 우리와 함께 한다. 대상을 인식하고 그것 때문에 괴롭다면 자문해야 한다. "이 추측이 진실인가, 거짓인가?" 다른 사람들이 도와줄 수도 있다. 그들에게 부탁해보자. "제가 지금 괴로워요. 이렇게 생각했는데 그게 진실인지 아닌지 모르겠어요. 이렇게 보았고, 이렇게 들었어요. 제가 보고 들은 것이 맞는지 틀렸는지 알 수 있게 도와주세요." 누군가에게 분노하거나 누군가를 의심할 때 우리는 괴롭다. 그럴 때는 그 사람과 절교하기보다는 친구에게 도움을 청하는 것이 좋다. 그것이 모두에게 이롭다. 우리의 고통과 행복은 다른 사람들의 고통과 행복과 이어져 있다. 우리는 서로 도와야 한다.

삼량三量을 이용해서 의식은 성경, 대질경, 독영경의 삼류경三類境을 접한다. 첫 번째 성경은 대상의 있는 그대로의 참모습, 우리의 개념화와 정신적 조작에 의해 왜곡되지 않은 실상이다. 대상을 개념화하기 전에, 생각으로 조작하기 전에 의식은 진리의 세계, 진여를 접한다.

두 번째 대질경은 있는 그대로의 실상이 아니라 우리의 생각 패턴이 조작하고 지어낸 모습이다. 우리는 영원불변하는 자아와 관련지어

틱낫한 마음

생각하는 것에 익숙하고, 대상이 각각 별개로 존재한다고 믿는다. 만물의 상호연결과 공성空性과 상의상관을 알지 못한다. 우리는 태어남과 죽음, 존재와 비존재처럼 짝을 이룬 상반된 개념을 실제로 믿는다. 그러면 우리의 식의 대상은 오류로 가득한 대질경으로 나타난다. 이것은 많은 괴로움을 가져온다.

세 번째 경계는 독영경이다. 우리는 대질경으로부터 얻은 이미지를 전부 아뢰야식에 저장한다. 친구에 대한 이미지, 친구의 외모와 분노에 대한 이미지, 이 모든 것이 아뢰야식에 종자로 저장된다. 그리고 그 창고에 저장해놓은 이미지, 독영경을 꺼내 쓴다. 시인과 화가들이 이런 작업, 즉 기존의 이미지를 새로운 이미지와 조합하는 일을 많이 한다. 꿈도 독영경의 세계 속에서 일어난다.

말나식은 무명에 덮여 미혹하기 때문에 성경을 접하지 못한다. 그리고 의식은 사물을 직접 인식할 수 있을 때는 성경을 접할 능력이 있지만, 대부분의 경우 대질경과 독영경을 접한다. 전오식은 성경의 세계에서 작동할 수 있다. 말나식의 영향을 받는 의식의 분별 작용과 연합하지 않고 전오식 혼자 작용할 때 그렇다. 보는 작용뿐만 아니라 듣고 냄새 맡고 맛보는 등의 작용이 분별이나 비교, 회상의 개입 없이 일어난다면 그 작용은 성경을 접한다. 하지만 말나식의 영향력 탓에 분별하고 계산하고 추측하는 의식과 연합할 때 전오식이 접하는 것은 대질경뿐이다.

성경은 그릇된 인식에 의해 왜곡되지 않은 모습이고, 대질경과 독영경은 왜곡된 모습이다. 이것은 분별 작용과 관계가 있다. 어떤 것이 아름다운 이유는 우리가 그것을 좋아하기 때문이고, 추한 이유는 우리가 그것을 싫어하기 때문이다. '아름다움'과 '추함'은 우리가 대상에 붙인 이름이다. 아뢰야식 속 종자로부터 의식에 현행한 이미지를 기반으로 우리는 대상에 이름을 붙인다. 나는 윤회를 뜻하는 '삼사라samsara'와 독을 뜻하는 '쁘아종poison'이라는 이름을 가진 향수가 있다는 말을 들었다. 병에 든 향수는 그냥 향수일 뿐이지, 윤회나 독이 아니다. 향수에 집착하거나 그것을 좋아하거나 싫어하거나 그것이 어떠어떠하다고 생각하는 것은 우리 소관이다. 그 문제에 대해 향수는 아무 책임이 없다. 프랑스에는 '쥬 르비엥Je reviens('나 돌아갈래'라는 뜻)'이라는 향수가 있는데, 누군가에게서 '쥬 르비엥' 향이 풍기면 우리는 그 사람과 그 향기를 동일시한다. 이런 일은 향수가 하는 게 아니다. 우리가, 우리 마음이 한다. 그 사람과 헤어진 후 그를 그 향기와 동일시할 때 이것은 향기로운 심소가 된다. 베트남의 대서사시 『끼에우 이야기(Tale of Kieu)』에는 이런 구절이 있다. "향수는 그 향기에 추억을 담는다."[20] 하지만 추억하고 그리워한 책임을 향수에 지우는 것은 옳지 않다. 그 책임은 우리의 아뢰야식 속 종자와 그 종자가 일으킨 심소에 있다. 있는 그대로의 참모습은 우리의 심소에 속박되거나 심소와 일치하지 않는다.

이런 이유로 붓다는 색·성·향·미·촉·법의 현상은 본래 선도, 불선도 아니라고 여러 번 말하였다. 이것이 즐거움을 주거나 괴로움을 주는 게 아니다. 즐거움과 괴로움의 책임은 그것에 대한 우리의 집착에 있다. 우리가 이것에 집착하는지 집착하지 않는지, 그리고 대상의 참모습을 접할 수 있는지 없는지를 결정하는 것은 우리의 마음이다.

우리가 슬플 때는 모든 풍경이 슬프고, 기쁠 때는 모든 풍경이 기쁘다. 풍경이 슬프거나 기쁜 것은 그 풍경 자체의 문제가 아니다. 그것은 대 질경을 지어낸 우리의 왜곡된 인식 탓이다.

꿈속에서 우리는 슬퍼하고 분노하고 즐거워하고 갈망하고 절망한다. 사람, 물건, 산, 강 등 꿈속에서 마주치는 모든 현상은 독영경이다. 명상하면서 산을 시각화할 때 그 산의 모습도 독영경에 속한다. 그렇지만 알아차림을 통해 접촉하기 때문에 그 이미지는 산 자체에 대한 진실을 드러내기 시작하고 그것의 기반인 대질경을 직시하게 도와줄 수 있다. 사실, 알아차림을 통해 접하는 산은 실제로 산 앞에 서서 보는 진짜 산보다 더욱 선명하고 정확할 수 있다. 독영경이 진실로 통하는 문이 될 수 있다.

오랫동안 모든 것에 무관심한 채 살다 보면 감각과 지각이 무뎌지고 우리를 둘러싼 세계가 희미해진다. 그런 세계 속에서는 결코 행복하게 살 수 없다. 감각과 지각을 날카롭게 벼릴 숫돌이 필요하다. 그러면 꽃을 볼 때 그 꽃과 진정으로 접촉할 수 있다. 그 숫돌이 바로 명상, 알아차림이다. 감각을 예리하게 벼려서 생의 경이를 접하게 도와주는 명상 연습들이 있다.21

독영경은 견분만을 필요로 한다.
대질경은 애착하는 자와 그 근원에 속한다.
성경과 종자 등은
다른 존재 영역을 따른다.

"마음을 따르지 않을 때 상분의 성질", 이 게송은 현장이 유식학에 정통했던 제자 규기(窺基, 632~682)에게 전한 것이다. 이것은 삼류경의 성질을 상기시킨다. 첫 번째 구절에 의하면, 독영경은 전적으로 식의 견분을 따른다. 독영경은 성경에 근거할 필요가 없다. 그것은 우리 마음속에 이미 존재하며 외부의 자극이 필요하지 않다. 우리가 괴로운 이유, 변하는 세계 속에서 이리저리 휘둘리는 이유는 성경 때문이 아니라 독영경 때문이다.

식의 두 부분, 견분과 상분을 기억하라. 견분은 주관이고, 상분은 객관이다. 하지만 주관과 객관 둘 다 식의 부분이다. '인식한다'는 말은 '어떤 것'을 인식한다는 뜻이다. 인식 행위에는 인식 주관과 인식 객관이 항상 포함된다. 참나무를 볼 때 우리는 그 나무가 우리의 식과는 별개로 존재한다고 생각하는 경향이 있다. 우리는 식이 머릿속에서 생겨나서 그 참나무가 '객관적 현실'이라는 것을 확인해준다고 생각한다. 하지만 우리가 보고 있는 참나무는 사실 식의 객관이다. 시간과 공간에 대한 우리의 생각도 인식 객관이다. 그 참나무가 우리의 식과는 별개로 우리 바깥의 시간과 공간 속에 서 있다고 믿는다면 다시 바라볼 필요가 있다.

주관과 객관이 만날 때 한 가지 현행으로서 인식이 일어난다. 이 과정은 1초도 안 걸리지만 그 찰나의 순간에 주관과 객관이 동시에 함께 생겨난다. 한 찰나에 인식이 한 번 일어나고, 다음 찰나에 다음번 인식이 일어난다. 이렇게 인식할 때마다 주관과 객관이 생겨난다. 인식 주관은 찰나마다 변하고, 인식 객관도 찰나마다 변한다.

앎은 아는 주관과 그 객관을 항상 포함한다. '안다'고 말하기 전에 우리는 먼저 물어야 한다. "무엇을 아는가?" 이것이 기본이지만, 무엇을 아는지를 알기는 쉽지 않다. 어떤 것을 안다고 생각해도 우리의 앎에는 한계가 있다. 이것을 부지런히 연습하라. 그러면 언젠가는 식 속에 주관과 객관이 모두 있음을 알게 될 것이다. 단순히 머리로 아는 것이 아니라 체험으로 알게 된다.

두 번째 구절에서 말하는 "애착하는 자"는 말나식이고, "그 근원"은 아뢰야식이다. 대질경은 말나식의 산물이자 창작물, 아뢰야식과의 접촉의 결과물이다. 아뢰야식의 실제 종자에서 생겨난 경계가 일단 말나식의 영향력 아래 놓이면 그것은 성경으로 머물지 못하고 대질경이 된다. 대질경은 성경에 근거하므로 본질을 일부 지니는 반면, 독영경은 본질과 전혀 상관이 없다.

마지막 구절은 성경과 종자의 관계를 설명한다. 성경과 종자가 다른 존재 영역을 따르는 이유는 성경이 주관과 다른 종자에서 생겨나므로 주관의 영향을 받지 않기 때문이다. 이렇게 선, 불선, 무기의 삼성三性과 성경이 낳은 종자들이 삼류경과 연결된다.

삼량의 첫 번째는 직접 보는 현량現量이고, 두 번째는 비교와 추론에 의한 비량比量이며, 세 번째는 그릇된 비량非量이다. 우리가 사량 분별하지 않고 대상을 현량으로 볼 때 우리는 성경을 본다. 누구나 이런 경험을 해본 적이 있을 것이다. 눈으로 덮여 온통 새하얀 산을 응시하고 있을 때 그 산과 동떨어져 있다는 느낌이 없다. 당신은 아름다운 풍경을 그냥 보며 그 설산과 하나가 된다. 당신이 설산이고, 설산이 당신이다. 거기에는 주관이나 객관이 없다. 드넓은 바다를 응시할 때면 자신도 광활해지는 느낌이 든다. 분별하지 않고 생각하지 않는 현량으로써 현실을 접할 때 우리는 의식을 이용해서 자신과 대상, 견분과 상분을 구분하지 않는다. 즉 자신을 주관으로, 대상을 '바깥'의 객관으로 나누지 않는다. 이렇게 볼 때 우리는 진여의 세계에 있는 것이다.

살다 보면 이렇게 진리의 세계를 접하는 순간이 있지만 그건 드문 일이다. 평소의 생각 패턴이 그런 일이 자주 일어나게 놔두지 않기 때문이다. 우리 마음은 현실을 잘게 조각내는 경향이 있으며, 그렇게 분리한 후 각각의 조각이 나머지 조각과는 별개로 존재한다고 본다. 이것이 분별심이다. 당신은 다른 사람을 보고 이렇게 생각한다. "저 여자는 내가 아니야. 내가 왜 저 여자를 걱정해야 하지? 그것 말고도 할 게 많아." 우리는 일상에서 자주 그렇게 분별한다. 우리의 생각 패턴이 그런 장벽을 쌓는 것이다. 하지만 명상을 할 때 우리는 지성을 이용해 깊이 관찰함으로써 그런 종류의 구분, 그런 종류의 분별을 없애려고 노력해야 한다.

그러므로 의식을 이용해서 알아차림을 수행한다면 항상 분별하고 판단하는 바로 그 지적 기능이 우리를 진리의 세계로 이끌어줄 수 있다. 하지만 의식이 깊이 관찰하는 훈련을 받지 않으면 아무리 많이 생각하고 추측하고 분석해도 우리의 인식은 여전히 세 번째 방식, 그릇된 비량에 속한다. 유식학에서는 변계소집성이라는 용어를 쓰는데, 이것은 두루 분별하여 집착하는 성질을 뜻한다. 이 분별 성향이 의식의 활동에 끼어들면 우리는 항상 그릇된 비량에 떨어진다. 분별심은 온갖 종류의 오류를 일으키기 때문이다. 하지만 깊이 관찰하는 불교 수행법을 배워서 무상과 무아, 상의상관과 공성空性에 대해 명상할 때, 우리는 그런 분별심에서 차차 벗어나서 진여를 접할 기회를 얻는다. 이것을 무분별지無分別智라고 부른다.

이렇게 의식은 삼량三量을 전부 사용할 수 있고, 삼류경三類境을 접할 수 있으며 선, 불선, 무기의 삼성三性을 지닐 수 있다. 알아차림을 수행할 때 우리의 의식은 선이 될 수 있고, 알아차림이 없을 때는 불선이 될 수 있다. 그리고 선도, 불선도 아닌 무기가 되기도 한다.

모든 심소가 의식에 현행할 수 있다. 심소는 전부 합해서 51가지로, 변행遍行 심소 다섯 가지, 별경別境 심소 다섯 가지, 선善 심소 11가지, 불선不善 심소 26가지, 부정不定 심소 네 가지로 이루어져 있다. 우리는 10장에서 아뢰야식과 관련하여 이 다양한 심소를 처음 다루었고, 21장에서 말나식과 관련해서 심소를 또 언급했었다. 먼저, 다섯 가지 심소를 변행이라고 부르는 이유는 그것이 팔식八識 전부에서 일어나기 때문이다. 별경 심소 다섯 가지는 모든 식에서 일어나지는 않는다. 선 심소에는 믿음[信], 탐내지 않음[無貪], 성내지 않음[無瞋] 등이 속한다. 불선 심소에는 탐욕[貪], 성냄[瞋], 어리석음[癡] 같은 근본 번뇌가 있고, 이것에 의지해서 일어나며 덜 해로운 심소로 짜증[忿], 질투[嫉], 교만[憍] 등이 있다. 중립적인 부정 심소는 네 가지로 본래 선도 아니고, 불선도 아니다.[22]

제23송과 제24송에서는 의식의 특징을 설명했다. 이어지는 게송에서 의식의 기능을 자세히 탐구하기 위해서는 그 특징을 알아야 한다. 요약하면, 의식은 인식 대상[法]의 범위가 가장 넓다. 그리고 세 가지 인식 방식을 전부 사용하고, 세 종류의 경계를 전부 접할 수 있고, 선과 불선, 무기라는 세 가지 성질을 지닌다. 의식에는 51가지 심소가 전부 현행할 수 있다. 인식은 인식 행위다. 그 행위가 바르지 않다면 행위를 저지른 사람과 주변 사람들에게 많은 오해와 고통을 줄 수 있으므로 그런 행위는 불선의 성질을 띤다. 의식이 진실을 접할 수 있을 때 그 인식 행위는 선이 된다. 거기에는 해탈하는 힘, 그 사람과 주변 사람들의 무명을 없애는 힘이 있기 때문이다. 인식 행위가 무기無記가 될 때도 있다. 이것은 불선은 아니지만 깊이 관찰하는 단계에 이르지 못했고, 따라서 가장 깊은 진실을 아직은 접하지 못한다. 알아차림을 이용해서 깊이 관찰할 때에만 현실의 참모습이 드러날 수 있고, 통찰이 일어난다. 그리고 이 통찰이 변화로 이어진다.

25
농부

의식이 온갖 신업과 구업의 근원이다.
심소를 현행하는 성질이 있으나 항상 작용하지는 않는다.
의식은 이숙시키는 업을 일으킨다.
의식은 농부와 같아서 일체 종자를 뿌린다.

업業에는 세 종류가 있다. 신업身業과 구업口業과 의업意業이다. 이 세 종류의 업의 토대는 의식이다. 의식은 몸이 행동하도록 지시한다. 우리가 하는 모든 말이 의식에서 일어난다. 그리고 의식은 생각과 계산과 추측과 판단의 근원이다.

말나식처럼, 의식도 전식轉識이다. 하지만 말나식이 쉬지 않고 활동하는 반면, 의식은 때때로 활동을 멈춘다. 한 예로, 우리가 꿈도 없이 깊이 잠들었을 때 의식은 전혀 활동하지 않는다. 기절했을 때도 의식은 활동을 멈추는 것 같다. 그리고 '무심無心'으로 불리는 선정 상태에서도 의식은 활동하지 않고 멈춘다. 이렇듯 의식은 활동을 멈출 때가 있으며, 다섯 감각식도 마찬가지다. 이런 면에서 의식과 감각식은 아뢰야식과 말나식과 다르다. 이 둘은 끊임없이 활동한다.

의식은 두 종류의 업을 일으킨다. 하나는 '인업引業'으로, 우리를 이 방향 또는 저 방향으로 끌고 가는 업이다. 매우 빈번하게 "마라魔羅(미혹)가 길을 닦고 아귀들이 방향을 일러준다."[23] 하지만 붓다가 길을 닦고 승가가 방향을 일러줄 때는 우리에게 이롭다. 다른 하나는 '만업滿業'으로 종자를 익히는 업이다. 우리가 짓는 업은 아뢰야식 속 선업 종자 또는 불선업 종자의 이숙을 일으킨다. 의식은 이 두 종류의 업을 모두 지을 수 있다. 우리를 특정 방향으로, 선 또는 불선으로 끌고 가는 업도 짓고, 우리 안에 이미 존재하는 종자를 성숙시키는 업도 짓는다.

아뢰야식 속 종자를 이숙시키는 업을 지을 수도 있으므로 이 의식에 대해 배우고 그것을 훈련하고 변화시키는 것이 중요하다. 우리는 생각을 토대로 말하고 행동한다. 의식에 기반해서 몸과 말과 뜻으로 지은 모든 업이 우리 안의 선업 종자나 불선업 종자에 물을 준다. 불선업 종자에 물을 주면 괴로움이 열매를 맺는다. 선업 종자에 물 주는 법을 안다면 이해와 사랑과 행복이 더욱 많아진다. 무상과 무아와 상의 상관의 측면에서 사물을 보는 법을 배울 때 의식은 깨달음 종자가 익어서 꽃으로 피어나게 도와줄 것이다.

아뢰야식은 자주 땅으로 비유된다. 꽃과 열매를 낳을 씨앗이 뿌려진 밭 말이다. 의식은 농부다. 씨앗을 뿌리고 물을 주고 땅을 돌본다. 이런 이유로 이 게송은 의식이 종자를 이숙(성숙)시키는 업을 일으킨다고 말한다. 의식은 우리를 지옥으로 이끌 수도 있고, 해탈로 이끌 수도 있다. 지옥과 해탈은 해당 종자가 성숙된 결과이기 때문이다. 의식은 업 종자를 처음 뿌리는 작업을 하고 그 종자를 익히는 작업도 한다. 의식이 사과 씨앗을 심으면 우리는 사과를 키운다.

농부(의식)는 땅을 믿어야 한다. 지혜와 연민의 열매를 낳는 것은 땅이기 때문이다. 또한 농부는 아뢰야식 속 선업 종자를 알아보고 밤낮으로 그 종자에 물을 주고 성장을 도와야 한다. 밭(아뢰야식)은 종자를 키우고 그 과보를 내어준다. 깨달음과 지혜와 자비의 꽃은 마음밭의 선물이다. 농부는 그 꽃이 성장할 기회를 얻도록 마음밭을 잘 돌봐야 한다.

의식이 모든 업의 토대이므로 알아차림이 무엇보다 중요하다. 알아차림할 때 우리의 의식은 최선의 상태에 있게 되며, 우리의 신업과 구업과 의업이 치유와 변화를 향해 나아갈 것이다. 승가는 알아차림 수행에 큰 도움이 된다. 알아차림 속에서 말하고 듣고 행동하는 수행자들에게 둘러싸여 있으면 똑같이 수행하려는 의도가 생기고, 마침내 알아차림이 습관이 된다. 그리고 알아차림을 이용해 변화와 치유가 가능해진다.

26
무상(無想)

의식은 항상 작용하지만
작용을 멈추는 때가 있으니
무상계와 이등지와
깊은 수면과 혼절 상태다.

앞에서 말했듯이, 말나식과 아뢰야식은 쉬지 않고 활동한다. 반면에 의
식과 감각식은 때때로 활동을 멈춘다. 의식이 활동하지 않는 다섯 가
지 상황이 있다. 이 게송은 그 상황에 대해 언급한다. 선정 삼매三昧, 무
상정과 멸진정의 '이등지二等至', 깊은 수면, 혼절이다.

첫 번째, 선정 삼매는 무상계無想界, 즉 생각이 소멸한 세계를 가
리킨다. 인간으로서 우리는 생각이 소멸한 선정 상태에 이를 수 있다.

그 상태에서 의식은 작용을 멈춘다. 하지만 무상계는 선정 수행을 통해서만 이를 수 있는 상태가 아니다. 인과 연이 갖춰지면 무상의 세계에 태어난다. 무상계는 차원이 높은 세계, 괴로움이 적은 세계처럼 보인다. 우리가 보고 듣는 것, 그리고 생각이 일으킨 온갖 심소가 괴로움을 가져오기 때문이다.

이 지구에는 사고 기능이 없는 수많은 생명체가 존재한다. 그들은 생각하지 않고도 활발하게 살아가는데, 어쩌면 우리보다 더 행복할지도 모른다. 생각이 없으면 의식이 작동하지 않기 때문이다. 그 중생들은 무상계에 태어나는 데 필요한 인과 연을 갖추었다. 베트남의 시인 응우옌 꽁쯔Nguyen Cong Tru는 이렇게 썼다.

내 다음 생에는 인간으로 태어나지 않기를.
하늘과 땅 사이에서 노래하는 한 그루 소나무로 태어나기를.

소나무는 무상계에 속한다. 그 세계는 인간이 거주하는 생각의 세계보다 훨씬 더 생기발랄하다. 주변을 둘러보면 그런 무상계를 접할 수 있다. 이상하게 들리겠지만, 활기차게 살기 위해서는 생각이 필요하지 않다. 생각 없이 살아가는 중생들이 우리보다 훨씬 더 활기차고, 즐겁고 건강하다. 인간은 인간의 경험을 기준으로만 '생각'을 이해할 뿐이다. 불안하거나 화나거나 두렵거나 비참할 때 우리는 푸른 하늘과 바위와 나무를 보며 부러워한다. 산기슭에 서서 바람에 흔들리며 노래하는 아름다운 나무가 되기를 원한다.

생각이 있는 것이 좋을까, 없는 것이 더 좋을까? 매일 우리가 보고 듣는 많은 것이 마음을 괴롭힌다. 우리가 무상계에 태어난다면 살아가는 데 의식이 필요하지 않다. 말나식과 아뢰야식은 이 세계에서도 계속 작동하므로, 자아 개념과 자아에 대한 집착은 여전히 존재한다. 하지만 안식眼識과 이식耳識은 왜곡 없이 진여의 세계를 접할 수 있다. 의식 때문에 우리는 사물을 왜곡하는 경향이 있으므로 무상계에 태어나는 것이 축복일지도 모른다.

의식이 작동하지 않는 두 번째와 세 번째 상황은 '이등지'로서 무심無心에 이른 두 가지 선정 상태를 말한다. '등지等至'에 해당하는 산스크리트는 사마파티samapatti로, 집중, 정定을 뜻한다. 이 선정 상태에서 말나식과 아뢰야식은 항상 그랬듯이 계속 작동하지만 이제는 인상과 표상을 수용하지 않는다.

첫 번째 등지는 무상정無想定이다. 생각도 없고 생각할 필요도 없는 상태다. 선정 수행자는 존재하지만 대상을 인식하지 않는다. 의식의 작용이 완전히 멈춘다. 한때 붓다가 바이샬리 북쪽 숲에서 깊은 선정에 들었다. 그는 이 무상정에 이르렀고, 의식이 작동을 멈추었다. 근처에서 물건을 실은 수레가 끝없이 지나갔고 요란하게 천둥이 쳤지만 붓다는 이것을 전혀 인식하지 못했다. 제자가 수레와 천둥에 대해 말하자 붓다는 의아해했다. 그는 무심의 경지에 머물렀던 것이다.

두 번째 등지는 멸진정滅盡定으로, 생각[想]도 없고 느낌[受]도 없는 상태다. 마음을 완전히 집중해서 마음이 아예 없는 것처럼 보인다. 모든 느낌, 모든 생각, 모든 마음 작용이 소멸한다. 아라한이 증득하는 선정이다.24 보살이 제8지에 이르면 멸진정에 든다. 이 경지에서 말나식은 아뢰야식에 대한 집착을 버리고, 아뢰야식은 자유를 얻는다.

　　멸진정에서는 의식만이 아니라 식 자체가 작용을 멈춘다. 여기에서 말나식의 집착이 변화하기 시작한다. 집착의 대상이 자아가 아니며 주관과 객관이 둘이 아님을 깨달았기 때문이다. 우주 속에서, 다른 사람 속에서, 다른 생물종 속에서 자신을 본다. 자기 자신 속에서 우주를 보고 다른 사람을 본다. 이것이 평등성지samata jñana다. 그렇게 보는 것은 인식이지만 무명無明에 덮인 미혹한 인식이 아니다. 말나식이 무명 속에서 작동하는 것을 멈출 때 아뢰야식은 그 무명에서 벗어나 매우 행복하다.

　　의식이 활동하지 않는 네 번째 상황은 꿈도 꾸지 않는 깊은 수면 상태다. 생각 없이도 여전히 존재하는 일부 생물종처럼, 깊이 잠든 사람은 사물을 인식하지 않지만 여전히 살아 있다. 깊은 수면 상태에서는 의식에 기반한 꿈이 없다. 꿈을 꾼다는 것은 의식이 활동한다는 뜻이므로 깊이 잠들었을 때 우리는 저절로 무심 상태에 들어간 것을 알 수 있다. 꿈도 없이 푹 자고 나면 매우 상쾌하고 활기찬 것은 지나치게 활동적인 의식이 쉴 수 있었기 때문이다. 의식이 멈추는 다섯 번째 상황은 기절하거나 혼수 상태에 빠졌을 때다. 우리가 기절하면 의식도 작동을 중단한다. 혼수 상태는 무의식 상태이며, 여기서도 의식이 활동을 멈춘다.

27
의식의 활동

의식은 다섯 유형으로 활동하니
다섯 감각식과 함께 활동하고
감각식 없이 혼자 활동하고
산란하거나, 집중하거나, 불안정하게 활동한다.

의식의 활동은 다섯 가지 유형으로 나뉜다. 첫째, 안식, 이식, 비식, 설식, 신식의 전오식과 함께 일어나 활동한다. 꽃을 볼 때 우리는 안식을 통해 본다고 생각한다. 때로는 사실이기도 하지만 꽃을 보고 있다는 것을 자각할 때는 의식도 함께 작동한다. 알아차림 종자가 현행한 것이다. 알아차림이 함께 하고, 꽃이 훨씬 더 선명하게 보인다. 꽃을 보며 자신이 꽃을 보고 있음을 알아차릴 때 의식은 다섯 감각식 중 하나와 협력해서 동일한 대상을 인식하는 작용을 한다.

하지만 눈으로는 꽃을 보면서 마음은 다른 것에 몰두할 때는 의식이 안식과 상관 없이 작동한 것이다. 일상생활에서 이런 경우가 많다. 아침에 차를 몰고 출근하면서 마음속으로는 그날 오후에 있을 회의를 준비한다고 하자. 이때 의식은 감각식과 연합하지 않고 혼자 활동 중이다. 그러나 의식과 안식이 이렇게 따로따로 작용하고 있어도 차를 운전할 만큼은 의식이 개입한다. 따라서 대형트럭이 갑자기 끼어들어도 충돌하지 않고 피할 수 있고, 주차장에 도착해서 좁은 공간에 능숙하게 차를 세울 수 있다. 하지만 의식이 다른 대상에 완전히 몰두했기 때문에 안식 혼자 작업해야 한다. 안식은 때로는 혼자서, 때로는 의식과 협력해서 활동한다. 의식도 때로는 혼자서 활동하고, 때로는 감각식 중 한두 가지와 협력해서 활동한다. 이것이 의식의 첫 번째와 두 번째 활동 유형이다. 즉 감각식과 함께 일어나 활동하기도 하고, 그것과 상관없이 혼자 활동하기도 한다. 우리가 꿈을 꾸고 있을 때처럼 의식이 독립적으로 작동할 때는 전오식과 협력하지 않는다. 우리는 보고 듣고 냄새 맡고 맛보고 만질 수 있지만, 이렇게 보고 듣는 등의 행위는 독영경 속에서만 일어난다. 이 행위에는 물리적인 눈과 귀와 코와 혀와 몸이 필요하지 않다. 의식은 아뢰야식 속 종자들로부터 독영경을 만들어 활용할 수 있다.

우리가 생각을 할 때도 눈과 귀와 코와 혀와 몸이 필요하지 않다. 의식의 정신적·심리적 활동은 독립적으로 일어날 수 있다. 감각식 중 하나의 실제 경험과 연합하지 않고도 분노가 일어날 때가 있다. 예컨대, 발가락을 찧은 것도 아니고 누군가의 거슬리는 행동을 본 것도 아닌데 화가 난다면 의식은 혼자 활동 중인 것이다. 우리가 알아차림을 통해 자신이 화가 났음을 분명히 자각해도 의식은 여전히 혼자 활동하고 있다. 의식이 감각식과 연합해서 활동할 때나 혼자 활동할 때나 알아차림이 일어날 수 있다.

우리는 수행을 통해 의식이 감각식과 함께 또는 혼자 활동하는 상황을 알아차릴 수 있다. 좌선할 때 우리는 다섯 감각의 문(입처入處)을 닫으려고 노력한다. 의식을 집중하기 위해, 의식이 혼자 작동하도록 하기 위해서다. 소리와 형상이 들어오려고 하면 그것에 달라붙지 않으려고 최선을 다한다.

의식의 세 번째 활동 유형은 산란散亂이다. 이것이 사실 가장 자주 일어나는 마음 상태다. 우리는 산란과 실념失念 속에서 많은 시간을 보낸다. 우리의 의식은 어지럽게 흩어지는 경향이 있어서 끊임없이 생각하고 과거와 미래에 사로잡혀서 사방으로 달려 나간다. 의식이 산란할 때 알아차림[念]은 존재하지 않는다. 우리는 살아 있지만 정말로 살아 있는 게 아니다. 생각이 꼬리를 물고 이어질 때, 불안하거나 슬프거나 의심할 때, 뭔가를 상상할 때 의식은 감각식과 협력하지 않는다. 이것을 '독두산란의식獨頭散亂意識'이라고 부른다. 의식이 혼자 일어나 어지럽게 흩어져서 활동한다는 뜻이다.

붓다는 이런 상태의 의식을 원숭이에 비유했다. 이때의 의식은 쉬지 않고 나뭇가지를 옮겨 다니는 원숭이처럼 항상 변하고 제멋대로 연상하고 이 생각 저 생각으로 건너뛴다. 알아차림을 이용해서 우리는 자기 안의 원숭이를 알아보고 포용해야 한다. 호흡을 알아차리고 걸음을 알아차리는 등, 알아차림을 놓지 않는다면 그 원숭이를 진정시켜서 차분하게 만들 수 있다. 의식은 벌떼에도 비유된다. 벌떼는 계속 윙윙거리며 정신없이 날아다니고 어느 한 곳에 집중하지 못한다. 여왕벌이 있을 때에만 전부 함께 모인다.

선정 수행을 할 때 우리는 마음을 모아서 분명하고 날카로운 한 끝에 집중한다. 이것을 심일경성心一鏡性이라고 한다. 이때 집중의 대상(벌떼 같은 생각을 끌어모을 수 있는 여왕벌)은 호흡이 될 수도 있고 자갈, 나뭇잎, 꽃 또는 명상 대상이 될 수도 있다. 이렇게 수행할 때 우리는 의식을 집중하도록, 산란해지지 않도록 도와주는 방편을 받는다. 이 수행은 집중할 대상에 스포트라이트를 비추는 것과 같다. 가수나 무용수가 무대에서 공연할 때 그 사람에게만 조명을 비추는 것과 비슷하다. 우리는 마음을 하나로 모아서 집중의 대상에만 초점을 맞춘다. 렌즈로 햇빛을 모아서 한 지점만 계속 비추면 그 응축된 열기가 옷감을 뚫기도 한다. 이와 똑같이, 우리는 의식을 한 지점에 집중해서 도약한다.

알아차림은 의식의 네 번째 유형의 활동을 일으킨다. 바로 집중, 즉 정定이다. 복잡한 문제를 풀기 위해서는 마음을 집중해야 한다. 산란하게 헤매고 다닐 여유가 없다. 호흡을 알아차림으로써 우리는 산란 상태를 끝내고 집중 상태를 일으킬 수 있다. 호흡을 이용해 의식을 전부 끌어모아서 한 가지 대상에 초점을 맞추면 들뜸이 가라앉아서 의식이 그 대상에 집중할 수 있다. 집중이 지속될 경우, 그 강렬한 힘이 우리로 하여금 그 대상의 한복판을 꿰뚫고 깊이 들어가도록[入定] 도와준다. 그리고 우리는 통찰과 지혜를 얻는다. 이때 의식은 '선정 상태' 속에 머문다. 알아차림이 강력하고 명확할수록 우리는 더욱 안정적으로 집중한다. 알아차림은 항상 집중으로 이어진다. 이렇게 강한 집중 속에서 홀로 활동하는 의식을 '정중의식定中意識'이라고 부른다.

다섯 번째, 의식은 신경증적인 상태에서 불안정하게 활동하기도 한다. 이 경우에 의식은 과거에 일어났던 일, 일어났다고 상상하거나 일어날 거라고 상상한 일들 때문에 혼란에 빠진다. 아뢰야식 속 종자들이 서로 충돌하고, 온갖 감정과 생각이 서로 충돌한다. 명확하게 생각하고 지각하기가 어려울 때 우리는 정신이 병들었다고 말한다. 이것을 치료하기 위해서는 알아차림의 양적 수준을 최대한 높여서 대상을 있는 그대로 보고 명확하게 보기 시작해야 한다. 우리가 내면에서 서로 싸우는 감정과 생각과 접할 때 치료사와 친구, 가족의 도움과 지지가 필요하다. 이렇게 다른 사람들의 도움을 받으면서 알아차림을 수행하다 보면 우리의 의식은 언젠가는 불안정한 상태에서 벗어날 것이다.

틱낫한 마음

4부

감각식

제28송, 29송, 30송은 다섯 가지 감각식의 성질과 특징을 설명한다. 앞에서 아뢰야식과 말나식과 의식을 살펴볼 때 이 다섯 감각식에 대해 이미 조금 배웠다. 말나식이 아뢰야식에 기반하고 의식이 말나식에 기반하듯이, 이 다섯 가지 감각식은 제6 의식을 기반으로 한다. 팔식이 전부 이렇게 서로 연결되어서 서로 의지한다.

이 다섯 감각식을 일으키는 감각기관을 때때로 '문' 또는 입처入處라고 부른다. 모든 인식 대상이 그곳과의 감각적 접촉을 통해 들어와서 식을 일으키기 때문이다. 그러므로 식으로 통하는 이 문을 지키는 방법, 안으로 들여보내서 종자로 심을 것들을 현명하게 선별하는 방법을 배우는 것이 중요하다. 그 방법이 바로 알아차림이다.

28

바다 위의 파도

의식을 기반으로 하여
다섯 가지 감각식이
혼자 또는 의식과 함께 현행하니
바다 위의 파도와 같다.

감각기관과 감각 대상이 접촉할 때 감각식이 발생한다. 다섯 가지 감각기관은 눈, 귀, 코, 혀, 몸이고, 다섯 가지 대상은 형상, 소리, 냄새, 맛, 닿음이다. 눈이 형상을 접할 때 안식이 일어나고, 귀가 소리를 접할 때 이식이 일어난다. 이 다섯 감각식은 제6 의식을 기반으로 한다. 감각식은 혼자 일어나기도 하고, 바다에서 파도가 일듯이 의식과 함께 일어나기도 한다. 의식은 바다와 같고, 감각식은 그 위의 파도와 같다.

때로는 나머지와 상관없이, 한 가지 감각식이 혼자 일어나서 의식과 연합해서 작동한다. 미술관에서 어떤 그림을 보고 있다고 할 때, 우리의 주의는 온통 그 그림에만 집중되어 있다. 우리는 자기도 모르게 안식 외의 나머지 감각식을 차단한다. 옆에서 친구가 무슨 말을 할지도 모르지만 우리의 귀에는 들리지 않는다. 그 순간에 우리의 이식은 작동하지 않는다. 그가 어깨에 손을 올려도 우리는 느끼지 못한다. 신식도 작동하지 않는다. 우리의 알아차림은 전부 그 그림을 보는 것에만 집중된다. 이 경우, 안식은 나머지 감각식들과 따로 떨어져서 혼자 현행하고 있는 것이다.

　　텔레비전을 볼 때 우리는 눈과 귀를 사용하는데, 이 경우에는 두 가지 감각식이 함께 일어나서 활동하는 것이다. 다섯 감각식이 전부 동시에 작동할 때는 우리가 각 감각식에 집중하는 힘이 약해진다. 여러 개의 전구를 배터리 하나에 연결하면 각 전구의 밝기가 약할 것이지만, 전구 한 개만 연결하고 나머지는 꺼버리면 그 전구는 훨씬 더 밝게 빛날 것이다. 배터리, 즉 의식의 힘은 한계가 있다. 따라서 의식을 모아서 여러 감각식 중 하나에만 집중할 때 당면 과제 처리에 쓸 수 있는 힘이 더 오래 지속된다. 어떤 것을 명확하게 보거나 듣기 위해서는 해당 감각식이 그 대상과 매우 깊이, 그리고 지속해서 접촉해야 한다. 그렇게 하기 위해 우리는 한 가지 감각식이 작동하면서 나머지 감관의 문을 닫게 내버려 둔다. 의식에 대해서도 마찬가지다. 깊이 생각하고 싶을 때 우리는 의식을 집중하기 위해 다섯 감관의 문을 전부 닫는다.

　　의식의 개입 없이 혼자 일어나 활동할 때 다섯 감각식은 궁극의 진리, 진여의 세계를 접할 수 있다. 실제로 의식과 함께 작동할 때보다 혼자 작동할 때 감각식은 성경性境을 경험할 가능성이 더 높다. 의식은 말나식의 영향으로 대개 분별과 판단에 갇히기 때문이다.

안식이 의식과 협력하고 분별이 없다면 우리도 성경을 볼 수 있다. 하지만 의식은 거의 언제나 분별한다. 아주 잠깐 진여의 세계를 접할 수 있어도 우리는 즉시 접촉을 끊는다. 말나식의 영향력 아래 있는 의식이 끼어들 때는 조작과 왜곡이 일어난다. 비칼파vikalpa, 즉 사물을 이것과 저것으로 분별해서 이것의 외부에 별개로 존재하는 저것으로 보는 성향 때문에 우리는 진여의 세계를 지속해서 접하지 못한다. 우리가 인식하는 모든 감각 대상이 아뢰야식 속 미혹 종자를 연緣으로 하여 생겨난 대질경으로 바뀐다.

이렇기 때문에 의식이 대상을 깊이 관찰하고 현량으로 인식하도록 훈련해야 한다. 2장에서 우리는 현상의 겉모습, 표상, 인상, 모양[相], 즉 우리의 분별심에 의해 대질경으로 바뀐 인식 대상에 대해 배웠다. 감각식이 의식의 개입 없이 대상을 접할 때 진여의 세계, 진리의 세계가 스스로 드러날 수 있다. 이때 드러난 대상을 본체의 자상自相 또는 자성自性, 본성, 참 성품이라고 한다. 그러나 분별하는 의식이 개입할 때는 모든 것을 일반화해서 대상의 자상은 보편적 인상, 즉 공상共相으로 바뀐다. 본체가 표상으로 바뀌는 것이다. 그러나 수행을 통해 사물을 보편적 개념으로 보는 습기를 버리고 본체의 세계를 직접 접하는 법을 배울 수 있다. 다섯 감각식이 바로 그런 직접적 인식, 현량이 가능하다.

29
현량

다섯 감각식의 인식 경계는 성경이며,

인식 방식은 현량이다.

그 성질은 선, 불선, 무기일 수 있으며

감각기관과 감각 중추에 의지해서 작동한다.

다섯 감각식의 인식 방식은 현량現量이다. 감각식은 생각을 매개로 작동할 필요가 없다. 그러므로 때때로 성경性境을 접할 수 있다. 이런 면에서 감각식은 제8 아뢰야식과 똑같다. 아뢰야식의 인식 방식도 현량이며 인식 경계도 성경이다. 제7 말나식과 제6 의식은 이와 다르다. 말나식의 인식 방식은 항상 그릇된 비량非量이다. 무명에 덮여 미혹하기 때문에 말나식은 대상을 직접 인식할 때조차 그 결과는 항상 거짓이다. 의식은 현량, 추론하는 비량, 그릇된 비량의 세 가지 방식을 모두 취할 수 있다. 하지만 말나식에 기반하고 그 영향을 받으므로 의식의 인식 방식도 대체로 그릇된 비량이다.

감각식이 대상과 직접 접촉하여 작용할 때는 의식과 연합해도 성경을 접할 수 있다. 장난감을 볼 때 아기는 의식을 별로 사용하지 않는다. 거기에는 비교와 회상과 판단이 없다. "이건 저것보다 색깔이 안 예뻐. 나는 저게 더 좋아." 아기는 이렇게 생각하는 것을 아직 배우지 않았다. 눈(감각기관)이 접촉한 장난감의 형상(감각 대상)을 그냥 좋아할 뿐이다. 대상을 이렇게 보는 것이 현량이고, 이것을 통해 성경을 접할 수 있다.

생각하고 분별하는 의식이 일단 합류하면 감각식이 성경을 접할 가능성은 낮아진다. 의식은 사물을 구별하고 비교하고 이름을 붙이는 성향이 있다. 그리고 그렇게 할 때 성경을 접하는 건 불가능하다. 그러면 감각식 역시 대질경 속에서 작동한다. 바다 위의 파도처럼, 감각식은 의식을 기반으로 일어나기 때문이다. 의식이 활동에 나서서 비교하고 회상하고 이름을 붙이기 전에, 아뢰야식 속 종자가 의식에 심소로 현행하기 전에, 다섯 감각식은 현량으로 인식할 수 있다. 일단 의식이 끼어들면, 그리고 그것이 회상 종자, 기쁘고 슬펐던 경험 종자, 비교 종자를 발동시키면 현량은 더 이상 가능하지 않다.

24장에서 언급했듯이, 우리는 주로 지금 이 순간의 실상이 아닌 지난 기억을 바탕으로 인식한다고 붓다는 말하였다. 어떤 것을 '인식'할 때 사실 우리는 기억을 되살리거나 인식한 그것을 아뢰야식 속에 종자 형태로 이미 존재하는 과거의 경험이나 느낌과 비교한다. 우리의 인식은 아뢰야식에 저장된 수많은 과거 경험 종자를 가지고 작업한 결과물이다. 의식이 생각하고 비교하고 판단할 때 그 결과로 생겨난 이미지는 인식된 대상의 참모습이 아니다. 우리의 인식은 감정, 기억, 견해, 지식에 의해 '오염'되기 때문에 우리는 관찰하고 있는 대상의 참모습을 접하지 못한다.

꽃을 현량으로 볼 때, 즉 생각이나 회상 속에 있는 한 달이나 일 년 전에 본 다른 꽃과 비교하여 '좋다, 나쁘다' 하지 않고 있는 그대로 볼 때, 우리는 그 꽃의 성경을 접한다. 이것이 '무심無心'으로 보는 것이다. 감각식은 이렇게 의식과 상관없이 혼자 작동해서 대상과 직접 접촉할 수 있다. 이 인식은 현량이므로 성경을 접할 수 있다. 이것은 갓난아기의 인식만큼이나 새롭고 순수하다. 의식이 항상 지난 경험과 감정과 판단에 근거해서 활동하는 것은 아니며, 그런 것들을 이용해서 실상을 항상 윤색하는 것도 아니다. 이럴 때는 의식도 성경을 접할 수 있다. 하지만 대체로 의식은 대질경만 접할 뿐이다. 우리가 사는 세계는 그릇된 비량으로 짙게 채색된 대질경의 세계다. 비교하고 분별(비칼파 vikalpa)하는 순간부터 우리는 대상을 있는 그대로, 현량으로 보지 못한다.

비칼파vikalpa는 '상상으로 지어낸 것'으로 번역되기도 한다. 플럼 빌리지는 하나의 현실이다. 플럼 빌리지에 올 때 우리는 플럼 빌리지의 참모습을 알고 싶어 한다. 하지만 플럼 빌리지에 대해서 들은 말과 자신의 지난 경험을 토대로 형성된 생각들 때문에 우리는 결국 대질경 속에서 상상으로 '플럼 빌리지'를 지어내게 되고, 따라서 있는 그

틱낫한 마음

대로의 플럼 빌리지를 접하지 못한다. 슬플 때는 아름다운 풍경을 보고 있어도 즐겁지가 않은 건 우리의 슬픔이 그 풍경을 오염시켰기 때문이다. 누군가를 볼 때 우리가 행복해하거나 불행해하는 이유는 주로 우리 마음 때문이다. 그 사람을 볼 때 당신은 행복해할지도 모르지만 똑같은 사람을 보면서도 나는 내 마음에서 일어난 불행 때문에 불행해할지도 모른다.

대질경 속에 갇혀 있으면 성경으로 통하는 문을 찾기가 어렵다. 하지만 우리는 진리의 세계, 성경을 접할 능력이 있다. 우리의 감각의 현량을 통해 그것이 가능하다. 의식의 지난 기억들, 슬픔과 기쁨, 좋음과 싫음에 의해 전도顚倒되지 않는다면 다섯 감각식은 성경에 이를 수 있다. 의식 속에 알아차림을 주입함으로써 우리는 의식이 감각식을 '장악'하는 과정을 간섭하기 시작할 수 있다. 어떤 것을 보거나 듣고 그 장면이나 소리가 기쁜 느낌이나 슬픈 느낌을 일으킬 때 알아차림이 묻는다. "무슨 일이지? 이것은 있는 그대로의 참모습인가, 내가 분별하고 판단한 것인가? 이것은 나의 정신적 경험 바깥에 실재하는 것인가, 내 마음이 상상으로 지어낸 것에 불과한가?" 냉정하게 관찰할 때에만 우리는 바르게 보기 시작할 수 있다.

다섯 감각식은 혼자 작동할 때 현실의 참모습을 접할 기회가 있다. 감각식의 대상은 성경의 세계에 있다. 하지만 의식의 개입과 그 분별 성향 때문에 사물을 현량으로 접하는 감각식의 능력이 감소한다. 이것 때문에 성경은 사라지고 대질경으로 대체된다. 우리는 더 이상 그 대상만의 특별한 모습, 자상自相을 보지 못한다. 이제는 일반적이고 보편적인 겉모습, 공상共相을 본다. 우리는 사물을 일반화하는 경향이 있다. 이로 인해서 그것의 자상, 진짜 그것과의 접촉이 끊어진다.

의식과 마찬가지로, 다섯 감각식도 선, 불선, 무기의 삼성三性을 지닌다. 현량으로써 성경을 접할 경우, 감각식의 성질은 선이다. 하지만 감각기관에, 근根에 결함이 있을 때는 그릇된 비량非量으로 인식하기도 한다. 이 경우에 감각식의 성질은 불선 또는 무기이다.

오근五根은 각각 두 종류의 근을 지닌다. 부진근扶塵根과 승의근 勝義根이다. 부진근은 눈, 귀, 코, 혀, 몸이라는 겉으로 드러난 물리적 기관이고, 승의근은 감각기관과 연결된 신경계로서 눈과 뇌의 시각중추를 이어주는 시신경과 같은 것이다. 우리가 보는 안근眼根은 두 눈이지만 더 깊이 보면 눈 뒤에 신경망이 있다. 시신경, 청신경, 뇌의 감각중추 등 이런 것이 승의근으로 감각식의 현행에 꼭 필요하다.

30
심소

다섯 감각식과 함께 작용하는 심소는
변행과 별경, 선과 불선,
근본 번뇌와 수 번뇌,
그리고 부정이다.

이 게송은 감각식과 함께 작용하는 심소를 언급한다. 우리는 이미 아뢰야식(10장)과 말나식(20장), 의식(24장)과 연관된 심소에 대해 배웠다. 감각식에 상응해서 일어나는 심소는 변행遍行 심소 다섯 가지, 별경別境 심소 다섯 가지, 선善 심소 11가지, 26가지 불선不善 심소 중 13가지, 선과 불선이 정해지지 않은(부정不定) 심소 네 가지다.

변행 심소는 촉觸, 작의作意, 수受, 상想, 사思의 다섯 가지다. 이 오변행은 팔식八識 전부에서 일어난다.

별경 심소는 욕欲, 승해勝解, 염念, 정定 혜慧의 다섯 가지다. 이 별경은 말나식과 의식과 감각식과 함께 작용한다.

선 심소는 믿는 마음[信], 스스로 부끄러운 마음[慚], 남에게 부끄러운 마음[愧], 탐내지 않음[無貪], 성내지 않음[無瞋], 어리석지 않음[無癡], 노력하는 마음[精進], 즐겁고 편안함[輕安], 삼가고 조심함[不放逸], 차별하지 않음[行捨], 해치지 않음[不害]의 11가지다.

불선 심소는 탐냄[貪], 성냄[瞋], 오만[慢], 어리석음[癡], 그릇된 견해[惡見], 의심[疑], 화냄[忿], 원망[恨], 잘못을 감춤[覆], 괴로워함[惱], 질투[嫉], 인색[慳], 위장하고 속임[誑], 아첨[諂], 교만[憍], 해침[害], 부끄러움 없음[無慚], 수치심 없음[無愧], 침체한 마음[昏沈], 들뜨고 흔들림[掉擧], 믿지 않음[不信], 게으름[懈怠], 방종[放逸], 산만하여 잊음[失念], 어지럽게 흩어짐[散亂], 잘못 아는 마음[不正知]의 26가지다. 가장 근본적인 불선 심소는 탐냄(탐), 성냄(진), 어리석음(치)로, 감각식에 상응해서 일어날 수 있다. 그리고 아직 선·불선이 정해지지 않은 부정 심소는 후회하는 마음[惡作], 수면睡眠, 대충 헤아림[尋], 자세히 헤아림[伺]의 네 가지다.

이렇게 변행 심소 다섯 가지, 별경 심소 다섯 가지, 선 심소 11가지, 불선 심소 26가지, 부정 심소 네 가지를 합해서 51가지다. 다섯 감각식이 현량을 통해 성경을 접할 때 그에 상응해서 일어나는 심소는 오변행뿐이다. 반면에 의식은 51가지 심소를 전부 현행할 수 있다. 감각식이 의식과 연합해서 활동할 때는 의식의 성질을 그대로 따른다.

5부

현실의
참모습

제31송부터 38송까지는 팔식에 대해 지금까지 배운 여러 가지 개념을 설명한다. 이 게송들은 전부 현실의 참모습을 탐구한다. 나와 남, 개인과 집단, 주관과 객관, 태어남과 죽음, 인과 연, 이것들은 모두 우리가 경험하는 세상을 이해하기 위해 사용하는 개념이다. 이런 개념에 매이지 않고 그것을 세상을 더 잘 이해하기 위한 수단으로만 이용하는 것이 중요하다. 우리가 진리의 세계에 이르면 개념은 더 이상 필요하지 않다.

5부의 마지막 두 게송, 제39송과 제40송은 세 가지 자성自性을 소개한다. 세 가지 자성(삼자성三自性)은 우리의 식이 현실을 파악하는 방식을 말한다. 첫째, 변계소집성遍計所執性은 상상으로 조작하고 분별하는 성질이다. 마음은 미혹과 갈애와 분노에 매여 있기 때문에 그릇된 인식과 분별을 토대로 현실에 대한 그릇된 이미지를 지어낸다.

현실의 참모습을 보기 위해서는 두 번째 자성, 의타기성依他起性의 이치를 관찰하고 깊이 살펴보고 발견하고 실제로 적용해야 한다. 의타기성은 연기성緣起性, 상의상관성이다. 한 가지 사물은 다른 모든 사물에 의지해야만 현행할 수 있다. 한 송이 꽃이 현행하기 위해서는 햇빛, 비, 흙과 같은 현행을 가능케 하는 필수 조건과 그 밖의 요인들이 갖춰져야 한다.

우리가 연기의 측면에서 사물을 인식할 수 있다면 언젠가는 현실의 참모습이 스스로 드러날 것이다. 이것이 세 번째 원성실성圓成實性, 원만하고 참된 성품, 궁극의 진리, 본성이다. 진리의 문을 열어 제법의 실상을 드러내는 열쇠가 바로 의타기, 즉 상의상관의 눈으로 깊이 관찰하는 것이다.

31
주관과 객관

식은 항상
주관과 객관을 포함한다.
나와 남, 안과 밖,
이 모두가 분별심이 지어낸 것이다.

이 게송의 첫 구절은 기본적인 가르침이므로, 명확하게 이해해둘 필요가 있다. 여기서 '식'은 지각과 인식을 말한다. 지각과 인식은 항상 '어떤 것'에 대한 지각과 인식이다. 무언가에 대한 것이 아닌 인식은 있을 수 없다.

우리는 대개 고유의 실체를 지닌 일종의 식 또는 아는 작용을 하는 근원이 존재한다고 믿는다. 필요할 때마다 그것을 꺼내 쓰면 된다.

자신의 식을 꺼내서 산을 접촉하게 하면 그 식이 작용해서 그 산을 안다. 구름을 접촉하게 할 때는 구름을 안다. 이렇게 식이 우리를 대신해서 그런 것들을 보고 알게 만든 후에 도로 집어넣고 또 필요할 때까지 놔둔다. 기본적으로 그렇게 믿지만 그것은 착각이다.

식이 별개로 존재하는 어떤 것이며, 그것이 이미 저 안에 있어서 마치 꽃삽을 꺼내듯 간단히 꺼내 들고 이용해서 대상을 인식할 수 있다는 생각은 순진한 착각이다. 유식학에 따르면, 식은 세 부분이 있다. 견분(인식하는 주관)과 상분(인식되는 객관)과 자증분(본체)이다. 주관과 객관이 동시에 함께 작동해서 식을 현행한다. 객관이 없는 식은 존재할 수 없다. 식은 항상 어떤 것에 대한 식이고, 생각은 항상 어떤 것에 대한 생각이다. 분노는 항상 어떤 것 또는 어떤 사람에 대한 분노다. 주관이 없으면 객관은 존재할 수 없고, 객관이 없으면 주관은 존재할 수 없다. 주관과 객관은 서로 의지해서 존재하며, 그리고 그 둘은 본체에 의지한다.

보이는 객관과 따로 떨어진 '보는 행위'는 결코 존재하지 않는다. 눈이 형태와 색깔을 접할 때, 즉시 안식이 일어난다. 하지만 이 한순간의 안식은 지속되지 않고 곧장 소멸한다. 눈이 형태와 색깔을 계속 접할 경우에는 안식이 순간순간 생멸을 반복한다. 이렇게 반짝반짝 생멸하는 수많은 안식이 잇따르며 안식의 강물을 이루고, 이 속에서 주관과 객관이 계속 서로를 지탱한다. 이 과정은 한 가지 감관, 여기서는 눈이 대상과 접촉하는 동안만 지속된다.

우리의 시력과 안식은 아뢰야식 속 종자에서 생겨난다. 눈이 형태와 색깔을 접촉할 때 그것들은 식의 발생에 필요한 조건[緣]일 뿐이다. 그것들만으로는 시력과 안식을 일으키기에 충분하지 않다. 인연因緣 즉 종자가 필요하다. 그리고 이 종자는 아뢰야식 속에 있다. 전칠식前七 識(전오식과 의식과 말나식)은 제8 아뢰야식으로부터 현행한다.

우리가 알아차림을 행하지 않을 때 알아차림은 심소가 아닌 종자 일 뿐이다. 알아차리는 능력은 존재하지만 작동하지는 않는다. 알아차 림이 현행하기 위해서는 객관 대상이 필요하다. 우리는 호흡을 알아차 리고, 앞에 앉은 사람을 알아차리고, 꽃을 알아차린다. 식이 항상 어떤 것에 대한 식이듯이, 알아차림은 항상 어떤 것에 대한 알아차림이다. 보기, 듣기, 생각하기, 알기, 이해하기, 상상하기는 모두 식이고, 식은 항상 주관과 객관을 포함한다.

유식학에서 '식'은 지각하고 인식하고 분별하는 능력을 의미한다. 이 가르침에 따르면, 식은 서로 다른 수많은 기능이 있다. 따라서 식이 하나 있다는 말은 옳지 않다. 기능의 개수만큼 서로 다른 수많은 식이 존재한다.

식의 내용물에 대해 말할 때 우리는 심소心所라는 용어를 쓴다. 심 소는 심리적 현상이다. 유식의 대가들이 체험으로 확인한 51가지 심소 에 대해서는 앞에서 이미 다루었다. 각 심소마다 주관과 객관을 포함 한다. 강이 수많은 물방울로 이루어지고 그 물방울이 강 자체이듯이, 심소는 식의 내용물이자 식 자체다.

현행한 심소는 한 찰나 동안만 지속한다. 하지만 원인과 조건이 충족될 때 심소는 재생을 반복하며 계속 이어진다. 그 이유는 심소가 등무간연等無間緣이 될 수 있기 때문이다. 우리가 영화를 보고 있는데 필름의 한 프레임이 잘려져 없다면 영사기는 그 지점에서 작동을 멈출 것이다. 왜냐하면 연속해서 이어지는 조건, 즉 등무간연이 사라졌기 때문이다. 하나의 심소는 한 찰나 동안만 존재한다. 하지만 순연順緣이 갖춰질 때는 잇따르는 비슷한 심소에 의해 지속될 수도 있고, 잇따르는 다른 심소에 의해 바뀔 수도 있고, 재생을 반복할 수도 있다.

연속성은 반복 재생 덕분이며, 인과 연 덕분이다. 현행한 어떤 것의 인과 연이 재생하지 않으면 그것은 현행이 중단된다. 식도 마찬가지다. 근과 경이 만날 때 식이 일어나 존재한다. 그 식은 한 찰나 동안만 지속한다. 하지만 원인과 조건이 연속하기 때문에 그 식은 다음 찰나에 또 일어나고 다음 찰나에 또 일어나면서 찰나 찰나 일어난다. 이렇게 식이 연속한다.

이 과정을 자세히 관찰하기 전에는 현상이 견고하고 지속적인 별개의 실체라고 생각할 수도 있다. 하지만 인과 연 덕분에 현상이 연속해서 현행하는 이치를 살피고 나면 사물이 다르게 보이기 시작할 것이다. 어둠 속에서 기다란 향에 불을 붙인 후 빙빙 돌리면 빨간 향불이 계속해서 원을 그리고 있는 것처럼 보인다. 앞 순간의 불빛과 다음 순간의 불빛이 연달아 이어진다. 두 불빛은 똑같지 않지만 다르지도 않다. 향불을 빙빙 돌릴 때 생기는 불빛 원은 실제로는 수많은 불빛 한 점 한 점이 시시각각 이어진 것이다. 그러므로 그것은 대질경에 속한다. 이 과정을 알 때 우리는 그것이 실제로는 찰나 찰나 생겨난 낱낱의 불빛 점들을 우리 마음이 하나로 이어붙여서 원으로 만든 것임을 알 수 있다. 하지만 이 이치를 모른다면 우리는 자신이 진짜 향불빛 원을 보고 있다고 믿는다.

이 참된 이치를 모른 채 세상을 볼 때 우리는 사물이 영원불변하고 별개의 실체가 있다고 생각할 수 있다. 하지만 이치를 깨우치면 어느 것도 영원하지 않으며 개별적 자아로서 존재하는 것은 하나도 없음을 알게 된다. 불빛 원이 착시이듯이, 영원불변하는 개별적 자아에 대한 우리의 생각도 지각과 인식의 착각이다. 충분히 깊이 관찰할 때 우리는 모든 물리적·심리적 현상이 매 순간 변화하고 있음을 알게 된다. 그럴 때 우리는 존재의 본질을 보고, 무아와 무상에 대한 통찰 덕분에 착각과 환영에 갇히지 않을 것이다.

기원전 5세기의 그리스 철학자 헤라클레이토스Heraclitus도 이와 비슷한 결론에 이르렀다. 자신이 지금 발을 담근 강물이 5분 전에 헤엄을 쳤던 강물과 똑같지 않음을 알았을 때 그는 이렇게 말했다. "우리는 같은 강에 두 번 들어가지 못한다." 헤라클레이토스는 불교 용어를 쓰지는 않았지만 그가 내린 결론은 무아와 무상에 대한 통찰이었다.

물리적·정신적·생리적인 모든 현상은 이렇게 현행하고 변화한다. 인과 연이 충족되면 한 가지 현상이 한 찰나 동안 생겨난다. 그 인과 연이 반복되면 그 현상도 반복해서 생겨난다. 이 한결같은 생生의 흐름이 영원에 대한 착각을 불러온다. 하지만 현상은 매 순간 새로 태어난다. 한 찰나의 현상이 멸하고 다음 찰나에 새로운 현상이 생한다.

나와 남, 안과 밖은 개념이다. 개념은 우리의 식이 만들어낸다. 개념이라는 칼을 이용해서 우리는 진리를 조각내고 사물과 사물 사이에

224

경계선을 긋는다. 일반적인 관점에서 사물을 보면, 그것들은 따로 떨어져 존재한다. 우리는 장미꽃 바깥에 존재하는 구름을 본다. 하지만 무상과 무아의 열쇠를 이용할 때 우리는 진리의 문을 열어서 구름이 장미 바깥에 있지 않고 장미가 구름 바깥에 있지 않음을 본다. 구름이 없으면 비가 없고, 비가 없으면 물이 없고, 물이 없으면 장미도 없다. 장미가 시들어 썩으면 그 속의 물은 증발해서 구름으로 돌아간다. 이렇게 깊이 관찰할 때 경계선에 대한 개념이 사라지고 우리는 장미 속에서 구름을, 구름 속에서 장미를 볼 수 있다.

　　이 게송의 가르침은 『화엄경』의 색채를 띤다. 『화엄경』에서는 이렇게 말한다. "하나 속에 일체가 있고, 일체 속에 하나가 있다." 한 개 사물 속에 다른 모든 것이 들어 있다. 모든 것 속에 그 한 개가 들어 있다. 현대의 원자물리학자들은 분자 세계를 깊이 관찰한 후 안팎 개념을 버려야 했다. 그들은 원자 한 개가 다른 모든 원자로 이루어져 있음을 알게 되었다. 전자 한 개는 다른 모든 전자로 이루어져 있고, 한 개의 분자 또는 원자 속에서 다른 모든 분자 또는 원자의 존재를 볼 수 있다. 한 개의 원자 속에 온 우주가 있다. 한 사람 속에 우주 만물이 존재한다. 당신 안에 내가 있고, 내 안에 당신이 있다. 이것이 있으므로 저것이 있다. 이것이 없으므로 저것이 없다. 연기법緣起法은, 가장 높은 수준까지 전개되면, 중중무진重重無盡의 인연법이 된다.[25] 하나가 곧 일체이며, 일체가 곧 하나다.

　　당신이 여전히 거기에 있음을 안다,

내가 여전히 여기에 있으므로,

인식의 두 팔이 일체를 품어 안고

삶과 죽음을, 주관과 객관을, 모든 것과 다른 모든 것을 잇는다.

1960년대 중반, 베트남의 반한Van Hanh 불교대학에서 유식학을 가르칠 때 나는 강의 끝에 종종 이 시를 외곤 했다. 이 시는 학생들이 연기법을 이해하게 도와주었다. 하지만 유식에 대한 기본적인 이해가 없으면 이 시는 이해하기가 불가능하다.

11세기 베트남 리Ly 왕조 시대의 한 선사는 이렇게 말했다. "가장 작은 모래알이 존재하면 다른 모든 것이 존재한다. 하지만 가장 작은 모래알이 존재하지 않으면 그 무엇도 존재하지 못한다." 같은 시대에 또 다른 선사는 이렇게 말했다. "온 천하를 한 터럭 끝에 놓을 수 있다. 해와 달을 겨자씨 한 알에 넣을 수 있다."26

우리의 분별하는 마음, 개념화하는 성향이 사물을 나와 남, 안과 밖으로 나눈다. 우리는 식은 안에 있고 그 대상은 밖에 있다고 생각한다. 하지만 외부 개념은 내부 개념이 있기 때문에 존재한다. 무엇의 내부인가? 의식이 우리 몸 안에 있다는 말은 사실이 아니고, 의식이 우리 몸 밖에 있다는 말도 사실이 아니다.

『능엄경楞嚴經』에서 붓다는 식은 안에도 없고 밖에도 없고 중간에도 없다고 말하였다.27 『금강경』은 나라는 생각[我相], 인간이라는 생각[人相], 중생이라는 생각[衆生相], 수명이라는 생각[壽者相]을 제시하고 그것을 없애야 한다고 말한다.28 이 가르침은 우리가 개념을 없애게 도와주며 유식학에서 배워야 할 부분이다.

개념을 초월할 때 우리는 이 가르침을 이해하기 시작한다. 그러나 식만 있을 뿐 식의 바깥에는 아무것도 없다고 믿는다면 우리는 여전히 내부와 외부 개념에 갇혀 있는 것이며 가르침에 따라 수행하고 있지 않은 것이다. 가르침이란 우리가 개념들, '식識'과 '유식(唯識, '오직 식뿐)'을 비롯한 모든 개념을 없애도록 돕기 위해 설정된 것이다.

자아 개념은 무아 개념에 의지한다. 두 개념 모두 우리 마음의 개념화 성향이 만든 것이다. 진리는 개념에서 자유롭다. 불교에서 무아는 매우 중요한 가르침으로 우리가 진리를 탐구하게 돕는 방편, 우리가 스스로 해탈하게 돕는 방편이다. 무아는 '자아'의 해독제다. 무아 개념이 필요한 이유는 우리가 자아에 집착하고 자아 개념의 피해자이기 때문이다. 하지만 가르침은 숭배해야 할 대상이 아니다. 자아는 마음이 만든 것이고, 무아 역시 마음이 만든 것이다. 우리가 진리를 접할 때 그 두 개념 모두 없어질 것이다. 아플 때는 병을 치료할 약이 필요하지만 병이 나으면 약은 필요하지 않은 것과 마찬가지다.

이 책을 공부하다가 유식과 관련해서 약간의 깨달음에 이를지도 모른다. 태어남과 죽음, 나와 남, 안과 밖 같은 개념을 없애는 것의 중요성을 바르게 이해했다면 당신은 이성을 이용해서 그 깨달음을 입증하려는 욕구에서 벗어날 것이다. 사람들이 '유식'이나 '식'에 대해 질문해도 당신은 아무것도 설명할 필요가 없을 것이다. 그냥 미소만 지을 뿐이다. "식은 한 개인가요, 여러 개인가요?" 누가 그렇게 물을 때 당신은 식은 한 개도 아니고 여러 개도 아니라고 대답할 수 있다. 당신이 깨달아서 이해했다면 그 대답은 가치가 있을 것이다.

식은 항상 식의 주관과 객관을 포함한다. 나와 남, 안과 밖은 모두 우리의 분별하는 마음이 만들어낸 것이다. 이것은 수세대에 걸쳐 우리에게 전해졌고 이취二取라고 불린다. 첫 번째인 능취能取는 인식 주관을 자아로 여겨서 집착하는 것이며, 두 번째 소취所取는 인식 객관을 외부의 객관적 실체로 여겨서 집착하는 것이다. 실제로는 주관과 객관 둘 다 인식에 속한다. 이 두 종류의 집착을 없앨 수 있으려면 우리 마음을 훈련해야 한다.

나와 남, 안과 밖 같은 개념은 이취의 결과로 생긴 것이다. 불교 수행에서 낮은 자부심은 병이다. 뿐만 아니라 높은 자부심도 병이다. 당신이 다른 사람과 동등하다는 생각도 병이다. 왜 그럴까? 이 세 가지 생각 모두 당신이 다른 사람들과 별개로 존재한다는 생각에 기반하기 때문이다. 상의상관적 공존interbeing을 바르게 이해할 때 이 병을 치료하고 이른바 나와 남이 완벽하게 화합할 수 있다.

게슈탈트Geshtalt 치료법의 공동 창시자 중 한 명인 프리츠 펄스Fritz Perls의 말은 명언으로 자주 인용된다. "나는 나의 일을 하고, 너는 너의 일을 한다. 나는 너의 기대를 채워주기 위해 이 세상에 존재하는 게 아니다. … 너는 너, 나는 나. 아주 우연히 우리가 서로 만난다면 그건 아름다운 일이겠지. 설령 만나지 못해도 그건 어쩔 수 없는 일." 이 말은 나와 너는 별개의 존재라는 생각에 기반한 것이지, 상의상관성에 대한 통찰에 기반하지 않는다. 나는 저 말을 별로 좋아하지 않는다. 최소한 나는 당신이 자신을 소중히 여기기를 바란다. 당신이 자신을 소중히 여기면 내가 덜 괴롭기 때문이다. 나의 학생들은 내가 좋은 스승이기를 바랄 권리가 있다. 이 말은 나는 내가 가르치는 내용을 수행해야 한다는 뜻이다. 당연하다. 그리고 나는 학생들이 내게서 배운 내용을 실천하기를 바랄 권리가 있다. 이것도 당연하다.

프리츠 펄스의 말에 나는 이 게송으로 답하고 싶다.

너는 나, 나는 너.
우리가 서로 의지해서 함께 존재하는 것이 진실이 아닐까?
네가 네 안의 꽃을 가꾼다면 내가 아름다워지겠지,
그리고 나는 내 안의 쓰레기를 바꾼다, 네가 괴롭지 않도록.

이것은 상의상관에 기반한 통찰이다. 이런 통찰에 따라 살아간다면 우리는 그다지 괴롭지 않을 것이다.

32
견분, 상분, 자증분

식은 세 부분이 있으니
견분과 상분과 자증분이다.
일체 종자와 심소도
그와 같다.

이 게송은 뱀이다. 조심하지 않으면 물린다. 이것을 읽으면서 당신은 식이 세 부분으로 나뉜다는 뜻이라고 생각할지도 모른다. 하지만 이 게송은 단지 뭔가를 알려주기 위한 방편으로 의도된 것일 뿐이지, 식을 별개의 세 부분으로 나눌 수 있는 어떤 것으로 생각해서는 안 된다. 우리가 식의 실상을 이해하도록 돕기 위해 그렇게 셋으로 나누었지만 일단 이해하면 그렇게 나눌 필요가 없어진다. 원을 하나 그린 후 수직선을 그어 이등분해보자. 원은 바탕(식)이며, 그 바탕으로부터 식의 주관과 객관이 현행한다. 하지만 두 개의 반원은 결코 온전한 원을 떠나지 않는다. 파도가 물을 떠날 수 없는 것과 같다. 어느 한 부분이 나머지 두 부분과 별개로 존재한다고 생각한다면 당신은 뱀에 물린 것이다.

오래전에 내가 유식학을 공부할 때 스승은 이 게송을 설명하기 위해 나뭇잎을 기어가는 달팽이 그림을 그렸다. 그러고는 달팽이의 더듬이 두 개를 견분과 상분으로, 달팽이의 몸은 자증분이라고 했다. 그러니까 첫 번째 더듬이는 인식 주관에 해당하고, 두 번째 더듬이는 인식 객관에, 몸뚱이는 주관과 객관의 바탕이자 인식 본체에 해당한다. 스승은 덤불에서 달팽이 한 마리를 집어서 내게 보여준 적이 있었다. 더듬이를 건드리면 달팽이는 그것을 쏙 집어넣는다. 이와 똑같이, 식의 견분과 상분이 항상 드러나 있는 것은 아니다. 이때 인식은 바탕으로 돌아간다. 인식이 그렇게 바탕으로 돌아가면 인식의 두 부분, 주관과 객관은 보이지 않는다.

식은 세 부분이 있다. 견분과 상분과 자증분이다. 첫 번째 견분은 인식 주관이고, 두 번째 상분은 인식 객관이다. 세 번째 자증분은 견분과 상분의 바탕으로 인식 본체다. 주관과 객관은 동시에 일어난다. 달팽이가 더듬이를 내밀 때 두 개가 동시에 뻗어 나온다. 식이 현행하느냐 현행하지 않느냐는 견분과 상분 둘 다 현행하느냐의 여부에 달려 있다. 식이 현행할 때 우리는 식이 있다고 말하고, 현행하지 않을 때는 식이 없다고 말한다. 하지만 있음과 없음, 이 개념이 괴로움을 가져온다. 인식 객관, 상분이 현행하는 바로 그 순간에 인식 주관인 견분도 현행한다. 그리고 본체인 자증분이 없으면 견분도, 상분도 현행하지 못한다. 자증분이 전부다.

팔식八識이 모두 그와 같다. 종자와 심소도 마찬가지다. 모든 종자와 모든 심소가 제각각 세 부분, 견분과 상분과 자증분을 지닌다. 이 셋이 전부 식에 속하기 때문이다. 식 속의 모든 심소, 모든 인식 대상, 모든 종자가 이 세 부분을 지니며, 각 부분은 서로 떨어져서 존재할 수 없다. 공존만 가능하다. 어느 것이든 한 부분이 없으면 나머지 두 부분도 존재하지 못한다.

『화엄경』은 한 티끌 속에 우주가 있고 우주 속에 한 티끌이 있다고 가르친다. 그렇다면 한없이 작은 티끌과 한없이 큰 우주가 똑같은 성질을 지닐 것이다. 한 개의 원자, 한 개의 나뭇잎, 한 개의 수증기 속에 온 우주를 파악하는 데 필요한 정보가 전부 들어 있다. 원자 한 개의 진실을 발견할 때 우리는 온 우주의 진실을 발견한다. 바닷물 한 방울을 이해할 때 온 바다를 이해한다. 조약돌 한 개를 충분히 깊이 관찰할 때 우주를 본다.

나뭇잎 한 장을 깊이 관찰하면 해와 구름이 보인다. 우리 몸을 깊이 관찰하면 우주가 보이고, 우주에 존재하는 일체 만물이 보인다. 단한 개만 깊이 관찰해도 우리는 전부를 이해한다. 누메논noumenon과 현상, 진리계와 현상계는 항상 더불어 존재한다. 그 세계들은 분리된 두 개의 세계가 아니다. 우리의 체세포 각각에 모든 선대 조상과 모든 후대 자손이 들어 있다. 우리 안의 각 종자와 심소와 식에 온 우주와 모든 공간과 모든 시간이 들어 있다. 이것을 발견하겠다고 멀리 떠날 필요가 없다. 이것을 통찰하겠다고 수많은 명상 주제를 참구할 필요도 없다. 어떤 심소든지, 불선 심소든 선 심소든, 한 가지 심소의 실상을 깊이 관찰하고 바르게 이해할 수 있다면 완전한 깨달음에 이를 수 있다. 한 가지만 밝게 이해해도 존재하는 모든 것을 이해할 수 있다.

하나 속에서 전부를 볼 수 있다. 당신이 지닌 분노 종자는 심소로 현행하기 전에도 그 속에 세 부분을 지닌다. 또한 그 분노 종자 속에는 당신의 다른 모든 종자, 심지어 사랑 종자와 화해 종자까지도 들어 있다. 분노 속에 어떻게 사랑이 있고, 사랑 속에 어떻게 분노가 있을까? 꽃이 꽃 아닌 온갖 요소로 이루어지듯이, 분노는 분노 아닌 온갖 요소로 이루어진다. 하나 속에 일체가 있다. 그러나 분별하는 성향 때문에 우리는 사랑 종자와 분노 종자가 별개라고 생각한다.

붓다의 각각의 가르침 속에 모든 가르침이 담겨 있다. 사성제四聖諦의 첫 번째 진리, 고성제苦聖諦를 깊이 관찰하면 나머지 세 가지 진리인 집성제集聖諦와 멸성제滅聖諦와 도성제道聖諦가 보인다. 괴로움을 깊이 관찰할 때 괴로움에서 벗어나는 길이 보이는 것이다. '하나 속에 일체가 있다'는 상의상관은 대단히 중요한 가르침이다. 우리가 괴로움에서 벗어나게 도와줄 가장 중요한 가르침일 수도 있다. 굳이 전부 배울 필요가 없다. 한 가지를 깊이 배우면 모든 가르침을 이해할 수 있다. 이렇게 깊이 관찰하도록 자신을 훈련해야 한다.

번뇌, 즉 불선 심소도 제각각 그 속에 불성과 해탈이 있다. 성냄 심소 속에는 성냄을 일으켰던 모든 요인이 들어 있다. 성냄 속에 해탈이 있지 않다면 어떻게 우리가 성냄을 성내지 않음으로 바꿀 수 있겠는가? 거름 속에 수많은 향기로운 꽃이 들어 있다. 유능한 농부는 음식물 쓰레기를 버리지 않고 거름으로 만든다. 시간이 지나면 그 쓰레기는 한 소쿠리의 싱싱한 채소로 바뀔 것이다. 탐욕, 혐오, 무지, 오만, 의심, 그릇된 견해, 게으름, 실념 등의 번뇌를 거름으로 만드는 법을 안다면 우리는 그것들을 평화, 기쁨, 해탈, 행복으로 바꿀 수 있다.

어느 것도 없앨 필요가 없다. 사실, 우리가 없앨 수 있는 것이 한 가지도 없다. 하나를 없애려고 한다면 모든 것을 없애야 할 것이다. 하나 속에 일체가 있기 때문이다. 겨울날 부엌에 들어섰을 때 따뜻하고 편안한 느낌이 드는 건 부엌에 켜둔 스토브 때문이기도 하지만 추운 바깥 날씨 때문이기도 하다. 바깥이 춥지 않다면 훈훈한 부엌에 들어가도 따뜻하고 편안한 느낌이 들지 않을 것이다. 유쾌한 감정은 불쾌한 감정에 의해 존재하고, 불쾌한 감정은 유쾌한 감정에 의해 존재한다. 이것이 있으므로 저것이 있다. 한 가지 심소 속에 다른 모든 심소가 있다. 각 종자 속에 다른 모든 종자가 있다. 분노 종자 속에 사랑 종자가 있고, 미혹 종자 속에 깨달음 종자가 있다. 각 유전자 속에 다른 모든 유전자가 있다. 환경이 좋으면 건강하지 못한 유전자가 건강한 유전자로 서서히 바뀔 수 있다. 이런 통찰은 새로운 치료법의 문을 열 수 있다. 이것이 붓다의 가르침이다. 이것을 알아차리지 못할 때 우리는 생사의 세계에서 헤맨다. 하지만 실념失念을 염念으로, 알아차림으로 바꿀 때 우리는 어느 것도 거부하거나 버릴 필요가 없음을 안다.

33
태어남과 죽음

태어남과 죽음은 조건에 의지한다.

식은 본래 분별한다.

인식 주관과 인식 객관으로서

견분과 상분은 서로 의지한다

유식학에 따르면, '태어남'은 단순히 현행을 뜻한다. 즉, 한 가지 현상의 출현에 불과하다. '죽음'은 현행의 결여, 출현의 결여를 뜻한다. 태어남과 죽음은 조건[緣]에 의지해서 일어난다. 순연順緣이 있을 때 태어남(현행)이 있고 죽음(현행의 결여)이 있다.

태어남과 죽음을 있게 하는 원인과 조건을 깊이 관찰하고 알아볼 때 우리는 태어남과 죽음이 한낱 개념에 지나지 않음을 깨닫는다. 어떤 것의 현행은 그것이 존재하기 시작한다는 뜻이 아니며, 어떤 것의 현행하지 않음은 그것이 존재하지 않는다는 뜻이 아니다. 현행하기 전부터 현상은 조건들 속에 이미 존재한다. 태어남은 죽음에 의해 생기고, 죽음은 태어남에 의해 생긴다. 태어남과 죽음은 매 순간 동시에 일어난다. 태어나기 전부터 당신은 이미 존재했다. 죽을 때 당신은 무無가 되지 않는다. 본체로, 근본으로 돌아가서 다시 현행한다.

현행한 모든 것은 조건에 의지해야 한다. 조건이 충분히 갖춰지면 현행이 인식된다. 조건이 충족되지 않으면 현행은 인식되지 않는다. 현행하지 않음은 존재하지 않음과 똑같은 것이 아니다. 달팽이가 더듬이를 집어넣었을 때 더듬이가 존재하지 않는다고 말하는 것은 옳지 않다. 시간이 지나 달팽이가 다시 더듬이를 내밀었을 때 더듬이가 그 순간에만 존재한다고 말하는 것도 옳지 않다.

이와 똑같이, 식이 현행했을 때 그 식은 그 순간에 생겨난 것이 아니다. 식이 현행하지 않았을 때 그 식이 그 순간에 소멸한 것이 아니다. 식이 현행할 때 분별과 비교가 생긴다. 분별하여 이렇게 말한다. "이것이 나다, 저것은 내가 아니다." 분별은 '나'와 '나 아닌 것'을 자르고 나누는 칼이다. 이런 분별은 마음이 생각으로 꾸미고 조작한 거짓이지, 진실이 아니다. 그리고 두루 비교하여 이렇게 말한다. "이것은 안이고, 저것은 밖이다. 이것은 존재하고, 저것은 존재하지 않는다."

견분과 상분(식의 세 부분 중 두 가지)은 서로 의지해서 현행한다. 혼자서는 어느 것도 존재하지 못한다. 당신이 분노할 때는 항상 그 분노의 대상이 있다. 당신은 어떤 사람 또는 어떤 것에 분노한다. 사랑할 때 당신은 어떤 사람 또는 어떤 것을 사랑한다. 부러워할 때도 그 부러움에는 대상이 있다. 때로 우리는 이렇게 말한다. "그는 그림자를 부러워해." 또는 "그는 바람을 부러워해." 심지어 "그는 바람의 그림자를 부러워해"라고 하는 것처럼, 부러움의 대상이 현실성이 없는 것이라 해도, '그림자'와 '바람'이 그 대상이다.

임신했음을 알았을 때 여성은 벌써 아기를 사랑하기 시작한다. 자궁에서 자라고 있는 아기의 생김새와 귀여운 웃음을 그려보고 아기에 대한 그 이미지가 성경에 속한다고 믿는다. 하지만 그녀가 사랑하는 대상은 상상으로 지어낸 허상이므로 독영경에 속한다. 마음이 비교하고 분별해서 그 이미지를 만들기 때문에 이 게송에서는 식이 본래 분별한다고 말한다.

식은 인식을 현행하는 성질이 있다. 인식 주관과 객관이 서로 의지해서 견분과 상분으로 드러난다. 식은 강으로, 산으로, 하늘로, 별로 현행한다. 강과 산과 하늘과 별을 볼 때 우리는 푸른 강물 속에서 생각을 볼 수 있고 별 속에서 인식을 볼 수 있다. 이것이 사실인 이유는 이 모든 현상이 개인과 집단의 식의 현행, 인식의 객관이기 때문이다. 우리가 객관적 현실이라고 믿고 있는 저것은 다름 아닌 우리의 인식 객관이다.

'식'과 '현행', 이 두 단어를 구분할 필요가 있다. 식을 가리킬 때 우리는 산스크리트 비즈냐나vijñana를 쓴다. 하지만 『유식삼십송』을 지은 세친은 '비즈납티vijñapti'를 썼다. 이 단어는 '나타나다', '알려주다', '정보를 주다'라는 뜻이다. 접두사 '비vi-'는 '구별하다', '파악하다', '분석하다', '이해하다', '알아보다'라는 의미다. 어떤 것이 아직 현행하지 않았을 때는 그것을 아비즈납티avijñapti라고 부른다.

내 손을 보아도 당신은 나의 붓글씨 쓰는 재주를 보지 못한다. 하지만 이것은 그 재주가 존재하지 않는다는 뜻이 아니다. 단지 '아비즈납티', 아직 현행하지 않았을 뿐이다. 만약에 내가 붓을 쥐고 종이 위에서 손을 몇 번 움직이면 당신은 그제야 나의 재주를 보게 된다. 그 재주가 이제 '비즈납티', 현행한 것이다. 현행이란 인식 주관과 인식 객관, 둘 다 동시에 나타났다는 뜻이다.

태어남과 죽음은 조건에 의지한다. 생성과 소멸은 조건에 의지한다. 식은 인식 주관, 견분으로만 현행하는 것이 아니다. 식이 현행했을 때는 인식의 두 부분, 견분과 상분이 둘 다 동시에 존재한다.

34
현행의 흐름

현행은 개별적이면서 공통적이며,
그 속에서 자아와 무아는 둘이 아니다.
생사윤회는 매 순간 일어나며,
식은 생사의 바다에서 매 순간 변화한다.

물리적·심리적·생리적인 어떤 현상이든 깊이 관찰하면 우리는 그 속에 개별성과 공통성이 얼마나 있는지를 알 수 있다. 우리는 플럼 빌리지가 순전히 객관적 현상이라고 생각할지도 모른다. 플럼 빌리지 내의 윗마을과 아랫마을은 3킬로미터 정도 떨어져 있다. 거리는 분명히 객관적 현상이다. 하지만 우리는 두 마을의 거리에 대해 자기만의 경험을 가지고 있다. 윗마을에서 아랫마을로 걸어갈 때 어떤 사람은 아주 가깝다고 생각하지만, 똑같은 거리가 누군가에게는 아주 멀어 보인다. 이곳에 사는 모든 사람이 플럼 빌리지에 대한 자기만의 이미지를 갖고 있다. 거기에는 개별적 현행의 분량이 공통적 현행의 분량보다 훨씬 많다. 하지만 그 이미지 속에는 공통성도 있다. 특정한 것들을 공동으로 갖고 있다는 말이다. 우리가 인식하는 객관 속에 공통성과 개별성이 어느 정도 들어 있는지를 알기 위해서는 깊이 관찰하는 연습이 필요하다.

또한 이렇게 물어봐야 한다. '공통적 현행이 있을 때 그것은 누구의 현행인가?' 나무로 만든 탁자가 있다고 해보자. 탁자가 튼튼해서 나는 찻잔을 올려놓을 수 있다. 가구로서의 탁자에 대한 이미지는 공통적 현행이다. 다른 인간들도 그 이미지를 공유한다. 하지만 흰개미는 그 공통적 현행을 공유하지 않는다. 흰개미에게 그 탁자는 몇 달 동안 먹고 살 수 있는 진수성찬으로 보인다. 인식 객관에 대한 이미지는 인식하는 주관의 아뢰야식 속 종자에 의지해서 생겨난다. 전적으로 개별적이거나 전적으로 공통적인 현행은 없다.

당신의 분노는 개별적 현행이다. 그것이 당신에게 고통을 일으키기 때문이다. 하지만 이 말이 그 분노가 다른 사람들과는 아무 상관이 없다는 뜻은 아니다. 당신이 분노하면 주변 사람들도 행복하지 않다. 그러므로 당신의 분노는 공통적 현행이기도 하다. 모든 현상이 개별적인 동시에 공통적이다. 오존층의 구멍이 지구 상에 있는 모든 생명체의 생존과 연결되듯이, 캄보디아에 사는 누군가의 행복과 고통은 북아메리카에 사는 누군가의 행복과 고통과 연결된다. 우리가 개별적, 공통적 현행의 본질을 꿰뚫어 볼 수 있을 때 나와 남, 나와 나 아닌 것, 같은 생각이 없어질 것이다.

처음에 우리는 나와 남, 나와 나 아닌 것을 나눈다. 그리고 나와 관계가 있는 것에만 관심을 갖는다. 하지만 얼마 후에는 나 아닌 것을 보살피지 않으면 그 결과가 불행하다는 것을 깨닫는다. 우리가 배우자를 소중히 여기지 않으면 그 무정한 행위의 결과를 우리 자신이 받는다. 오존층의 구멍에 대한 염려를 행동으로 보여주지 않는다면 우리는 그 무관심의 결과를 겪어야 할 것이다.

수 세기 동안 선진국으로 불리는 나라들은 이기적으로 행동하며 '국익'만을 추구했다. 그 나라들은 자국의 경제, 자국의 문화, 자국민의 교육에만 관심을 쏟았다. 다른 나라를 돌보는 것은 자기들 소관이 아니라고 말한다. 하지만 소위 선진국들이 제3세계에 대한 책임을 인정하지 않는다면 선진국도 소멸할 것이다.

연기법에 따르면, 선진국의 운명은 후진국의 운명에 의지한다. 기술이 발전하면서 수많은 상품이 생산되고 그것을 판매할 시장이 필요했다. 자국의 경제에 동력을 공급해줄 천연자원 매장량과 시장을 조사하면서 선진국들은 탐험 전쟁에 나서서 타국의 영토를 차지했다. 하지만 시간이 흐르면서 식민 지배국들은 식민지를 포기해야 했다. 요즘 산업국가들은 외교력을 이용하고 기술적, 경제적 지원을 제공한다. 하지만 그들의 동기는 그리 이타적이지 않다. 다른 나라에 그들이 관심을 갖는 이유는 여전히 자국의 이익만을 위해서다. 가난한 나라가 발전하게 도와줌으로써 그곳이 자기들의 시장이 되기를 바란다. '제3세계' 국가들은 경제를 발전시킬 목적으로 돈을 빌리지만 종종 발전 속도가 더디고 파산하여 부채를 갚지 못한다. 국제 통화 시스템이 붕괴하면 선진국들도 그 영향을 받아 고통을 겪는다. 이제 국가들은 상의 상관적 공존의 교훈을 배우기 시작하고 있다.

처음에 우리는 자아와 자아 아닌 것을 설정한다. 그리고 우리가 설정한 자아가 별개로 존재하지 않는다는 것을, 그 이유는 자아가 자아 아닌 것에 전적으로 의지하기 때문이라는 것을 서서히 이해한다. 그래서 이제는 무아 개념을 갖는다. 무아 개념을 이용해 우리는 자아 개념에서 벗어날 수 있다. 하지만 무아 개념도 위험하다. 자아 개념을 버린 후에 무아 개념에 갇혔다면 우리는 나아진 게 없다. 개념으로서의 무아 역시 감옥이다. 아함부阿含部 경전에서 열반은 일체 개념을 초월한다고 우리는 배운다. 상주常住와 자아 개념은 물론이고 무상과 무아 개념까지 버린다. 무아의 가르침은 자아 개념에 갇힌 우리를 꺼내주기 위해 세워진 것이다. 하지만 개념으로서, 관념으로서의 무아에 집착하고 그것을 의지처로 삼는다면 우리는 자아 개념에 갇혔을 때 만큼이나 옴짝달싹 하지 못한다. 우리는 일체 개념을 초월해야 한다.

불교도들, 그리고 비불교도들이 무아에 대해 하는 말을 들어보면 많은 수가 여전히 개념에 갇혀 있음을 알 수 있다. 무아에 대한 그들의 이해는 그들의 자아 개념을 조금도 없애주지 못한다. 그들은 무아의 가르침을 줄기차게 이야기하지만 그 가르침으로부터 전혀 도움을 받지 못했다. 그들은 여전히 개념에 갇혀 있고, 일상에서 계속 괴로움을 겪는다. 그 감옥을 벗어나기 위해서는 자아 개념은 물론이고 무아 개념도 끊어야 한다. 그리고 자아와 무아가 서로 의지한다는 것을 알아야 한다. 무아의 가르침이 있을 수 있는 유일한 이유는 자아 개념이 있기 때문이다. 자아와 무아는 둘이 아니다.

개별적, 공통적 현행을 깊이 관찰할 때 우리는 자아와 무아가 서로 떨어질 수 없음을 알게 된다. 또한 윤회가 매 순간 일어나는 것도 본다. 죽어서 환생할 때까지 기다릴 필요가 없다. 우리는 시시각각 새로 태어난다. 향불빛이 만들어낸 원을 기억해보자. 그 불빛은 찰나 찰나 새로 태어난다. 지금의 불빛은 직전 불빛의 환생이다. 죽음까지 아직 10년이나 20년, 50년이 남은 게 아니다. 사실을 말하자면, 우리는 매 순간 죽는다. 바로 지금 죽는다. 그리고 이 죽음은 대단히 아름답고 소중한 어떤 것을 태어나게 할 수 있다. 한 찰나의 불빛이 소멸함으로써 다음 찰나에 새로운 불빛이 태어날 수 있듯이.

태어남과 죽음의 한 사이클이 완성되기까지 보통 80년에서 100년이 걸린다고들 말한다. 하지만 우리는 매 순간 태어남과 죽음을 겪는다. 우리의 몸과 식 속에서 매 순간 생멸이 반복된다. 체세포는 순간순간 죽으면서 다른 세포에 자리를 내어준다. 세포 한 개가 죽을 때마다 장례를 치른다면 우리는 하루종일 애도하느라 다른 일을 할 새가 없을 것이다. 세포의 죽음이 우리 몸(우리 세포들)에 꼭 필요하다는 것을 알 때 우리는 죽음을 슬퍼하며 시간을 보내지 않을 것이다. 이 생멸 과정을 애석한 일로 여긴다면 매우 안타까울 뿐이다. 윤회는 몸과 말과 생각으로 지은 업의 길을 따른다. 매 순간 우리는 가볍고 즐겁고 자유롭고 평화로운 기운을 주고받아야 한다. 그래야만 삶이, 생사윤회가 우리에게 그리고 모든 사람에게 더욱 아름다울 수 있다.

윤회는 곧은 길도 아니고 굽은 길도 아니다. 우리는 윤회가 "이 순간의 당신이 다음 순간의 당신이 되고, 또 그 다음 순간의 당신이 된다."라는 식의 이미 결정된 직선로라고 생각할지도 모른다. 하지만 이것은 그렇게 간단하지가 않다. 수많은 곡선로가 서로 이어져서 생사윤회를 이룬다. 매 순간 우리는 우주와 사회, 먹는 음식, 받은 교육, 사랑의 대상, 증오의 대상으로부터 정보를 받는다. 이와 동시에 날숨으로 이산화탄소를 방출하고 다른 사람에게 행복을 주거나 슬픔을 주면서 정보를 내보낸다. 우리가 곧게 뻗은 길을 따라 어느 한 방향으로만 가고 있다고 말하는 것은 옳지 않다. 순간순간 우리는 모든 방향으로 나아간다.

50년 전에 나는 붓다의 근본 가르침에 관한 책을 냈었다. 그 책의 행방을 추적할 수 있을까? 그 책을 읽은 사람들 중 많은 수가 이미 사망했지만, 그들은 그 책에서 얻은 생각을 자녀와 손주와 증손주에게 전달했다. 그 책을 따라 한 방향으로만 가는 것은 불가능하다. 그 책이 간 방향을 전부 알아내는 것도 불가능하다. 우리가 말하거나 행동할 때마다, 시를 한 줄 쓰고 아이디어를 하나 제시하고 편지를 한 통 보낼 때마다 우리는 수많은 방향으로 걸어 나간다. 일단 그 방향으로 걸음을 내디디면 그 이전으로는 절대로 돌아가지 못한다.

특정 지점에 이르면 그때 죽는다고 우리는 생각한다. 하지만 그게 그렇지가 않다. 우리는 우주의 모든 곳에 이미 존재한다. 죽는 그것은 무엇인가? 죽은 육신은 한낱 잔존물일 뿐이다. 우리는 우주 곳곳에 이미 존재한다. 자녀, 제자, 친구, 독자들 속에, 우리가 행복하게 했던 모든 사람, 고통스럽게 했던 모든 사람 속에 존재한다. 우리는 매 순간 윤회한다. 어느 지점에 이르러 육신이 죽은 후에만 윤회가 시작된다는 것은 지나치게 단순한 생각이다. 모든 것이 상의상관성을 지닌다. 태어남과 죽음의 사이클은 매 순간 완성된다. 자아와 무아는 별개가 아니다. 둘로 나뉘지 않는다. 상의상관성을 깊이 체득했다면 우리는 자아와 무아를 구분하지 않을 것이다.

모든 식과 모든 종자와 모든 심소가 그 대상과 함께 생사의 바다에서 전변하고 있다. 항상 변화하고 항상 흐르는 아뢰야식은 강과 같다. 감각식은 다섯 갈래의 강과 같다. 이 각각의 강 속에서 태어남과 죽음이 일어난다. 이 강은 매 순간 윤회를 경험한다. 이것을 바르게 이해하고 그렇게 이해한 것을 일상에 적용할 때 우리는 두려움 없음, 무외無畏의 경지에 이른다. 그것을 하나의 이론으로만 본다면 무외의 경지에 이르지 못한다. 무외의 경지는 불생불멸不生不滅의 경지, 불일부다不一不多의 경지다. 이 생생한 통찰이 없다면 우리는 항상 두려울 것이다.

태어남은 현행을 의미하고, 죽음은 현행하지 않음을 의미한다. 현행하지 않음과 새로운 현행이 동시에 일어날 수 있다. 구름의 종식과 비의 시작은 동시에 일어나는 것으로 보일 수 있다. 실제로는, 끝나는 것도 없고 시작하는 것도 없다. 현행의 흐름만 있을 뿐이다. 현행하지 않음도 하나의 현행으로 이해할 수 있다. 현행과 현행의 중단이 매 순간 일어난다. 동영상 필름의 각각의 프레임을 보면 정지된 이미지만 보인다. 영사기를 통해 그 필름을 재생하면 역동적으로 흐르는 삶이 보이고, 거기에는 시작도 끝도 없고 태어남도 죽음도 없다는 인상을 받는다. 사실 태어남과 죽음은 매 순간 일어난다. 우리는 바로 지금 생사의 바다 위를 떠다닌다. 통찰과 지혜로 생사윤회를 명확하게 볼 수 있을 때 우리는 그것이 더 이상 두렵지 않을 것이다. 생사의 바다에서 즐겁게 떠다니는 방법을 알게 될 것이다.

죽음에 대한 명상이나 성찰을 미루지 마라. 즐겁게 거듭 환생하기 위해서는 매 순간 죽는 것을 배워야 한다. 태어남과 죽음을 단지 현행으로 보도록 자신을 훈련해야 한다. 태어남은 연속이며, 죽음 또한 다른 형태로의 연속이다. 구름의 죽음은 비의 태어남을 뜻한다. 실제로 구름과 비는 불생불멸의 성질, 연속하는 성질, 연속해서 현행하는 성질을 지닌다.

35
식(識)

시간과 공간과 지수화풍,
이 모두가 식의 현행이다.
상의상관과 상입상즉의 이숙 과정 속에서
아뢰야식이 매 순간 익어간다.

모든 현상, 제법諸法은 조건에 의지한다. 이렇게 인연화합으로 생겨난 현상은 유위법有爲法이다. 한 예로, 꽃은 구름과 햇빛, 씨앗, 무기물 등에 의지해서 생긴다. 과거에 불교 대가들은 인연에 의지하지 않는 현상이 있다고 가르쳤다. 그들은 공간은 어떤 것에도 의지하지 않으며, 따라서 '무위법無爲法'이라고 말했다. 하지만 꽃이 꽃 아닌 요소들로 이루어지듯이 공간도 비공간적 요소들로 이루어져 있음을 우리는 안다.

그러므로 공간도 유위법이다.

땅·물·불·바람, 이 '사대四大'는 물질적 우주를 이루는 네 가지 기운, 에너지다. 땅은 견고한 기운이다. 물은 흐르고 스며드는 기운이다. 불은 열기와 온기이며, 바람은 움직임을 일으키는 힘이다. 이 네 가지는 다른 에너지로 변환될 수 있다. 폭포는 전기로 바뀌고, 이어 빛으로 바뀔 수 있다. 이 사대원소 각각을 독립적인 별개의 것으로 생각해서는 안된다. 그것들은 서로 의지한다. 때로는 이 지·수·화·풍에 공空과 식識을 더해서 육대六大라 부르고, 또 때로는 시간과 방향이 더해져 팔대八大가 되기도 한다. 시간과 공간을 포함한 모든 원소가 식의 현행이다.

우리는 보통 공간을 텅 비어 있는 어떤 것으로 생각한다. 하지만 물리학자들은 물질이 희박할 때 공간이 된다는 것을 보여주었다. 상대성 이론은 공간과 물질이 근본적으로 하나라는 것을 보여준다. 공간이 없으면 물질도 없고, 물질이 없으면 공간도 없다. 공간(텅 비어 보이는 현상)은 물질(견고해 보이는 현상)을 구부릴 수 있다. 우리가 보는 은하는 휘어진 모습을 하고 있으며, 물을 채운 유리병 속에 나뭇가지를 넣으면 그것은 휘어졌거나 부러진 것처럼 보인다.

시간도 에너지다. 시간이 공간을 만들고, 공간이 시간을 만든다. 시간을 벗어나서 공간이 존재할 수 없고, 공간을 벗어나서 시간이 존재할 수 없다. 시간과 공간은 동일한 본질의 두 가지 측면이라고 아인슈타인은 분명히 말했다.

이름이 붙지 않은 산에 함께 오르자,

나이가 들지 않는 푸른 돌 위에 함께 앉아,

가만히 지켜보자, 시간이 비단실을 엮어

공간이라는 세계를 지어내는 것을.**29**

공간은 현행한 본질의 한 측면이다. 다른 측면은 시간이다. 현행한 본질이 처음에는 공간으로 보이지만 나중에는 시간으로 보일 수도 있다. 우리는 겨울 같은 자연 현상이 시간에 속한다고 생각한다. 북아메리카에서는 1월을 겨울로 여긴다. 하지만 1월에 오스트레일리아를 여행하면 그곳은 여름이다. 빅뱅과 우주의 팽창은 시간과 공간의 측면에서만 파악될 수 있다. 우리가 시간을 볼 수 있는 이유는 우주의 팽창을 접할 수 있기 때문이다. 우주의 팽창을 볼 수 있는 유일한 이유는 우리가 시간을 접할 수 있기 때문이다. 시간과 공간은 동일한 본질, 즉 그 자체를 때로는 공간으로, 때로는 시간으로 현행하는 본질의 두 측면이다. 시간과 공간은 서로 의지해서 존재한다. 시간과 공간을 따로 분리할 수는 없다. 두 가지 모두 식의 현행이다.

식은 수많은 형태로 현행한다. 식은 지·수·화·풍의 형성을 돕는 에너지다. 각 원소 속에 나머지 세 원소가 있다. 본질을 여러 조각으로 나눠서 이 조각과 저 조각이 다르다고 말할 수 없다. 이 조각 속에 나머지 모든 조각이 들어 있음을 우리는 안다. 폭포가 전기 에너지로 바뀌고 다시 빛 에너지로 변할 수 있듯이, 한 개의 원소 속에 나머지가 있다. 우리의 몸도 하나의 에너지며, 우리의 생각도 마찬가지다. 각 에너지는 나머지 모든 것에 영향을 미친다. 이것이 상의상관이다.

서양 논리학의 '동일성 원리principle of identity'에 따르면, A는 A일 뿐, B가 아니다. 꽃은 꽃으로만 존재할 뿐이다. 구름이 될 수 없다. 하지만 이 원리는 사물이 영원불변하며 별개의 실체가 있다는 생각에 기반한다. 불교는 무아 개념을 이용해서 우리가 사물의 성질을 깊이 관찰할 수 있게 돕는다. 무아는 무상의 한 측면이다. 무상은 보통 시간의 관점에서, 무아는 공간의 관점에서 이해된다. 하지만 시간과 공간은 실제로 하나이며, 무아와 무상 역시 하나다. 무아를 명확하게 이해하는 방법은 상의상관에 비춰서 숙고하는 것이다. 상의상관은 A는 곧 B이며 이것은 곧 저것임을 안다.

물리학자 데이비드 봄의 '드러난 질서'와 '숨겨진 질서'에 대한 설명을 떠올려보자. '드러난 질서' 속에서 우리는 사물을 다른 모든 것의 바깥에 따로 떨어져 존재하는 것으로 본다. '숨겨진 질서' 속에서는 모든 것이 다른 것들 속에 있음을 본다. 미세입자의 세계에서 분자 한 개는 다른 모든 분자로 이루어진다. 현대물리학자들은 『화엄경』과 상당히 비슷한 방식으로 현실을 이해하기 시작했다.

상의상관과 상입상즉은 항상 익어간다. 익음, 즉 이숙異熟은 결과를 낳는 수많은 인연화합을 의미한다. 수프를 만들기 위해 우리는 냄비에 다양한 재료를 넣고 불을 켜고 기다린다. 얼마 후, 재료들이 화합해서 우리가 먹을 수 있는 맛있는 수프를 낳는다. 이숙은 백 년에 한 번씩 일어나는 게 아니다. 시시각각 진행 중이다. 아뢰야식의 이숙은 시시각각 일어난다. 우리는 날마다 새로 태어난다.

아뢰야식의 이숙은 두 가지 방식으로 일어나서 우리 개개인을 낳고 우리의 환경을 낳는다. 현재 이 순간 속에서 우리는 잘 익은 열매를 접할 수 있다. 바로 우리 자신과 친구들과 우리가 사는 세상이다. 내일은 이 열매가 다르게 익을 것이다. 개인과 집단의 행위에 따라 더 좋아지거나 더 나빠진다. 불교에서 행위, 업에는 세 종류가 있다. 몸으로 짓는 신업, 말로 짓는 구업, 생각으로 짓는 의업이다. 이 세 가지 업이 합쳐져서 우리의 행복과 불행의 질을 결정한다. 우리는 각자의 운명을 쓰는 작가다. 우리 존재의 질은 지금까지 우리가 지은 업의 질에 따라 달라진다. 이것이 이숙이다.

어떤 종자는 다른 종자보다 익는 데 시간이 더 오래 걸린다. 어떤 종자는 익기 전과 익은 후에도 똑같은 성질을 유지하고, 어떤 종자는 성질이 완전히 달라진다. 어떤 사람이 음악 종자를 심었다고 하자. 그 씨앗이 익기 전에는 노래를 잘 부르지 못하고 작곡한 멜로디가 별로 아름답지 않다. 연습이 쌓일수록 그 음악 종자가 무르익고 변화가 일어나서 그가 지은 곡이 더욱더 아름다워진다. 이숙은 매 순간 일어난다. 우리의 몸과 우리의 식과 이 세계는 이 이숙 과정을 통해 무르익은 열매다.

모든 것의 중심에 식識이 있다. 시간과 공간과 지수화풍이 모두 식이 겉으로 펼쳐진 모습이다. 일체가 상의상관성을 지닌다. 따라서 한 가지를 깊이 관찰할 때 나머지 다섯 가지를 본다. 공간을 깊이 관찰할 때 그 속에서 시간도 보고 지수화풍도 본다.

아뢰야식 속 종자를 바꾸는 방법을 알면 우리는 새로운 이숙을 일으키고 완성할 힘을 갖게 된다. 아뢰야식의 육체적 현행인 이 몸을 버린 후에만 새로운 이숙이 일어난다고 생각하는 사람이 많다. 하지만 깊이 관찰할 때 매 순간 이숙이 일어나는 것을 본다. 우리에게는 매 순간 자신을 새롭게 바꿀 능력이 있다.

36

오고 감이 없다

조건이 충족될 때 존재가 현행하고,

조건이 부족할 때 현행하지 않는다.

그러나 오는 것도 아니고 가는 것도 아니며

존재하는 것도 아니고 존재하지 않는 것도 아니다.

여기서 '조건'은 인因과 연緣을 말한다. 우리는 18장에서 인과 연을 처음 배웠고, 이 게송과 다음의 제37송, 38송에서 더 많이 배울 것이다. 사물의 현행에 필요한 연에는 네 종류가 있다. 인연因緣은 직접적 원인으로 종자를 말하며, 업인을 돕는 역할을 하는 증상연增上緣, 대상으로서의 소연연所緣緣, 앞의 현행과 다음 현행을 즉각 이어주는 등무간연等無間緣이 있다.

사실, 사물은 특정 시점부터 존재하기 시작하는 것이 아니다. 아기의 출생이 아기가 존재하는 시작점이 아니다. 아기는 항상 존재해왔다. 다만 지금 그런 형태로 현행하기 시작한 것뿐이다. 한 장의 종이는 현행하기 이전부터 구름과 나무 속에 이미 존재했었다. 종이를 태워도 그것은 존재하기를 끝내지 않는다. 연기는 구름 속으로 흘러들고, 열기는 대기 속으로 스며든다. 이것들은 소멸하지 않는다. 현행하거나 아니면 잠재한다.

인과 연이 충족될 때 한 가지 현상(법)이 현행한다. 인과 연이 부족할 때는 현상이 현행하지 않는다. 우리가 분노하기 시작할 때, 이것은 분노가 바로 그때 생겨났다는 뜻이 아니다. 분노는 아뢰야식 속에 종자로서 이미 존재하고 있었다. 그러다가 누군가가 화를 돋우는 행동을 하고 분노 종자가 무르익었을 때 우리의 얼굴이 벌게지고 목소리가 커지거나 떨리는 등 분노가 겉으로 드러난다. 하지만 분노가 단지 그때부터 존재하기 시작했다고 말하는 것은 옳지 않다. 분노는 아뢰야식 속에 하나의 세력으로 이미 잠재해 있었다.

우리의 몸과 마음도 이와 같다. 필요한 인연이 고루 충족될 때 몸이 현행한다. 그 인연이 더 이상 충족되지 않으면 몸은 현행을 멈춘다. 몸은 어디에서 오지도 않았고 어디로 가지도 않는다. 이것이 오지도 않고 가지도 않음, 불래불출不來不出의 가르침이다. 우리는 어디에서 왔을까? 죽은 후에는 어디로 갈까? 이 질문은 오해를 부를 수 있다. 사랑하는 사람이 죽었을 때 그를 시간이나 공간 속에서 찾지 말라. 인연이 충족될 때 육신이 현행하고, 인연이 충족되지 않을 때 육신은 잠재 상태로 돌아간다. 깊이 관찰한다면 우리는 오고 감의 개념을 없앨 수 있다.

우리는 상주와 단멸[常斷], 오고 감[來出], 같음과 다름[一二], 태어남과 죽음[生滅], 이 네 쌍의 개념을 초월해야 한다. 이 세상으로 오고 저 세상으로 간다는 말은 단지 대립적인 표현, 개념일 뿐이다. 실제로는 오지도 않고 가지도 않는다. 붓다는 여래如來, 진여로부터 와서 진여로 가는 분으로 표현된다. 진여는 있는 그대로의 참모습, 궁극의 진리를 말한다. 진여는 여기와 저기, 오고 감으로 표현될 수 있는 것이 아니다. 진여로부터 온다는 말은 어디서도 오지 않았다는 뜻이며, 진여로 간다는 말은 어디로도 가지 않는다는 뜻이다. 실제로는 오지도 않고 가지도 않으며 존재하는 것도 아니고 존재하지 않는 것도 아니다. 존재와 비존재는 우리가 현실의 참모습을 이해하기 위해 사용하는 정신적 범주에 불과하다. 진리는 개념에 갇히지 않는다. 제법의 실상은 열반이다. 열반은 일체 개념을 초월한다. 붓다, 당신, 나뭇잎, 망고 등, 모든 것이 이 이원적 개념을 초월한다. 진리에 관한 한, 이런 개념들은 적용되지 않는다.

연기법緣起法을 통해 우리는 존재와 비존재 개념을 초월할 수 있다. 인이나 연이 단 한 개만 부족해도 현행이 예정된 현상이 여전히 잠재 상태에 머문다. 7월에 플럼 빌리지에 오면 너른 들판 가득 해바라기가 피어 있어서 당신은 해바라기가 존재한다고 말할 것이다. 하지만 4월에 온다면 해바라기를 한 송이도 못 보고 해바라기가 존재하지 않는다고 말할 것이다. 하지만 플럼 빌리지 근처의 농부들은 해바라기가 이미 존재한다는 것을 분명히 안다. 해바라기 씨앗을 심었고 밭에 물과 거름을 주었으므로 해바라기의 현행에 필요한 인연이 고루 갖춰져 있다. 부족한 것은 단 하나, 6월과 7월의 포근한 기운이다. 이 마지막 연이 나타나면 해바라기는 현행할 것이다.

인과 연이 충족될 때 우리는 현행한다. 인과 연이 부족할 때 우리는 잠재 상태로 머문다. 아버지, 어머니, 형제, 자매, 우리 자신, 우리가 사랑하는 사람, 미워하는 사람 등, 모든 사람이 그렇다. 깊이 사랑하는 사람이 죽었을 때 우리가 슬픔을 덜기 위해 할 수 있는 최선은 자세히 관찰함으로써 존재하는 것도 아니고 존재하지 않는 것도 아님을 아는 것이다. 어제까지 존재했던 사랑하는 사람이 오늘은 존재하지 않는 것처럼 보인다. 하지만 그가 이제는 존재하지 않는다는 말은 우리의 분별심이 지어낸 망상일 뿐이다. 깊이 관찰하는 법을 알 때 우리는 그의 실재를 인식할 수 있다.

당신이 현행하기 전에도 우리는 당신이 존재하지 않는다고 말할 수 없다. 당신이 현행한 후에도 당신이 존재한다고 말할 수 없다. 단지 현행과 현행하지 않음만 있을 뿐이다. 존재/비존재 개념은 당신에게도, 그 밖의 어떤 것에도 적용될 수 없다. 사느냐 죽느냐, 이것은 문제가 아니다. 죽는 순간은 소멸하는 순간이 아니다. 연속하는 순간이다. 죽음을 앞둔 사람이 이것을 깨닫는다면 두려움이 없을 것이다.

37
인(因)

종자가 현행할 때
이 종자가 인연이다.
인식 주관은 인식 객관에 의지한다.
이 객관이 소연연이다.

사물의 현행에 필요한 조건에는 네 종류가 있다. 모든 현상이 아뢰야
식 속에 종자로 심겨 있다. 이 종자가 조건으로서의 원인이다. 밭에 옥
수수 알을 심으면 옥수수나무가 생겨난다. 그 종자, 옥수수 알은 옥수
수나무의 직접적 원인, 즉 인연因緣이다. 해바라기 씨앗이 땅에 떨어질
때 그 씨앗이 그 자리에서 자라날 해바라기의 인연이다. 하지만 이 인
연 하나만으로는 해바라기가 생겨나기에 부족하다. 옥수수나무나 해

바라기가 완전하게 현행하기 위해서는 흙과 물, 공기, 햇빛, 영양분도 필요하다. 이렇게 도움을 주는 연은 다음 게송에서 설명할 것이다.

앞에서 주관과 객관이 서로 어떻게 의지하는지에 대해 이미 살펴보았다. 주관은 객관에 의지한다. 이 객관 대상이 바로 두 번째 조건, 소연연所緣緣이다. 인식이 일어나기 위해서는 소연연이 꼭 필요하다. 대상이 없으면 식은 존재하지 못한다. 아뢰야식과 말나식을 비롯해서 모든 식이 그러하다. 인식 대상이 없다면 인식 작용도 없다.

인식되는 객관이 없을 때는 인식하는 주관이 있을 수 없다. 주관과 객관이 함께 현행할 때에만 식이 일어난다. 인식 객관이 없으면 인식도 없다.

해바라기 씨앗이 튼튼한 나무로 자라서 꽃을 피우기 위해서는 연이 끊임없이 이어져야 한다. 자라는 동안 방해를 받는다면 해바라기꽃은 현행하지 못한다. 현행의 흐름이 끊어지지 않도록 즉각 이어주는 조건을 등무간연等無間緣이라고 부른다. 이것도 다음 게송에서 다룰 것이다.

38
연(緣)

현행을 좋게든 나쁘게든 돕는 연은
증상연이다.
네 번째는
등무간연이다.

현행에 필요한 세 번째 조건은 증상연增上緣으로, 현행을 돕는 역할을
한다. 씨앗 한 개를 심었을 때 그것이 싹트고 자라기 위해서는 열기와
햇빛과 비와 흙 속 무기물이 필요하다.

무수히 많은 조건이 사물의 현행을 돕는다. 좋은 방향으로 돕는
조건도 있고, 나쁜 방향으로 돕는 조건도 있다. 이렇게 종자의 현행에
영향을 미치는 두 종류의 연(유리하게 돕는 순연順緣과 불리하게 돕는 역연

逆緣)이 모두 증상연이다. 유리하게 돕는 증상연은 옥수수 알이 옥수수 나무로 잘 자라게 거드는 햇빛과 비, 영양분, 농부의 돌봄 같은 것들이다. 불리하게 돕는 증상연은 방해물처럼 보인다. 하지만 그것이 반드시 해로운 결과로 이어지지는 않는다. 어떤 사람이 도둑질을 하려고 계획했지만 태풍이 부는 바람에 계획을 실행하지 못했다. 불리하게 도운 그 역연 때문에 그에게 내재한 탐욕 종자가 도둑질이라는 불선업으로 현행하지 못했다.

이렇듯 장애도 증상연의 역할을 한다. 어떤 조건이 불리해 보일 때 우리는 그것을 장애라고 여긴다. 하지만 이런 역연이 우리에게 더 많은 지혜와 능력을 주어서 훗날 성공하게 도울 수도 있다. 역경을 겪지 않은 인간은 성장하지 못한다. 불리하게 돕는 증상연이 때로는 성장의 디딤돌이 될 수 있다.

붓다는 생전에 사촌 데바닷타로 인해 많은 역경을 겪었다. 하지만 붓다는 데바닷타가 증상연으로서 붓다가 진리를 잘 펼칠 수 있게 돕는다고 생각하였다. 역경 없이는 위대한 일을 성취하지 못한다. 당신이 겪는 고통과 곤경이 장애처럼 보이겠지만 그것이 실제로는 이로운 증상연이 될 수 있다. 쓰레기가 거름으로 바뀌고, 거름은 꽃의 성장에 꼭 필요하다. 순연과 역연 모두 훗날의 성장에 거름으로 쓰일 수 있다.

네 번째는 등무간연이다. 한 가지 현상이 이전 순간에 존재하지 않으면 다음 순간에도 존재하지 못한다. 앞 순간의 현행이 원인이 되어 다음 순간의 현행을 일으킨다. 이렇게 서로 인과 연이 되어서 끊임없이 이어진다. 이 흐름이 방해받지 않고 단절되지 않는다. 이미 자라기 시작한 옥수수나무를 뽑으면 그것은 성장을 지속하지 못한다. 비와 햇빛과 토양 같은, 필요한 증상연을 전부 갖추어도 등무간연이 방해를 받으면 옥수수나무의 성장이 멈춘다. 당신이 컴퓨터를 사용하는 도중에 정전이 되고 작업 내용을 저장하지 못했다면 당신은 모든 자료를 잃는다. 결과(현행)를 낳기 위해서는 매 순간이 방해 없이 앞 순간을 즉각 잇따라야 한다. 배움과 수행도 그렇고, 현행하는 모든 것이 그렇다. 아뢰야식과 전칠식前七識도 계속 현행하기 위해서는 이렇게 이어주는 연이 필요하다.

현상이 현행하기 위해서는 적어도 이 네 가지 조건, 바로 인연과 소연연, 증상연과 등무간연이 필요하다.

39

참마음

제법의 현행은 두 마음에서 비롯되니,
미혹한 마음과 참 마음이다.
미혹한 마음은 변계소집성이고
참 마음은 원성실성이다.

인연화합으로 일어나는 현행(제법의 현행)은 미혹한 마음과 참 마음, 양쪽 모두에서 비롯된 결과로서 보아야 한다. 우리의 마음이 무명과 망상, 분노, 두려움으로 가득 차 있을 때, 그것은 미혹한 마음이다. 식이 변화하여 궁극의 진리를 접할 수 있을 때, 그 마음은 참 마음이다. 미혹한 마음에서 일어난 현행은 괴로움과 번뇌를 가져온다. 어떤 사람이 항상 괴로워하고 많은 미움과 고통과 슬픔 속에서 일상을 보낸다면 이것은 그의 미혹한 마음에서 일어난 현행이다. 항상 행복해하고 사랑하고 서로 격려하고 웃으면서 살아가는 것은 참 마음에서 일어난 현행이다. 이 사람은 상의상관과 상호의존의 시각에서 사물을 보고 접하는 방법을 안다. 이런 방식으로 사물을 인식할 때 진리의 세계의 문이 열린다.

미혹한 마음(그릇된 인식과 그것이 초래하는 괴로움)은 돌고 도는 십이인연법十二因緣法을 낳는다. 이것이 바로 '생사윤회'이며, 산스크리트로는 프라티티야-사무트파다pratitya-samutpada, 연기법緣起法이다. 이 십이연기에 대해서는 15장에서 이미 살펴보았다. 각 연결고리(지분支分) 또는 인연因緣은 다음 연결고리의 원인이 된다. 이 열두 가지 인연은 무명無明, 행行, 식識, 명색名色, 육입六入, 촉觸, 수受, 애愛, 취取, 유有, 생生, 노사老死다. 앞 연결고리가 다음 연결고리를 일으킨다. 무명이 행으로, 행이 식으로, 식이 명색으로, 이렇게 차례차례 이어진다.

십이연기의 첫 번째 연결고리, 무명은 미혹한 마음이다. 이 미혹한 마음이 생사의 세계를 만들어낸다. 미혹한 마음이 그릇된 행行을 일으키고, 이 행이 종자를 낳아 식을 일으킨다. 무명에서 시작된 생사윤회는 우리에게 많은 고통을 준다.

참 마음에서 생겨난 세계도 있다. 이 세계에는 햇빛과 새의 지저귐과 소나무 숲속 바람이 있다. 우리 주변에서 보는 세계와 똑같다. 하지만 이 세계에는 상주와 단멸, 오고 감, 같음과 다름, 태어남과 죽음이 없다. 참 마음을 종자로 하여 생겨난 이 세계는 『화엄경』의 세계다. 하나 속에 일체가 있는 곳, 두려움이 없는 곳이다. 참 마음은 불생불멸을 이해하기 위한 방편이다.

미혹한 마음, 무명에서 시작되는 연기법에 대해서는 예나 지금이나 많이 이야기한다. 하지만 참 마음에서 시작되는 연기법에 대해서는 별로 말하지 않는다. 어둠이 걷히면 천지가 밝아지듯이, 무명無明이 걷히면 깨달음이 드러난다고 붓다는 말하였다. 우리가 무명을 끊을 때 바로 그 자리에 밝은 깨달음이 있다. 밝음, 명明에서 시작되는 연기법에서는 행이 괴로움을 일으키지 않는다. 깨달음이 행을 일으키고, 행은 지혜를 일으킨다. 미혹한 마음은 생사윤회하는 중생의 몸과 마음을 낳고, 지혜는 부처의 몸과 마음을 낳는다.

그러므로 연기법에는 미혹한 마음은 물론이고 참 마음에서 시작되는 연기법도 포함되어야 한다. 밝은 깨달음에서 일어난 세계는 화엄의 세계, 해와 꽃과 동물과 숲과 일체가 경이로운 세계다. 이것은 무명에서 일어난 세계, 이 모든 것으로도 부족하다고 여겨서 항상 다른 것을 갈망하는 세계가 아니다.

미혹한 마음은 인과 연에 의지한다. 참 마음도 인과 연에 의지한다. 미혹한 마음에서 현행하는 세계는 괴로움이 가득하다. 참 마음에서 현행하는 세계는 행복하고 평화롭다. 미혹한 마음이 일으킨 세계에서 벗어나야만 참 마음이 일으킨 세계로 갈 수 있는 것은 아니다. 미혹한 마음의 세계가 현행하지 않고 잠재 상태에 있을 때 참 마음의 세계가 저절로 드러난다. 경이로운 화엄의 세계, 참 마음에서 비롯된 세계가 드러나게 하기 위해 우리가 해야 할 일은 단지 지금 보고 있는 방향을 바꾸는 것 뿐이다.

마명馬鳴의 『대승기신론大乘起信論』 같은 많은 논서와 경전에서 '이문二門', 바로 생멸문生滅問과 진여문眞如門에 대해 말한다. 이것은 현상계와 진리계에 해당한다. 삶은 두 세계를 지닌다. 하나는 태어남과 죽음과 괴로움의 세계이고, 다른 하나는 진여와 행복의 세계다. 날마다 같은 해가 뜨지만 우리는 어떤 날은 즐겁고 어떤 날은 괴롭다. 마음이 무겁고 번뇌가 많을 때 우리가 사는 세계는 괴롭고 고통스럽다. 마음이 가볍고 열려 있고 번뇌에 묶여 있지 않을 때 우리의 세계는 아름답고 찬란하다. 참 마음에서 진여와 행복의 세계가 펼쳐진다. 그 마음은 집착이 없기 때문이다.

유식학에 따르면, 현상은 세 가지 성질을 지닌다. 원성실성圓成實性은 모든 것을 성취한 본성, 있는 그대로의 참모습이다. 이것은 열반, 진여의 세계다. 변계소집성遍計所執性은 생각으로 조작한 모습을 뜻한다. 이것은 미혹한 마음, 허망하게 분별하는 마음으로 지어낸 세계다. 미혹한 마음은 이원적 개념과 자아 개념의 영향을 받으며 무명과 갈애와 분노에 갇힌 마음이다. 이 마음은 무명에 덮여 어둡다. 밝지 않고 맑지 않다. 이 마음은 상주와 단멸, 오고 감, 같음과 다름, 태어남과 죽음을 생각한다.

미혹한 마음은 개념과 관념에 기반한 사고방식에 의지한다. 그것은 있는 그대로의 참모습을 접하지 못한다. 미혹한 마음은 실재하지 않는 것들을 꾸며내고 조작하고 위조하기 때문에 우리는 변계소집의 세계 속에서 산다. 우리가 인식하는 모든 것이 대질경이다. 성경, 진여가 아니다.

마음이 개념과 관념으로 덮여 있으면 우리는 사물을 있는 그대로, 현량現量으로 보지 못한다. 예전에 베트남전에 참전했던 군인들과 함께 안거 수행을 한 적이 있었다. 그때 한 남자가 자기는 아주 오랫동안 베트남 사람이 위협적인 적으로만 보였다고 말했다. 처음 수행에 참여해서 베트남 승려인 나를 보았을 때 그는 내가 적이라고 믿었다. 나중에야, 수행 덕분에, 그게 사실이 아님을 깨달았다.

어떤 학생은 태어남과 죽음이 일상에서 매 순간 일어난다는 것, 즉 생과 사가 서로 의지해서 존재한다는 것을 받아들일 수 있다고 말했다. 하지만 그는 육신이 흩어진 후에 우리가 계속 존재할 수 있는지를 궁금해했다. 그는 물었다. "몸이 분해되고 없는데 뇌가 어떻게 생각할 수 있어요? 그런데 어떻게 계속 존재한다고 말할 수 있어요?" 지금 이 순간을 깊이 관찰한다면 당신은 볼 수 있다. 내 학생들 개개인 속에 내가 존재한다. 그가 어디를 가든지 내가 함께 간다. 바로 지금 모스크바에서 누군가가 호흡하며 빙긋이 웃고 있다. 바로 나다.

허공은 위성에서 전송되는 온갖 신호로 가득하다. 텔레비전이나 라디오가 있다면 우리는 그 신호가 현행하게 도울 수 있다. 하지만 우리에게 텔레비전이나 라디오가 없을 때 그 신호들은 존재하지 않는 걸까? 붓다는 이렇게 말하였다. "인연을 갖추면 어떤 것이 현행하고 그대는 그것이 존재한다고 생각한다. 인연을 갖추지 못하면 어떤 것이 현행하지 않고 그대는 그것이 존재하지 않는다고 생각한다." 중요한 것은 현행이다. 모든 것이 우리의 아뢰야식에서 현행한다. 하지만 우리는 존재와 비존재 개념에 집착하기 때문에 진리의 세계를 접하지 못한다.

우리는 사물을 생각 패턴, 즉 아뢰야식 속 종자에서 현행한 심소에 의지해서 인식한다. 따라서 우리가 보는 모든 것이 왜곡된다.

그러므로 자신의 인식을 깊이 관찰하는 것이 대단히 중요하다. 우리는 그릇된 인식으로 왜곡한 세계를 창조하고, 그 결과 매일매일 괴롭다. 해결책은 지혜의 눈으로, 부처의 눈으로, 참 마음으로 보는 법을 배우는 것이다. 참 마음은 원성실성에서 일어난다. 사물을 현량으로 명확하게 인식할 수 있을 때, 성경을 접할 수 있을 때 우리 마음은 참 마음이다.

참 마음은 밝고 지혜롭다. 자애와 연민이 거기에 있다. 우리가 참마음의 눈으로 볼 때 연기법에 의해 경이로운 화엄의 세계가 펼쳐진다. 그곳은 모든 것이 빛나고 즐겁고 환희롭다. 연기법에 의해 지혜와 자비를 지닌 수많은 사람이 모여들고, 그들이 저마다 향유할 수 있는 작은 극락이 세워진다. 수많은 부처와 보살이 모여서 햇빛과 환희와 평화로 충만한 세계를 세운다고 상상해보라. 서로 이해하고 사랑하고 그릇된 인식에 속박되지 않은 사람들이 사는 세계를 상상해보라. 그곳이 바로 장엄하고 경이로운 화엄의 세계, 미혹이 아닌 지혜가 현행한 상호의존하는 세계다.

마음이 미혹한 사람들이 모일 때는 괴로움과 분노와 증오가 현행한다. 그들이 함께 현행한 세계는 지옥이다. 그렇기 때문에 우리는 미혹과 분노와 증오를 바꾸기 위해 깊은 관찰을 수행한다. 수행의 목적은 괴로움으로 가득한 삶을 끝내는 것이 아니라 환희와 평화로 가득한 삶을 창조하는 것이다.

40

진여의 세계

변계소집성은 마음에 미혹 종자를 심어
괴로운 생사윤회를 일으킨다.
원성실성은 지혜의 문을 열어
진여의 세계로 들어선다.

우리의 식은 온갖 것을 꾸며내고 상상한다. 변계소집성은 분별하고 집
착하는 성질로서 이것과 저것은 다르고 나와 너는 별개라고 생각하며
나와 남, 안과 밖, 오고 감, 태어남과 죽음 같은 개념에 의지해서 사물을
두루 분별한다. 우리는 대체로 변계소집의 세계에서 일상을 살아간다.
변계소집성은 우리의 미혹을 강화하고 습기를 결정한다. 그렇게 분별
하고 상상하고 조작함으로써 우리는 아뢰야식 속 미혹 종자에 날마다

물을 주고 괴로운 생사윤회, 고통과 미혹의 악순환을 초래한다. 우리가 지옥을 만들어낸다.

원성실성은 사물의 상의상관성을 보는 것, 일체 속에서 하나를 보고 하나 속에서 일체를 보는 것, 태어남도 죽음도 없으며 오는 것도 가는 것도 없음을 아는 것을 뜻한다. 우리가 이렇게 보는 법을 배울 때 경이로운 진여의 세계가 서서히 드러나고 해탈문이 열린다. 원성실성을 접할 수 있을 때 우리는 지혜의 문을 열고 진여의 세계에 머문다. 일체의 미혹과 고통에서 벗어난다.

이원적 개념과 관념에 의지해서 사물을 본다면 우리는 아뢰야식속 미혹 종자에 계속 물을 주고 윤회의 사슬에 묶여서 항상 괴로울 것이다. 그러므로 보는 방식을 새롭게 바꾸는 것이 무엇보다 중요하다. 그 새로운 방식은 바로 의타기성依他起性, 즉 연기성을 보는 것이다. 관점을 바꿔서 사물의 의타기성을 보는 법을 배우는 것이 수행의 기본이다. 다음 6부에서는 의타기성을 보는 수행법을 소개한다.

6부

수행

제41송부터 50송까지는 수행하는 법을 설명한다. 의타기성에 대한 명상은 미혹을 빛나는 깨달음으로 바꿀 수 있다. 알아차림을 이용해서 사물의 의타기성을 깊이 관찰하는 수행을 통해 우리는 사물을 별개의 실체를 지닌 영원불변하는 것으로 보는 성향을 없앨 수 있다. 이렇게 깨달을 때 생사윤회의 세계가 진여의 세계, 열반과 다르지 않음을 본다. 윤회와 진여는 서로 떨어져 있지 않다. 한 바탕에서 생겨난 두 가지 차원이다. 윤회의 세계에 속하는 단 한 가지 현행만 깊이 관찰할 수 있어도 우리는 그 세계를 초월하여 진여의 세계를 접할 수 있다.

명상의 목적은 태어남도 없고 죽음도 없는 본바탕, 진여의 세계를 접하는 것이다. 11세기에 한 참선 수행자가 물었다. "생사 없는 진리를 어디에서 찾을 수 있습니까?" 스승이 답했다. "바로 이 자리, 생사윤회 속에 있다." 파도를 깊이 접함으로써 물을 접한다. 윤회의 세계를 접함으로써 진여의 세계를 접한다. 바로 이 자리, 생사윤회 속에서 진여를 접하는 데 필요한 방편을 우리는 이미 받았다.

41

수행의 길

의타기성을 깊이 관찰할 때
미혹이 깨달음으로 바뀐다.
윤회와 진여는 둘이 아니다.
그것들은 하나로 같다.

알아차림 속에서 살아갈 때 우리는 사물의 중심에서 의타기성을 보고 무명을 지혜로 바꿀 수 있다. 미혹이 깨달음으로 바뀐다. 전에는 윤회라고 보았던 것이 실제로는 다름 아닌 열반, 진여라는 것을 본다. 의타기성에 대한 알아차림이 이러한 변화의 열쇠다.

　제39송과 40송에서 삼자성三自性을 언급했다. 유식학에 따르면, 모든 현상은 세 가지 자성自性 중 하나 이상을 지닌다. 변계소집성과 의타기성, 원성실성, 즉 궁극의 진리가 그것이다. 우리는 거의 항상 변계소집의 세계에서 활동한다. 우리는 사물을 두루 분별해서 그것이 생하고 멸하고 시작하고 끝나고 하나거나 여럿이고 오고 간다고 보며, 따라서 사물에 그런 성질을 부여한다. 하지만 그것은 사물의 참모습이 아니다. 그렇게 두루 분별하여 지어낸 것에 집착하기 때문에 '변계소집'이라고 부른다. 현실이 그런 모습으로 보이는 이유는 우리가 바르게 이해하지 못했기 때문이다. 우리가 슬플 때는 하늘의 달도 슬퍼 보인다. 달의 슬픈 모습은 우리의 마음이 분별로써 지어낸 것이다. 우리는 무명과 태어남과 죽음의 세계에 갇혀 있다. 그 이유는 우리 마음이 분별하여 지어낸 이 변계소집의 세계가 현실이라고 믿기 때문이다.

변계소집성의 반대는 원성실성, 사물의 있는 그대로의 참모습이다. 이것은 우리 마음이 지어낸 것도 아니고 개념으로 규정되지도 않는다. 성경性境은 생하지도 멸하지도 않고, 하나도 여럿도 아니고, 오지도 가지도 않고, 있는 것도 없는 것도 아니다. 이것이 열반, 진여, 진리의 세계다. 어떻게 하면 변계소집의 세계를 떠나 열반에 들어갈 수 있을까? 그것은 의타기성에 대한 명상 수행을 통해 가능하다.

의타기성에 대한 명상이란 사물의 상호의존성을 깊이 관찰하는 법을 배우고 연습하는 과정을 말한다. 사물의 의타기성을 볼 때 우리는 더 이상 이원적 개념에 집착하지 않는다. 윤회와 진여가 둘이 아님을 본다. 미혹한 마음은 생사윤회만 본다. 하지만 그 마음이 청정해져서 참 마음이 되면 윤회는 진여로, 열반으로 바뀐다. 우리가 딛고 선 바탕이 극락인지 지옥인지는 전적으로 우리가 보고 걷는 방식에 달려 있다. 윤회와 진여는 그 바탕이 똑같다. 만물의 상호의존성, 상의상관성을 깊이 관찰하는 것이 바로 의타기성을 보는 수행이다. 의타기성을 통찰할 때 우리는 미혹을 빛나는 깨달음으로 바꿀 수 있다.

의타기는 한 가지 현상은 다른 것들에 의지해야만 일어날 수 있다는 뜻이다. 꽃은 씨앗과 구름과 비와 흙과 태양의 온기에 의지해서 생긴다. 이 모두가 꽃 이외의 것들이다. 하지만 꽃은 그것들에 의지해서 존재한다. 이것이 꽃의 의타기성이다. 우주 만물이 이 의타기성을 지닌다. 우리가 인식하는 모든 것을 깊이 관찰하고 그것의 의타기성을 밝게 이해하는 것이 무명을 깨달음으로 바꾸는 방법이다.

무상, 무아, 상의상관을 깊이 관찰함으로써 우리는 사물이 존재하는 방식을 통찰한다. 아함부 경전에서는 현상의 무아와 무상의 성질을 체득할 수 있을 때 열반을 접한다고 가르친다.[30] 열반을 묘사하는 또다른 방식이 만물의 상의상관성, 연기성緣起性이다. 무상과 무아는 현상계에 속하고, 열반은 진리계, 본체의 세계에 속한다. 유식학을 이해하는 열쇠는 삼법인, 즉 무상, 무아, 열반이다.

첫 번째 열쇠, 무상을 이용해서 시간적 차원에서 진리의 문을 연다. 두 번째 열쇠, 무아를 이용해서 공간적 차원에서 진리의 문을 연다. 사람들은 무상과 무아가 둘이라고 생각하지만 실제로는 하나다. 시간은 곧 공간이다. 하나가 없으면 다른 하나도 존재하지 못한다. 세 번째 열쇠, 열반은 원성실성이다. 생하지도 멸하지도 않고 오지도 가지도 않고 같지도 다르지도 않고 있지도 없지도 않은 참모습이다. 이것은 연기緣起의 세계다. 여기서는 어느 것도 영원불변하는 실체로서 따로 떨어져 존재하지 않는다. 연기성, 의타기성은 무상과 무아를 동반한다. 열반을 접하기 위해서는, 만물의 연기성을 보기 위해서는 무상과 무아를 체득해야 한다.

변계소집성은 별개의 실체가 존재하며 영원불변한다고 믿는 미혹한 마음을 동반한다. 우리는 우리를 둘러싼 세계가 영원하고 별개의 실체를 지닌 개체들로 이루어져 있다고 생각한다. 그렇기 때문에 수행하기 시작할 때 무상과 무아, 두 개의 열쇠를 이용해서 만물의 연기성을 밝게 볼 필요가 있다. 알아차림의 등불을 비추고 매 순간 그 불빛 속에서 밝게 보며 살아가는 것이 바로 수행이다.

알아차림의 빛 속에서 한 송이 꽃을 볼 때 우리는 그 꽃이 햇빛과 비와 흙 등에 의지해서 생긴다는 것을 밝게 본다. 인간을 볼 때도 마찬가지다. 부모와 친구를 볼 때 그들의 연기성을 본다. 우리 자신과 다른 사람의 심리적 특성을 관찰할 때 우리는 연기성을 보아야 한다. 항상 분노하거나 항상 슬퍼하는 사람과는 함께 있는 것이 불편하다. 그래서 그를 비난하거나 회피한다. 하지만 그의 분노와 슬픔의 근원을 이해할 때, 그 감정이 어떻게 다른 요인들에 의지해서 현행하는지를 이해할 때, 그를 받아들일 수 있을 것이다. 그를 연민의 눈으로 보고 돕고 싶을 것이다. 당연히, 우리도, 그 사람도 덜 괴로울 것이다. 이것이 연기성을 밝게 봄으로써 즉시 얻을 수 있는 열매다.

반듯하게 행동하는 아이를 볼 때, 우리는 그 아이를 키운 환경과 가족과 공동체와 같은 바른 행동의 근원을 쉽게 알 수 있다. 잔인하게 행동하는 아이의 연기성을 보는 것이 훨씬 더 중요하다. 바른 행동과

276
틱낫한 마음

마찬가지로, 아이의 잔인성은 가족과 사회, 학교, 친구, 조상에게서 그 원인을 찾을 수 있다. 그 아이의 성격을 낳은 연기성을 밝게 보지 못한다면 우리는 분노하거나 두려워하며 아이를 야단친다. 우리는 최선을 다해 그 아이의 의타기성을 통찰해야 한다. 그래야만 그를 이해하고 수용하고 사랑하고 바뀌게 도울 수 있다.

연기법의 관점에서 사형제도를 볼 때 우리는 그렇게 극단적인 처벌이 합리적이지 않음을 본다. 개인이 심각한 범죄를 저지르는 이유는 무엇보다 그가 조상에게서 받은 종자와 살면서 심은 종자들 때문이다. 그는 다양한 환경에 처했고, 그의 부모와 형제자매, 친구, 교사, 학교, 사회는 그가 지닌 불선업 종자가 바뀔 수 있을 만큼 그를 돕지는 않았다. 그 불선업 종자가 익으면서 엄청난 세력을 축적했고, 결국 그가 살인이나 성폭행 같은 중범죄를 저지르게 만들었다. 사형 외에는 그에게 해줄 게 아무것도 없다고 생각할 때 우리의 무능과 무력이 현행한다. 사회 집단으로서 우리가 패배한 것이다. 우리는 그 범죄자를 만드는 데 조력한 모든 인과 연을 깊이 관찰해야 한다. 그럼으로써 연민의 마음을 일으키고 그 사람 뿐만 아니라 우리 자신의 아뢰야식 속 불선업 종자가 바뀌게 도울 수 있다.

우리를 해친 사람을 용서하기란 당연히 매우 어렵다. 우리는 대개 분노하고 복수를 원한다. 하지만 연기법에 비춰서 깊이 관찰할 때 우리는 우리가 그 범죄자와 똑같은 환경에서 똑같이 양육되고 교육받고 똑같은 것을 경험했다면 그와 별반 다르지 않았으리라는 것을 볼 수 있을지도 모른다. 이것을 통찰할 때 우리는 분노하거나 복수하는 대신,

그를 지켜주고 싶어질 것이다.

『본생담本生譚』은 붓다의 전생 이야기다. 보살이었을 때 붓다는 포용과 인욕을 수행했고, 육신이 잘려 나갈 때도 미소를 지었다는 이야기가 있다. 어릴 때 『본생담』을 읽으면서 나는 인간이 어떻게 그렇게까지 인내하고 용서할 수 있는지 이해할 수가 없었다. 그때 나는 너무 어렸던 탓에 붓다는 지혜의 눈으로써 자신을 해치는 사람의 잔혹성과 비인간성을 낳은 인연을 볼 수 있었기 때문에 그렇게 인욕을 실천할 수 있었음을 알지 못했다. '볼 수 있는 능력'은 보살의 자질로서 대비심으로 이어진다. 깊이 관찰한 적이 없고 아직 대비심을 체험하지 못한 사람은 보살의 포용을 이해하지 못한다. 하지만 깊이 관찰함으로써 작은 연민이라도 체험해보면 우리는 잔인하고 무책임한 사람을 이해하고 사랑할 수 있다. 보살의 미소를 이해할 수 있다.

베트남 전쟁 중에 수많은 승려와 젊은 재가자들이 전쟁 피해자를 도왔다. 우리의 어린 사회복지사들은 사랑에서 비롯된 구제 활동에 나섰다. 그들은 자국민과 국토가 괴로워하는 것을 보았고 돕기를 원했다. 그들이 일하는 환경은 열악했고 괴롭기 짝이 없었다. 한쪽은 우리를 공산주의자라고 여겨서 죽이려 했고, 다른 쪽은 우리가 적군의 동조자거나 CIA 요원이라고 여겼다. 그 암흑기에 많은 사회복지사가 죽었다. 1966년, 내가 베트남을 이미 떠난 후에 대학살 뉴스를 접하고 견딜 수 없이 괴로웠다. 우리의 사회복지사들이 그 학살자들과 진심으로 화해할 수 있을지를 나는 알지 못했다. 그래서 조언을 담아 이 시를 썼다.

내게 약속해주세요,

오늘,

지금 약속해주세요,

태양이 머리 위에,

하늘 가장 높은 곳에 있을 때,

약속해주세요:

태산 같은 증오와 폭력으로

그들이 그대를

쓰러뜨릴 때;

벌레를 죽이듯,

그대를 짓밟고 짓이길 때,

그대를 갈가리 찢고 내장을 파헤칠 그때,

기억하세요, 형제여,

부디 기억하세요:

인간은 우리의 적이 아니라는 것을.

그대에게 어울리는 것은 오직 연민 –

꺾이지 않고 무한하고 조건 없는 연민 뿐.

증오로는 인간 속의 괴물과

결코 맞서지 못합니다.

온전한 용기로,

다정하고 평온한 눈빛으로,

어느 날, 그대가 이 괴물을 혼자 마주할 때,

아무도 보지 않을지라도,

그대의 미소에서

한 송이 꽃이 피어날 겁니다.

그대를 사랑하는 이들이

만 개의 생사의 세계 저편에서

그대를 지켜볼 겁니다.

그 사랑이 이미 영원하다는 것을 알기에,

다시 혼자서,

나는 고개를 숙인 채 계속 나아갈 겁니다.

멀고 험난한 길을

해와 달이

계속 비춰줄 겁니다.[31]

이 시를 쓰기 전에 나는 긴 시간 동안 깊이 살펴보았다. 죽음을 맞을 때 우리가 학살자와 화해하지 않는다면 죽는 것이 극도로 고통스럽다. 화해하고 그들에게 연민을 느낀다면 훨씬 덜 괴롭다. 내 제자 낫찌마이는 전쟁 중인 양측이 마주 앉아 전쟁을 끝내기를 촉구하며 분신하였다. 자신의 몸에 불을 붙이기 전에 그녀는 이 시를 두 번 읽었다. 의타기성을 깊이 관찰하고, 우리를 해치는 사람 역시 그의 가족과 사회와 환경의 피해자라는 것을 알게 되면 저절로 그를 이해하게 된다. 이해하면 공감과 화해가 일어난다. 이해는 항상 자비로 이어진다. 자애와 연민을 느낄 때 우리는 분노하지 않고 괴롭지 않다. 두려움, 불안, 슬픔,

체념, 절망은 우리를 괴롭게 한다. 만물의 의타기성을 볼 수 있는 능력은 우리 가슴에 연민을 일으키고 괴로움을 없애준다. 사람들이 우리를 해치고 배신할 때조차 그러하다. 악행을 저지른 사람을, 그럼에도 사랑할 수 있다면 우리는 이미 보살이다.

가장 작은 행위로도 우리 안에서 연민이 자란다. 걷기 명상 중에 벌레를 보고 밟지 않으려고 멈춰 설 때 우리 안에 연민이 이미 있음을 안다. 일상에서 깊이 관찰하고 항상 알아차린다면 연민이 나날이 자랄 것이다. 이것을 『법화경法華經』은 한 구절로 요약한다. "모든 중생을 자비의 눈으로 관觀하니." 나무와 바위, 구름, 하늘, 사람, 동물을 자비의 눈으로 관할 때 거기에 이미 이해가 있음을 우리는 안다. 이해는 사물에 대한 깊은 관찰, 밝은 알아차림의 열매다. 이해와 자애와 연민은 하나다.

깊이 관찰하는 수행을 통해 우리는 만물의 의타기성을 보고 미혹을 깨달음으로 바꿀 수 있다. 미혹한 마음은 윤회를 보고, 참 마음은 열반을 본다. 일체의 의타기성, 상의상관성을 보는 수행을 통해 미혹한 마음을 참 마음으로 바꿀 수 있을 때 우리는 성경性境을 보고 진여의 세계에 이른다. 평온하게 자유롭게 걷는 법을 안다면 우리가 딛고 선 곳이 바로 극락이다. 슬픔과 두려움과 분노를 품고 걷는다면 우리는 지옥을 걷는 것이다. 이것은 전적으로 우리의 걷는 방식, 존재 방식에 달려 있다.

태어남과 죽음을 깊이 관찰할 때 우리는 태어남도 없고 죽음도 없음을 본다. 이것은 파도와 같다. 우리는 파도가 생기는 순간이 있고 소멸하는 순간이 있다고 생각한다. 그래서 생사에 대한 두려움에 사로잡힌다. 태어남과 죽음, 파도는 단지 겉모습, 단지 개념일 뿐이다. 우리는 높고 낮음, 아름답고 추함 등, 수많은 개념을 갖고 있다. 이런 개념 때문에 괴롭다. 이것이 윤회다.

상호의존하는 만물의 본래 모습, 원성실성을 접할 때 우리는 모든 개념에서 벗어난다. 태어남과 죽음, 오고 감, 존재와 비존재 같은 개념에서 자유롭다. 열반을 접할 수 있을 때 우리는 무외無畏를 깨닫는다. 따라서 진리의 세계, 열반을 접할 때 지극한 평안에 이르며, 이것은 깊이 관찰하는 수행을 통해 가능하다. 어렵겠다고 생각하지 말라. 누구든지 열반을 접할 기회가 있다. 작은 시야에 갇히지 않고 사물을 전체적으로 볼 수 있다.

어제 누군가의 말에 큰 상처를 받았다고 하자. 그는 당신이 반박할 새도 없이 가버렸다. 당신은 몹시 화가 났다. 반박할 기회를 놓쳐서 체면을 잃었다고 생각했고, 오후 내내 괴로웠다. 하지만 오늘 아침, 양치질을 하는데 갑자기 웃음이 났다. 당신을 그렇게 괴롭혔던 모든 것이 문득 하찮게 느껴졌다. 그 일을 겪은 지 고작 하룻밤이 지났지만 당신은 이미 평안하다. 그 이유는 큰 그림을 보기 시작했기 때문이다. 크고 넓게 보는 법, 시간과 공간을 전체적으로 접하는 법을 알면 당신은 괴롭지 않을 것이다.

사랑하는 사람이 상처를 줄 때 이 연습을 해보라. 먼저 눈을 감고 호흡하면서 들숨과 날숨을 알아차린다. 그리고 지금부터 백 년 후의 두 사람의 모습을 떠올려본다. 세 번 호흡한 후에 눈을 뜬다. 이제 당신은 마음이 아프지 않을 것이다. 그 사람을 안아주고 싶을 것이다. 이런 것이 열반을 접한 예다. 우리는 작은 일에 얽매이지 않고 전체를 보는 것을 배운다. 변계소집성은 생사윤회의 세계를 낳는다. 원성실성은 지혜의 문을 열어 진여의 세계를 드러낸다. 두 세계를 잇는 다리가 의타기성, 연기성이다. 만물이 서로 의지해서 생겨난 것임을 통찰할 때 변계소집의 세계에서 원성실의 세계로 건너갈 수 있다.

윤회와 진여는 둘이 아니다. 본바탕이 똑같다. 파도는 물이 되기 위해 어떤 것도 할 필요가 없다. 그 자체로 이미 물이다. 그 속에 이미 오래전부터 열반이 있었다. 마찬가지로, 당신도 열반을 찾아 나설 필요가 없다. 상호의존과 상의상관의 눈으로 볼 수 있을 때 당신 안의 열반을 접한다.

42

꽃과 쓰레기

활짝 핀 꽃 속에 이미 거름이 있다.
거름 속에 이미 꽃이 있다.
꽃과 거름은 둘이 아니다.
미혹과 깨달음은 서로 의지한다.

제42송은 상의상관적 공존interbeing의 가르침을 일상에 적용하게 돕
는다. '꽃'과 '쓰레기'는 무명과 깨달음의 의타기성을 설명하기 위한 이
미지다. 보통 우리는 깨달음이 무명과는 전혀 상관이 없다고 생각한다.
그래서 벽을 세운 후 한쪽에 무명을 놓고 반대쪽에 깨달음을 놓는다.
이렇게 하지 않으면 깨달음이 무명에 의해 오염될 거라고 걱정한다.
하지만 그 둘은 그런 식으로 나눌 수 없다. 무명과 미혹이 없으면 깨달

음도 없다. 무명은 바탕이고, 이 바탕으로부터 깨달음이 자란다. "나는 생사윤회를 끝내고 싶다. 해탈만 받아들일 것이다." 이렇게 말하는 사람은 아직 연기법을 이해하지 못한 것이다.

'이것'을 버려야 '저것'을 찾을 수 있다고 생각한다면 당신은 찾고 있는 것을 결코 찾지 못한다. '저것'은 '이것' 속에서만 찾을 수 있다. 다른 곳으로 가기 위해 어느 곳으로부터도 달아나지 말라고 붓다는 말한다. 사실 불교 수행은 구할 게 없음, 즉 무원無願을 수행하는 것이다. 마음이 순수하고 고요하고 청정하다면 우리는 이미 정토에 있다. 무명과 깨달음은 서로 의지한다. 열반은 생사윤회의 세계 속에서만 찾을 수 있다. 탐욕과 분노, 무명, 오만, 의심, 악견 같은 근본 번뇌는 괴로움을 일으킨다. 깨닫고 싶다면 우리는 이런 불선 심소를 받아들여서 바꿔야 한다.

갈증으로 죽기 직전일 때 누가 흙탕물을 준다면 우리는 살기 위해 그것을 걸러낼 방법을 찾아야 할 것이다. 흙탕물이라고 그냥 버릴 수는 없다. 비록 깨끗하지는 않지만 그 물 한 컵이 우리를 구해줄 유일한 희망이다. 이와 똑같이, 우리는 모든 번뇌를 받아들여야 한다. 모든 심소와 세상의 모든 역경과 우리의 몸과 마음을 받아들여야만 바꿀 수가 있다. 그것들을 아무리 거부해도, 거기서 달아나려고 아무리 애써도 우리는 결코 성공하지 못한다. 우리가 싫어하는 것들로부터 달아나는 것은 불가능하다. 그것을 우리가 좋아하는 것으로 바꾸는 것만 가능하다.

만물의 상의상관성을 알고 있는 농부는 음식 찌꺼기를 버리지 않는다. 쓰레기 더미를 볼 때 그는 그 속에서 벌써 오이와 상추와 꽃을 본다. 그리고 그것을 밭에 뿌릴 거름으로 바꿀 것이다. 꽃의 의타기성은 꽃이 꽃 아닌 요소들, 음식 찌꺼기 같은 것들에 의지해서 생겨난다는 뜻이다. 꽃에서 '쓰레기' 요소를 제거하면 그 꽃은 존재하지 못한다. 꽃은 쓰레기로 바뀌는 중이고, 쓰레기는 꽃으로 바뀌는 중이다. 번뇌를 받아들여서 거름으로 바꿔 쓸 때 기쁨의 꽃, 평화와 해탈과 행복의 꽃들이 피어날 것이다. 우리는 지금 여기에 존재하는 것, 고통과 미혹을 포함한 모든 것을 받아들여야 한다. 고통과 미혹을 받아들이는 순간, 우리는 이미 약간의 평화와 기쁨을 얻는다. 여기에서부터 수행이 시작된다.

자신의 상황을 깊이 관찰하고 바꿀 수 있기 위해서는 지금 이곳에 존재하는 것을 수용해야 한다. 미래의 특정 상황이나 결과를 목표로 수행한다면 우리는 현재의 시간과 공간을 수용하는 법을 결코 배우지 못한다. 지금 이곳이 사실은 우리의 수행에 꼭 필요한 올바른 조건들이다. 꽃과 쓰레기 둘 다 현재 속에, 지금 이곳에 존재한다. 깨달음에 필요한 조건들 역시 현재 속에, 지금 이곳에 존재한다. 깨달음은 미혹을 버림으로써 찾을 수 있는 것이 아니다. 미혹의 성질을 깊이 관찰할 때 우리는 깨달음을 접한다.

우리의 아뢰야식 속에는 알아차림이라는 훌륭한 종자가 있다. 알아차림이란 지금 이 순간에 무엇이 일어나고 있는지를 아는 능력이다. 우리가 물을 거의 주지 않아서 그 종자는 지금 약할지도 모른다. 우리는 살면서 그 능력을 좀체 활용하지 않는다. 음식을 먹을 때 그 행위를 알아차리지 않는다. 걷고 있을 때 걸음을 알아차리지 않는다. 사람을 볼 때 그의 얼굴을 알아차리지 않고, 대화할 때 주고받는 말을 알아차리지 않는다. 우리는 알아차림 없이 산다. 하지만 우리가 자신의 삶을 온전히 경험할 기회는 항상 존재한다. 물을 마실 때 자신이 물을 마시고 있음을 알아차릴 수 있다. 걸을 때 걷고 있음을 알아차릴 수 있다. 알아차리는 능력을 매 순간 활용할 수 있다.

이 알아차림 종자가 지금은 약하겠지만 우리가 일상적으로 알아차림을 수행한다면 빠른 속도로 자랄 것이다. 알아차림 종자가 쑥쑥 자라기 위해서는 양분이 필요하다. 누구에게나 알아차림 종자, 자애, 이해, 기쁨 종자가 있다. 이 종자들은 우리가 증오, 분별, 절망, 분노 같은 쓰레기를 바꾸는 법을 배울 때 아름다운 꽃으로 피어날 수 있다. 괴로움의 성질을 깊이 관찰하고 우리 안의 괴로움을 바꿈으로써 우리는 행복과 평화 종자의 현행을 도울 수 있다.

43
상의상관적 공존

생사에서 달아나지 말라.
다만 마음 작용을 깊이 살펴보라.
서로 의지하여 생기는 성질을 볼 때
상의상관적 공존의 진리를 깨닫는다.

이 게송은 제42송의 결론이다. 생사 없는 진리는 바로 생사윤회 한복판에 있다. 태어남과 죽음으로부터 달아나는 한, 우리는 태어남도 죽음도 없는 세계에 결코 이르지 못한다. 달아나지 말고, 자신의 마음 작용, 즉 심소, 그리고 나와 남, 태어남과 죽음, 무명과 깨달음, 이 개념들을 깊이 관찰할 때 우리는 진정한 의타기성을 본다. 그것은 상의상관적 공존interbeing이다.

하지만 깊이 관찰하기 위해서는 알아차림의 빛이 필요하다. 알아차림은 전기를 생산하는 발전기와 같다. 발전기가 생산한 전기는 빛과 요리에 필요한 열과 이외에도 많은 이익을 준다. 수행은 이렇게 일상에서 알아차림의 빛을 생산하는 수행이 되어야 한다. 매 순간 알아차림을 놓지 않고 우리 안에, 그리고 주변에 존재하는 것을 깊이 관찰할 때 우리는 만물의 연기성, 상입상즉성을 깨닫는다

수행이 무르익으면 우리는 연기와 무아와 무상을 통찰함으로써 열반을 접할 수 있다. 그리고 열반이 바로 여기, 지금 이 순간 속에 있음을 본다. 열반은 탁자 속에, 의자 속에, 집과 산과 구름 속에, 우리의 체세포 속에 있다. 어떤 신학자들은 신의 왕국은 바로 우리 가슴 속에 있어서 언제나 접할 수 있다고 말한다. 열반도 그렇다. 영원, 자아 같은 개념에 갇혀 있을 때 우리는 열반을 접하지 못한다. 열반을 접하는 순간, 우리는 생사에서 자유롭다.

붓다는 수행으로 얻는 다섯 가지 힘, 오력五力에 대해 가르쳤다. 첫째는 믿는 힘, 신력信力이다. 우리는 열반을 접하고 진여를 깨달을 수 있다고 믿어야 한다. 이것은 맹목적인 믿음이 아니다. 바른 이해와 통찰과 체험에 기반한 믿음이다. 이 믿음은 두 번째, 정진하는 힘, 진력進力으로 이어진다. 믿음과 확신이 없는 수행자는 쉽게 지친다. 붓다가 깨달은 진리를 믿고 자신도 깨달을 수 있다고 확신할 때 부지런히 나아갈 힘, 사물을 깊이 관찰할 힘이 생긴다. 그리고 이 정진하는 힘을 세 번째, 알아차리는 힘, 염력念力으로 바꾼다. 알아차림이 있는 곳에 네 번째, 집중하는 힘, 정력定力이 있다.

우리가 알아차림 속에서 살아갈 때 모든 것이 깊은 관찰과 집중 속에서 일어난다. 우리는 내부와 주변에 있는 것들의 연기성을 볼 수 있다. 집중하는 힘이 약할 때는 그것들의 연기성을 아주 잠깐만 볼 수 있다. 그리고 곧바로 사물이 영원불변하고 별개의 실체를 지녔다고 보는 방식으로 돌아간다. 하지만 집중하는 힘이 강하게 지속될 때는 사물의 연기성을 계속 볼 수 있다. 집중하는 힘이 막강해지면 이것은 다섯 번째, 지혜의 힘, 혜력慧力으로 이어진다. 지혜가 드러나면 우리는 미래를 꿈꾸거나 과거를 돌아보는 일에 시간을 허비하지 않는다. 우리는 자신의 참 마음을 깨닫는다. 한 걸음 만에 진여의 세계로, 신의 왕국으로 들어간다. 이제는 지혜가 믿음을 강화한다. 이렇게 다섯 가지 힘이 서로서로 돕는다.

알아차림의 빛을 키우는 것이 수행에 가장 중요하다. 우리는 매 순간을 알아차림과 함께 살아야 한다. 보는 것을 알아차리고, 듣는 것을 알아차리고, 만지는 것을 알아차린다. 요리할 때 알아차림과 함께 요리하면서 자신의 호흡을 알아차리고 자신이 무엇을 하고 있는지를 알아차린다. 어떤 활동을 하든지 그 속에서 호흡을 알아차림으로써 우리는 알아차림의 빛을 키워서 삶을 깊이 접한다. 명상은 우리가 통찰을 얻어서 미혹과 무명을 없애게 도와주며 사랑과 수용과 기쁨을 가져온다. 우리는 생사로부터 달아날 필요가 없다. 쓰레기로부터 달아날 필요가 없다. 자신의 고통을 돌보고 그것을 평화와 기쁨과 자애로 바꾸는 법을 배울 수 있다. 괴롭거나 두렵거나 절망할 때 무외無畏의 자세를 적용하라. 번뇌의 쓰레기를 행복과 평정과 자유의 꽃으로 바꾸는 법을 배워라.

꽃을 깊이 관찰할 때 우리는 그 꽃의 상의상관성을 본다. 쓰레기를 깊이 관찰할 때 그 쓰레기의 상의상관성을 본다. 깊이 관찰하는 것은 추측하는 게 아니다. 우리는 수행을 해야 한다. 집중해야 한다. 꽃을 깊이 접촉하고 그것의 상의상관성을 실제로 체득하기 위해서는 현재에 존재해야 한다. 우리가 알아차림과 함께 매 순간을 살아갈 때 모든 것이 상의상관성을 드러낸다. 나뭇잎 한 장을 깊이 관찰할 때 그 속에서 햇빛과 강과 바다와 우리 마음을 본다. 이것이 진정한 수행이다.

무상과 무아는 학설이나 철학 토론 주제가 아니다. 그것은 명상을 위한 방편이다. 우리가 현실의 참모습의 문을 열 수 있도록 돕는 열쇠다. 목공 작업을 할 때 누가 망치를 준다면 그것을 제단에 올려놓고 숭배하는 짓은 하지 않을 것이다. 우리는 망치를 쓰는 법을 배워야 한다. 무상과 무아를 신봉하지 말라. 현실 속에서 의타기성, 상의상관적 공존성을 깊이 관찰하는 수행을 하고 그 성질을 체득하라.

44

바른 견해

호흡을 알아차림으로써
깨달음 종자에 물을 주어라.
바른 견해는
의식의 들판에 피는 꽃이다.

이 게송은 우리 모두가 지닌 깨달음 종자에 물을 주는 수행법을 알려
준다. 우리의 아뢰야식 속에는 무명 종자와 미혹 종자가 있다. 하지만
거기에는 지혜 종자와 연민 종자도 있다.

　　우리는 자신의 아뢰야식 깊은 곳에 깨달음 종자가 묻혀 있음을 믿
는다. 이것은 맹목적인 믿음이 아니다. 직접 체험할 수 있다. 깨달음은
알아차림과 상통한다. 알아차림은 깨달음 종자, 즉 보리菩提 종자를 키

우는 물이다. 일상에서 알아차림을 수행해서 사물을 깊이 관찰한다면 어느 날 바른 견해가 우리의 의식에 꽃으로 피어난다. 이 꽃은 가끔 한 번씩만 피는 게 아니고 항상 피어 있다.

바른 견해(정견正見)는 팔정도의 첫 번째 수행법이다. 팔정도에는 정견 외에 바른 생각(정사유正思惟), 바른 말(정어正語), 바른 행위(정업正業), 바른 생계수단(정명正命), 바른 정진(정근正勤), 바른 알아차림(정념正念), 바른 선정(정정正定)이 포함된다.[32] 바른 견해는 의식의 밝은 눈이다. 의식은 아뢰야식 속 씨앗에 물을 주는 농부다. 우리가 먹거나 걷거나 씻거나 요리할 때 우리의 의식이 밝은 눈으로 보리 종자를 알아보고 물을 준다. 바른 알아차림은 보리 종자를 키우는 물이다. 알아차림의 물을 많이 줄수록 보리 종자가 더욱 크게 자란다. 이 종자가 크게 자랄수록 수행에 대한 우리의 믿음이 커진다. 알아차림을 계속 수행할 때 보리싹이 아름다운 보리수로 자랄 것이다. 보리수가 어디에서 자라든지 거기에 부처가 있다. 깨달음 종자는 사랑 종자를 낳는다. 오직 알아차림만이 깨달음으로 이어져서 지혜를 드러낼 수 있다. 그전까지는 그 자리에 무명과 미혹이 있을 뿐이다.

기억해둘 것은 의식이 아뢰야식 속 종자에 물을 주는 농부라는 것이다. 농부는 땅을 믿고 부지런히 물을 줘야 한다. 우리가 해야 할 일은 단지 보리 종자를 아뢰야식의 땅에 심고 알아차림의 물을 주는 것뿐이다. 자연히 그 보리 종자가 우리의 의식에 꽃으로 피어날 것이다. 다른 노력은 필요하지 않다. 우리가 할 일은 알아차림을 수행하는 것뿐이다. 나머지는 아뢰야식이 한다. 어느 날 잠에서 깰 때 또는 누군가의 한 마디를 들을 때 번뜩 깨닫는다. 그 이전까지는 아리송했던 것들이 한순간에 환하게 이해된다. 선승에게서 화두를 받을 경우, 그것을 아뢰야식에 심어라. 의식에 담아두고 머리로 생각하지 말라. 당신의 화두를 아뢰야식에 믿고 맡겨라. 그러면 그 땅이 당신을 대신해서 그 씨앗을 잘 가꿀 것이다.

우리는 경전을 한 글자도 이해하지 못한 채 20년 동안 읽기도 한다. 그런데 어느 날, 특정 구절을 읽을 때, 문득 '보인다'. 이것이 깨달아 아는 것이다. 우리의 의식에 꽃이 핀 것이다. 독경하는 내내 자신이 독경하고 있음을 알아차린다면 깨달음이 가능하다. 한 글자도 이해하지 못하면서도 독경한 적이 얼마나 많은가? 불경을 외면서 자신이 외고 있음을 알 때 거기에 알아차림이 있다. 물을 한 컵 마시면서 물을 마시고 있음을 알 때 알아차림이 있다. 이렇게 일상에서 날마다 알아차림을 수행한다면 깨달음 종자가 당신을 지켜줄 아름드리 보리수로 쑥쑥 커나간다. 그리고 어느 날, 깨달음과 지혜가 태어날 것이다.

지혜는 누군가가 당신에게 주는 것이 아니다. 스승도 지혜를 주지는 못한다. 스승이 해줄 수 있는 것은 우리가 아뢰야식 속에 깊이 묻힌 지혜 종자를 접하도록 도와주는 게 전부다. 일단 그 종자가 물을 충분히 흡수하면 지혜가 우리의 의식에 꽃으로 피어난다. 지혜는 바른 견해다. 수행의 열매다. 처음에는 열매가 작지만 수행이 계속됨에 따라 바른 견해가 증장하고, 팔정도의 나머지 일곱 측면도 함께 증장한다. 바른 견해가 증장할수록 우리의 수행이 나날이 깊어진다. 그리고 수행이 깊어질수록 바른 견해가 더욱 증장한다.

우리의 대다수가 무상과 무아에 대한 이론으로 무장하고 수행을 시작한다. 하지만 매 순간 알아차림 속에서 살아갈 때 우리는 무상과 무아의 본질, 연기성을 발견한다. 우리의 바른 견해가 명확해지고 심오해진다. 바른 견해 종자는 깨달음 종자다. 의식적으로 호흡하고 깊이 관찰함으로써 아뢰야식 속 깨달음 종자에 물을 주면 어느 날 아침 그 종자가 의식의 들판에 불쑥 싹을 틔우고 꽃으로 피어날 것이다.

의식적인 호흡이 알아차림 수행의 기반이다. 우리는 들숨을 들숨으로 알아차리고 날숨을 날숨으로 알아차린다. "숨을 들이쉰다. 내가 숨을 들이쉰다는 것을 안다. 숨을 내쉰다. 내가 숨을 내쉰다는 것을 안다." 2,600년 동안 불교 수행자들이 이 방법을 이용해왔다. 이 호흡 수행을 시작하기 전에는 우리 몸은 이곳에 있지만 마음은 다른 곳에 가 있다. 호흡을 알아차리는 순간, 우리의 몸과 마음이 한 곳에서 만난다. 지금 이 순간의 삶을 온전히 경험하는 것이 가능해진다.

삶은 괴로움으로 가득하지만 그 속에는 또한 수많은 경이가 있다. 삶의 경이를 접하고 싶다면 현재로, 이 순간으로 돌아오라. 의식적으로 호흡하라. 그러면 자신이 지금 여기에 존재하고 있음을 안다. 당신이 지금 여기에 없다면 삶이 어떻게 진짜이고 진실할 수 있겠는가? 마음이 다른 곳을 헤맨다면 진정한 삶은 가능하지 않다. 그것은 당신이 현재에 존재해야만 가능하다. 그리고 그것은 돈으로 살 수 있는 게 아니다. 오직 수행, 바로 걸음과 호흡을 알아차리는 수행과 성성적적惺惺寂寂한 좌선 수행을 통해서만 얻을 수 있다.[33] 알아차림 수행은 현존을 수행하는 것이다.

현재에 존재하는 능력은 우리의 일상생활에, 인간관계에 엄청난 결과를 불러온다. 사랑하는 사람에게 우리가 줄 수 있는 가장 큰 선물은 우리의 현존이다. 행선行禪과 좌선坐禪을 수행하고 호흡을 알아차림으로써 사랑하는 사람을 위해 현재에 존재하라. 그가 괴로워할 때 의식적으로 호흡하면서 이렇게 말하라. "당신이 얼마나 괴로운지 알아요. 내가 여기에, 당신 옆에 있을게요." 당신이 괴로울 때는 들숨과 날숨을 알아차리면서 이렇게 말해야 한다. "정말 힘들어요, 도와주세요." 누군가를 사랑한다면 그를 또한 신뢰해야 한다. 당신이 괴로울 때 사랑하는 사람들에게 가서 괴로우니 도와달라고 말할 수 있어야 한다. 진정한 사랑에는 자존심이나 자만이 끼어들 틈이 없다. 그에게 가서 당신이 괴로우니 도움이 필요하다고 말하라. 그렇게 하지 못한다면 그 사람과의 관계에 뭔가 문제가 있는 것이다. 이것을 수행하는 것이 중요하다. 진정으로 현재에 존재하지 않는다면 어떻게 서로 사랑하고 서로를 돌볼 수 있겠는가? 실제로 현존하기 위해서는 알아차리는 힘을 키워야 한다.

사랑을 고백하는 가장 아름다운 말은 이것이다. "내가 여기, 당신 옆에 있잖아요." 당신이 그렇게 말할 때 두 사람 모두 변할 것이다. 이것이 알아차림 수행이다.

45

알아차림

햇빛이 비칠 때
모든 초목이 자란다.
알아차림이 비칠 때
모든 심소가 바뀐다.

태양 덕분에 식물이 자랄 수 있다. 식물의 성장에는 비와 흙 같은 다른
조건도 필요하지만 생물을 키우는 가장 중요한 에너지원은 태양이다.
채식주의자든 아니든, 어떤 음식을 먹든지 우리는 태양 에너지를 먹고
있다. 햇빛이 우리 모두를 먹여 키운다.

　햇빛은 씨앗 한 개가 우리를 먹여 살리는 식물 한 포기로 자라는
놀라운 변화를 가능케 한다. 이와 똑같이, 알아차림의 빛이 모든 심소

心所를 변화시킬 수 있다. 알아차림(염念) 자체가 선善 심소 중 하나로서 욕欲, 승해勝解, 정정, 혜慧를 포함하는 별경 심소에 속한다. 상의상관의 관점에서 보면, 각 심소 속에 나머지 모든 심소가 들어 있다. 태양이 초목을, 사실상 지구의 얼굴을 바꿀 수 있듯이, 알아차림이 일어날 때 그것이 다른 심소를 바꿀 수 있다. 알아차림은 태양과 같다. 알아차림이 제 역할을 하기 위해서는 빛을 비추기만 하면 된다. 식물이 감광성感光性이 있어서 햇빛을 수용할 수 있는 것처럼, 심소는 알아차림의 빛을 수용할 수 있다.

수행은 번뇌, 불선 심소를 없애는 것이 아니다. 번뇌를 억압하려고 애쓸수록 그 세력이 더욱 커진다. 우리는 번뇌를 받아들이고 그것에 알아차림의 빛을 비춰야 한다. 이 빛과 번뇌가 접촉할 때 변화가 일어난다. 수행의 비결은 알아차림의 빛을 의식의 들판에 비추는 능력이다. 분노 같은 심소가 이 들판에 현행할 때 알아차림의 빛을 접한다. 분노가 나타나면 우리는 그것을 억압하지 않는다. 그 대신, 알아차림을 일으켜서 그것에 비추고 이렇게 말한다. "숨을 들이쉰다. 나는 내가 화났다는 것을 안다." 두 가지가 나타났다. 분노와 알아차림이다. 우리가 일정 기간 동안 알아차림의 힘을 키울 수 있다면 그것은 우리의 분노를 알아보고 포용하고 변화시킬 것이다. 변화의 정도는 알아차림의 힘에 따라 다르다. 알아차림이 없을 때 우리는 길을 잃고 괴로움의 파도에 이리저리 휩쓸린다. 알아차림이 있을 때는 자신을 변화시키기 위해 어느 방향으로 가야 할지를 안다.

붓다는 제자들에게 '기억해야 하는 다섯 가지 명제(오념五念)'를 매일 외우라고 가르쳤다.

1) 나는 늙는다. 늙음을 피할 방법은 없다.
2) 나는 병든다. 병듦을 피할 방법은 없다.
3) 나는 죽는다. 죽음을 피할 방법은 없다.
4) 내게 소중한 모든 것과 내가 사랑하는 모든 사람이 변한다. 그들
    과의 이별을 피할 방법은 없다.
5) 나의 업만이 유일한 내 것이다. 나는 내가 지은 업의 과보果報를
    피하지 못한다. 나의 업은 내가 딛고 선 땅이다.

이것을 유식 가르침에 비춰서 이해하는 것이 중요하다. 오념을 앞으
로 닥칠 일에 대한 불길한 경고로만 본다면 그것은 괴로움 더해줄 뿐
이다. 우리가 수행해야 할 것은 그 명제를 향해 웃어주고 깊이 관찰하
고 알아차림의 빛을 비춤으로써 늙음과 병듦, 죽음, 사랑하는 대상과의
이별에 대한 두려움을 변화시키고 자신이 지은 업의 성질을 아는 것이
다. 처음 네 가지는 우리 마음 깊은 곳에 항상 웅크리고 있는 두려움을
가리킨다. 우리가 억누르고 잊으려고 아무리 애를 써도 그것은 여전히
거기에 있다. 우리는 그 두려움을 억누르지 않고 오히려 의식으로 불
러들여서 그것에 미소를 보낸다. 그 이유는 이 두려움이 의식의 활동
에 영향을 미친다는 것을 알기 때문이다.
    이 명제에 대해 매일 숙고함으로써 우리는 그 두려움 종자를 불러
낸다. 그리고 그 종자가 올라오면 알아차림을 통해 그것을 직시한다.

두려움 종자가 나타날 때 알아차리지 않는다면 우리는 그 상황을 통제하지 못할 것이고, 따라서 괴로울 것이다. 그렇기 때문에 바른 견해를 가지고 그 명제와 두려움 종자에 대해 숙고해야 한다. 알아차림의 빛을 비추면 두려움이 점차 약해지고, 어느 날 완전히 바뀐다.

오념 수행은 우리가 두려움을 직시하고 적으로 여기지 않게 도와준다. 그 두려움은 바로 우리다. 우리의 행복, 고통, 사랑, 분노 모두 우리 자신이다. 우리는 모든 심소를 이와 똑같은 방식으로, 불이不二의 시각으로 대한다. 우리 자신을 이편과 저편이 싸우는 전쟁터로 만들지 않는다. 몇몇 종교는 바로 그렇게, 전쟁을 해서 옳은 이편이 틀린 저편을 이겨야 한다고 가르친다. 불교에서는 양편 모두를 자기 자신으로 보고 자신의 모든 부분을 수용하고 보살피며 그것들의 의타기성을 확인한다. 우리의 번뇌, 불선 심소는 변화에 앞서 먼저 수용되어야 한다. 우리가 번뇌와 싸우면 싸울수록 그것은 더욱 강해진다. 번뇌를 세게 억누를수록 더욱 두드러진다.

우리가 어떻게 해야 이 뿌리 깊은 괴로움 종자를 바꿀 수 있을까? 세 가지 방법이 있다. 첫 번째는 괴로움 종자를 아뢰야식에 그냥 가만히 묻어둔 채 이미 존재하는 평화와 기쁨과 행복 종자를 키우고 새로운 종자를 심는 것이다. 우리의 의식은 이 평화와 행복 종자를 밑으로 내려보내서 그것이 괴로움 종자와 상호작용하여 변화를 일으키게 만든다. 이것은 간접적인 변화다.

두 번째 방법은 알아차림을 꾸준히 수행하는 것이다. 괴로움 종자가 드러날 때 우리는 알아차림을 통해 그것을 알아볼 수 있다. 괴로움 종자가 의식에 심소로 현행할 때마다 우리는 알아차림의 빛을 흠뻑 비춘다. 알아차림과 접촉하면 그 심소는 약해진다. 알아차림이 없다면 우리는 이 괴로움 종자를 알아보는 것조차 불가능하다. 알아차릴 때는 그것을 알아보고 겁내지 않을 수 있다.

화살을 맞은 적이 있는 새는 활을 볼 때마다 겁을 먹는다. 활 모양과 비슷한 나뭇가지에 앉지도 못한다. 어릴 적에 큰 상처를 입었다면 그때 우리가 받아 심은 괴로움 종자가 오늘도 여전히 우리와 함께 있다. 우리가 현재를 살아가는 방식이 이 괴로움 종자에 기반한다. 과거의 종자가 의식에 날마다 현행하지만 우리는 그것에 알아차림의 빛을 비춘 적이 없기 때문에 그 존재를 알지 못한다. 알아차림이 있다면 그 종자가 돋아날 때마다 그것을 알아볼 수 있다. "아, 너구나! 나는 너를 알아." 이렇게 알아보는 것만으로도 그것이 우리에게 가하는 힘이 약간 줄어든다. 괴로움 종자는 하나의 세력이다. 알아차림도 하나의 세력이다. 이 두 세력이 만날 때 괴로움 종자가 변화한다. 그 종자를 알아차림과 접하게 해주면 종자가 바뀐다.

어릴 때 심어진 번뇌를 다루는 세 번째 방법은 그것을 계획적으로 의식에 불러오는 것이다. 우리의 알아차림이 강력하고 안정적일 때는 그 괴로움 종자가 제멋대로 드러나기를 기다릴 필요가 없다. 우리는 그것이 아뢰야식 맨 밑에 묻혀 있음을 안다. 그래서 그것을 의식으로 불러들인다. 우리의 의식이 달리 할 일이 없어서 그 종자에 알아차림의 빛을 충분히 비춰줄 수 있을 때 그렇게 한다. 과거에는 접촉하기 힘들었던 슬픔과 절망, 후회, 갈망 종자를 초대해서 옛친구처럼 마주 앉아 대화한다. 하지만 그 종자를 불러들이기 전에 먼저 알아차림 등불을 반드시 켜놓고 그 빛이 한결같이 강하게 비치게끔 해놔야 한다.

이 세 가지를 모두 수행해서 괴로움 종자를 다룬다면 우리는 편안해진다. 그러나 몹시 괴롭지만 알아차림을 수행하는 법을 모르는 사람은 처음부터 괴로움 종자를 의식으로 불러들이는 방법으로 시작해서는 안 된다. 우선 행복 종자를 키우고 일으키는 것부터 수행하는 게 좋다. 첫 번째 방법에서 진전이 있고 알아차림의 힘이 강해지면 두 번째 방법을 시도해서 괴로움이 일어날 때 그것을 알아보고 수용한다. 괴로움 종자를 정확하게 자주 알아볼수록 그것들의 힘이 약해진다. 끝으로, 자신이 충분히 강하다고 느껴질 때 세 번째 방법을 이용해서 괴로움 종자를 의식으로 초대할 수 있다. 그곳에서 알아차림이 그 종자를 접하여 바꿀 수 있다.

괴로움을 다루는 것은 독사를 다루는 것과 같다. 우리는 독사에 대해 알아야 한다. 그리고 다치지 않고 그것을 다루기 위해서는 우리 자신이 더욱 강해지고 안정되어야 한다. 그러다 보면 마침내 독사를 직면할 준비가 된다. 만약에 그 독사를 결코 직면하지 못한다면 언젠가는 그것이 불시에 공격할 것이고 우리는 물려 죽는다. 아뢰야식 속 깊은 곳에 묻혀 있는 괴로움도 이와 비슷하다. 우리가 알아차림을 수행해서 강해지지 않는다면 그 괴로움이 크게 자라서 불시에 나타날 때 우리가 할 수 있는 게 하나도 없다. 준비가 되면 그 괴로움을 자신이 먼저 불러내는 게 좋다. 그러면 그것이 찾아왔을 때 안전하게 다룰 수 있다. 우리는 괴로움과 싸우거나 그것을 없애려고 애쓰지 않는다. 그저

틱낫한 마음

알아차림의 빛을 비출 뿐이다.

　유식 가르침을 통해 우리는 수행법을 배울 때나 일상 활동을 할 때나 불이不二와 불해不害와 상의상관의 진리를 볼 수 있다. 알아차림의 힘을 이용해서 우리 안의 꽃과 쓰레기를 다룰 수 있다. 알아차림을 통해 꽃은 잘 가꾸고 쓰레기는 꽃으로 바꿀 수 있다. 이제는 쓰레기를 겁내지 않는다. 보살은 자신의 쓰레기를 꽃으로 바꾸는 방법을 안다. 어리석은 자는 쓰레기에서 달아나려고 애쓴다. 쓰레기를 전부 내다 버린다면 무엇으로 꽃을 키우겠는가?

　사람과 사물 속에서 문득 의타기성이 보일 때가 있다. 하지만 우리는 그것을 곧바로 잊고 변계소집의 세계로 돌아간다. 그렇기 때문에 지속적인 수행이 중요하다. 그래야만 의식의 들판에 깨달음의 꽃이 항상 피어 있을 수 있다. 햇빛이 초목을 성장시키듯이, 알아차림의 등불이 켜질 때 그 빛이 심소를 바꿀 수 있다. 모든 심소가 알아차림의 빛을 민감하게 수용한다. 선 심소를 접할 때 알아차림의 빛은 그것이 쑥쑥 자라게 도울 것이고, 불선 심소를 접할 때는 선 심소로 변화시킬 것이다. 알아차림이 수행의 핵심이다.

46

근본으로부터의 전변

내적 결박과 잠재 성향을 알아차릴 때
그것들이 변화한다.
습기가 없어지면
근본으로부터 변화가 일어난다.

알아차림이 튼튼하게 자리를 잡으면 우리는 자신의 내부에서 펼쳐지고 있는 것을 명확하게 볼 수 있다. 우리는 그것에 집착하지 않고 그것을 밀어내지 않는다. 단순히 알아볼 뿐이다. 우리가 분노할 때 알아차림은 그 분노를 알아보고 인정한다. 우리가 질투할 때 알아차림은 그 질투를 알아보고 인정한다. 내면의 슬픔이나 두려움을 알아보고 인정할 때 우리는 그것을 좋다 나쁘다 판단하지 않는다. 몸과 마음에서 일어나는 모든 것을 알아차림을 이용해서 그냥 관찰할 뿐이다. 그리고 무엇이 일어나든지 칭찬하거나 비난하거나 판단하지 않고 맞아들인다. 이것을 "다만 인정할 뿐"이라고 부른다. "다만 인정할 뿐"은 편을 가르지 않는다. 인정의 대상은 우리의 적이 아니다. 다름 아닌 우리 자신이다. 친자식을 알아보듯이, 그것을 다만 알아보고 인정할 뿐이다.

『사념처경四念處經』은 알아차림[念]으로 관찰해야 할 네 가지 영역에 대해 말한다. 몸[身], 느낌[受], 마음[心], 마음의 대상으로서 일어나는 현상[法]이 그것이다.34 여기서 마음은 51가지 심소를 가리킨다. 여덟 가지 식은 여덟 갈래의 강에, 51가지 심소는 그 여덟 강의 물방울에 비유할 수 있다. 마음[心]과 마음의 대상[法]은 두 개 영역으로 분류되지만 사실은 하나다. 마음은 견분이고, 마음의 대상은 상분이다. 하지만 견분과 상분은 결코 나뉘지 않는다. 그 둘이 본체를 이룬다. 마음의 대상은 마음과 무관하게 생겨나지 않는다. 몸과 느낌과 모든 심소를 포함해서, 마음의 대상은 마음이 만든 것이다.

사념처(四念處, 신·수·심·법)는 서로 의지해서 존재한다. 각 영역속에 나머지 세 가지가 들어 있다. 『사념처경』에 설명된 수행법에 따라 우리는 각 영역에서 일어나는 모든 현상을 그때그때 알아보고 인정한다. 우리가 해야 할 일은 알아보는 것이다. 이것은 출입하는 모든 사람을 알아보는 문지기의 일과 비슷하다. 우리는 여섯 감관을 지키는 문지기다. 문지기가 없으면 집은 무방비 상태로 침해당할 수 있다. 우리는 알아차림의 등불을 켜고, 그 빛으로써 일어나는 모든 것을 알아보고 인정한다. 이렇게 하면 집이 안전하다.

눈은 깊은 바다,

소용돌이와 난폭한 바람,

수면 밑에는 어두운 그림자

저 깊은 곳에는 바다 괴물.

나의 배는 알아차림 속에서 나아가고,

나는 키를 단단히 붙잡겠다고 다짐한다,

형상의 바다에 빠지지 않도록.

호흡을 알아차림으로써

나는 내 눈을 지켜 나를 보호하고 그대를 보호한다.

오늘도 아름다운 날이 되도록,

그리고 내일, 우리는 여전히 함께 있다.[35]

우리의 여섯 감관(눈·귀·코·혀·몸·뜻)은 위험으로 가득한 깊은 바다다. 우리는 이 육근이 접촉하는 수많은 형상, 소리, 냄새, 맛, 감촉, 생각에 빠질 수 있다. 알아차림의 등불을 켜지 않아서 자신의 육근을 지키지 못하는 수행자는 사실상 수행이 불가능하다.

사념처의 첫 번째 영역은 우리의 몸, 신념처身念處다. 우리는 자신이 숨 쉬고 걷고 서고 앉고 누운 것을 알아차린다. 숨 쉬고 걷고 서고 앉고 누울 때 그것을 알아차리지 못한다면 우리는 수행하고 있는 것이 아니다. 두 번째 영역은 느낌, 수념처受念處다. 슬픔이나 기쁨, 분노, 증오, 두려움, 절망의 느낌이 일어나자마자 우리는 이 감수感受 작용을 알아보고 인정한다. 그러지 못하면 그 느낌들이 우리와 우리의 행위에 영향을 미친다. 하지만 우리는 그 사실을 전혀 모른다. 분노의 느낌을 알아차리지 못했기 때문에 우리는 자기도 모르게 사랑하는 사람에게 거칠게 말한다.

한 학자가 붓다에게 수행승들은 온종일 무엇을 하느냐고 물었다. 그들은 걷고 서고 눕고 앉고 먹고 발우를 씻고 바닥을 쓴다고 붓다가 대답했다. 그러자 학자가 물었다. "그렇다면 속세에 사는 사람들과 뭐가 다릅니까?" 붓다가 대답했다. "수행승은 그것을 할 때 알아차림으로써 여섯 감관을 지킨다는 것이 다릅니다." 무엇을 하든지 우리는 알아차릴 수 있다. 우리의 몸과 느낌과 마음과 마음의 대상 영역에서 일어나는 모든 것을 알아보고 인정할 수 있다. 할 일이 많아서 수행할 시간이 없다고 생각해서는 안 된다. 알아차림 속에서 그 일을 한다면 이미 제대로 수행하고 있는 것이다. 알아차림 없이 일을 할 때에만 문제가 생긴다.

나무를 한 그루 보고 있다고 하자. 그 나무의 싱그러운 초록빛이 좋아서 즐거운 느낌이 든다. 그 나무를 보면서 집중하여 알아차릴 수 있을 때 즐거운 느낌은 증가하며, 그 나무는 훨씬 더 밝아지고 선명해진다. 뉴잉글랜드는 가을 단풍숲이 기막히게 아름다워서 그것을 보려고 사람들이 순례하듯이 찾아온다. 하지만 개개인이 인식하는 단풍숲의 아름다움과 느끼는 기쁨의 정도는 그 사람 마음의 자유와 평화에 따라 차이가 난다. 마음이 평화롭고 알아차리는 힘이 강한 사람이 단풍을 보며 느끼는 기쁨은 마음이 슬프고 자신의 괴로움 밖에는 보지 못하는 사람이 느끼는 기쁨보다 천 배는 더 클 것이다. 눈앞의 풍경은 똑같지만, 그 풍경에 대해 개인이 느끼는 평화와 행복은 똑같지 않다. 이 차이는 그들의 알아차리는 능력의 차이다.

아름다운 단풍나무는 법념처法念處에 속하고, 우리가 느끼는 기쁨은 심념처心念處에 속한다. 우리가 그 나무의 아름다움을 알아보지 않는다면 그 나무와 그것의 아름다움은 존재하지 않는 것과 같다. 괴로움이나 행복은 수념처受念處에 속한다. 알아차림은 우리의 감관을 지키는 문지기다. 의식에 심소가 일어날 때 알아차림을 이용해 그것을 알아보는 법을 배우면 우리는 자신이 가야 할 방향을 안다. 우리가 의도적으로 방향을 찾은 것이 아니다. 우리가 알아차린다는 사실이 자동으로 우리에게 그 방향을 일러준 것이다. 우리는 일어나고 있는 일이 선인지 불선인지, 유익한지 해로운지를 알고 그것을 추구하거나 피할 수 있다

우리 모두의 내면에는 결박과 수면이 있다. 내적 결박[結] 또는 결사[使]는 우리를 단단히 묶고 방해하는 마음속의 슬픔과 고통이다. 이것의 성질은 불선이다. 누군가의 말이나 행동에 슬픔이나 분노를 느낄 때 결박이 생겨날 수 있다. 이것을 가리키는 한자 '사使'는 '이리저리 부린다'를 뜻한다. 아뢰야식에 묻힌 내적 결박은 우리를 노예처럼 부리며 이것저것 시키지만 우리는 전혀 눈치채지 못한다. 여섯 감관을 지키지 못하면 이 결박의 현행을 피할 방법이 없다. 안근이 형상을 접할 때 경계하지 않으면 결박이 일어난다. 그리고 우리는 분노하거나 슬퍼하거나 집착하게 된다.

중독은 결박이다. 우리는 마약이나 알코올, 또는 해로운 관계에 처

음부터 중독되는 것이 아니다. 차츰차츰 묶이고 엮인다. 결박이 생겨날 때 큰 소리로 등장을 알린다면 그것의 존재를 즉시 알 수 있을 것이다. 하지만 우리는 마약이나 알코올에 중독된 순간을 포착하지 못한다. 우리를 해치는 사람에게 빠져든 그 순간을 알지 못한다. 결박이 생기는 과정은 은밀하게 진행된다. 여섯 감관을 항상 잘 지킨다면 애착하는 느낌이 들 때마다 그것을 알아차릴 수 있다. 술을 한 잔 따르거나 담배를 한 개비 쥘 때, 또는 멀리해야 할 사람에게 애착을 느낄 때 그것을 안다. 이 달콤한 느낌이 우리를 어디로 데려갈지를 안다. 무엇이 일어날 때 그것이 일어나고 있음을 알아보고 인정하는 능력, 바로 알아차림을 갖추면 애착이라는 결박이 생겨도 늦기 전에 그것을 간파할 수 있다.

내적 결박은 아주 오랫동안 아뢰야식 속에 조용히 웅크리고 있을 수도 있다. 하지만 결국에는 튀어나와서 우리를 묶고 뭔가를 시킨다. 우리는 분노를 행동으로 표출하기를 원치 않는다. 얼굴을 붉히고 주먹으로 탁자를 내리치는 것을 좋아하지 않는다. 하지만 분노라는 결박이 우리보다 힘이 세다. 결박의 노예가 되어 부리는 대로 따르는 것은 우리로서는 참담한 패배다. 이것을 피하는 방법은 결박이 일어날 때 그것을 알아보고 인정하는 것이다. 누군가를 만났을 때 내 안에서 저절로 혐오의 느낌이 일어났다고 하자. 이 느낌을 알아차리지 못하면 나는 그게 내적 결박이라는 것을 알아보지 못하고 혐오감에 계속 끌려다닌다. 하지만 알아차림 속에서 살 때는 그 불쾌한 느낌이 현행하자마자 그것을 즉시 이렇게 알아본다. "그 사람을 보면 나는 불쾌한 느낌이 들어."

내면에서 일어나고 있는 것을 알아보고 인정하는 것이 습관이 되면 이제 우리는 그렇게 알아본 것을 깊이 관찰한다. 혐오감이 약해진 후에도 그 느낌을 잊지 않고 그것과 자기 자신을 계속 자세히 관찰한다. 우리는 그가 예전에 우리를 모질게 대한 어떤 사람을 닮았고, 이것 때문에 그가 우리를 해치는 말이나 행동을 한 적이 없었어도 그에 대해 선입견을 갖게 되었음을 알게 될지도 모른다. 결박은 이런 식으로 우리의 느낌을 좌지우지한다. 그것을 깊이 관찰했다면 일어나고 있는 일을 어느 정도 이해하게 된다. 이 이해가 우리를 해탈로 이끈다. 우리는 결박에서 풀려나 자유롭다. 그러면 그 사람과 아무 문제 없이 대화할 수 있다.

이 결박이 부분적으로 변해서 잠재성향으로 존재하는 것을 수면隨眠이라고 한다. 아주 깊은 곳에 잠복해 있어서 인식하기 어렵기 때문에 우리는 그것이 이제는 존재하지 않는다고 생각한다. 하지만 나무를 베어냈어도 뿌리가 남아 있다. 그 나무는 겉보기에는 없어진 것 같지만 땅 밑에 남은 뿌리 속에 잠재된 형태로 여전히 존재한다. 이 잠재성향과 우리 자신을 따로 분리하는 것은 불가능하다. 그것은 몸을 따르는 그림자와 같다. 무아와 상입상즉을 관찰하는 수행을 할 때 우리는 자아에 대한 집착을 뿌리째 뽑았다고 생각할지도 모른다. 하지만 그 뿌리는 우리가 태어나기 전부터 거기 있었다. 그리고 그것을 없애려면 해야 할 일이 훨씬 더 많다. 아집我執이라는 이 잠재성향이 이런저런 모습으로 나타날 때 우리는 주의해야 하며 그것을 알아보고 인정해야 한다.

습기(習氣, '훈습')가 내적 결박의 근원이다. 습기란 찻잎과 꽃잎을 섞어 두었을 때 차에 밴 꽃향과 같다. 좋은 환경 속에 있으면 우리에게 좋은 '향'이 배고, 나쁜 환경 속에 있으면 나쁜 '향'이 밴다. 몸과 말과 생각으로 지은 모든 업이 습기를 형성할 수 있다. 어떤 습기는 수천 년에 걸쳐 생기기도 한다. 과거에 지은 업은 물론이고 현재 짓는 업이 우리의 유일한 재산이다. 우리가 하는 모든 말과 행위가 우리가 어떤 모습으로 어떻게 살지를 결정한다. 빛나고 행복한 곳으로 가고 싶다면 좋은 습기를 지녀야 한다. 가장 좋은 습기는 알아차림 수행이다. 알아차림을 수행하는 승가와 함께 지낸다면 알아차림의 향이 밸 것이다.

습기에는 두 종류가 있다. 첫 번째는 업습기業習氣로서 말 그대로 '업의 훈습', 업이 만든 습관적 성향이다. 걷기 명상을 3주 동안 행한다면 그것이 습기가 된다. 그러면 공항에서 비행기를 기다려야 할 때 우리는 걷기 명상의 습기를 이용해서 시간을 보낼 수 있다. 업습기는 우리의 진짜 재산, 죽을 때 가져갈 수 있는 유일한 소유물이다. 사랑하는 사람과 물건과 학위 등, 다른 것들은 전부 남겨두고 떠나야 한다. 함께 떠날 수 있는 것은 우리의 업습기뿐이다. 그리고 좋은 것만 골라서 가져갈 수는 없다. 전부 가져가야 한다. '기억해야 하는 다섯 가지 명제(오념五念)'의 맨 마지막이 이것을 상기시킨다. "나의 업만이 유일한 내 것이다. 나는 내가 지은 업의 과보果報를 피하지 못한다. 나의 업은 내가 딛고 선 땅이다."

두 번째는 이취습기二取習氣로서 두 가지에 집착하는 습관적 성향이다. 우리는 영원불변하는 별개의 자아가 있다는 생각에 집착하고,

사물이 실체로서 존재한다는 생각에 집착한다. 모든 현상을 이원적 측면에서 인식해서 객관이 주관 바깥에 존재하며 나와 남이 별개라고 생각한다. 알아차림 속에서 살아갈 때 우리는 세계가 단지 우리의 식識에 불과하며 개인과 집단, 나와 남, 태어남과 죽음, 오고 감, 존재와 비존재가 개념일 뿐임을 본다.

두 종류의 습기가 변화할 때, 내적 결박이 풀릴 때 수행의 열매가 저절로 드러난다. 이것을 근본에서의 변화, 전의轉依라고 부른다. 전의는 아뢰야식 깊은 곳에서 일어나는 변혁을 뜻한다. 아뢰야식이 다른 모든 식의 근본이자 궁극적으로 우주의 근본이기 때문이다. 무아론에 대해 배우고 추론하고 토론하고 수용한다면 우리의 표면의식에 작은 변화가 일어날 수 있다. 하지만 뿌리, 근본을 완전히 바꾸기 위해서는 무의식 속의 무명을 바꿔야 한다. 그것을 접하지 못한다면 진정한 변혁은 일어나지 못한다. 수행은 지성 하나만 바꾸는 문제가 아니다.

자신의 습기를 접하고 아뢰야식 속에 있는 폭력, 절망, 두려움, 분노의 뿌리를 바꿀 수 있을 때 전의가 일어난다. 우리는 결박과 수면을 알아보고 인정함으로써 그것들을 바꾸기 시작한다. 무아와 상의상관에 대한 통찰을 통해 사물을 보는 법을 익혀야 한다. 아뢰야식 속의 지혜 종자에 밤낮으로 물을 줘야 한다. 그러면 그 종자가 성장해서 우리가 보고 접하는 모든 것 속에서 상의상관성을 보게 해줄 것이다. 우리는 이 지혜를 일상생활에 적용해야 한다.

47

지 금 이 순 간

지금 이 순간 속에
과거와 미래가 있다.
지금 이 순간을 경험하는 방식 속에
변화의 비결이 있다.

현재 속에 과거와 미래가 있다. 이것은 『화엄경』의 가르침이다. 하나
속에 일체가 있다. 시간 속에 공간이 있다. 현재와 접할 때 우리는 과거
와 미래를 포함한 모든 시간과 접한다. 시간 속에 공간이 있으므로 현
재 이 순간 속에 이곳과 그 밖의 모든 곳이 있다. 지구 위에 서 있을 때,
현재 속에서 살고 있을 때 우리가 딛고 선 지면은 경계가 없다. 파리에
서 있을 때 자신이 전 유럽 위에 서 있음을 본다. 그리고 현재에 온전히

머물 때 자신이 아시아와 아메리카, 아프리카, 전 지구 위에 서 있음을 본다. 지금 이 순간 속에서 우리는 온 세계와 온 우주를 접할 수 있다.

지금 이 순간을 어떻게 다루느냐가 괴로움을 변화하게 하는 열쇠다. 이것이 불교 가르침의 핵심이다. 서양 심리학은 다른 접근법을 취한다. 정신분석은 과거의 문을 열고 거기서 일어났던 것과 접촉함으로써 효과를 보인다. 이 접근법에 따르면, 우리의 괴로움은 내면의 해결되지 않은 갈등의 결과다. 분노, 증오, 공포, 불안과 같은 이 내적 결박은 어린 시절부터 우리 마음속에 있었다. 갈등이 일어났을 때 우리의 의식은 그 고통을 견딜 수 없었기 때문에 그것을 무의식 속에 깊이 묻었다. 그때 이후로 의식은 이 견딜 수 없는 갈등이 의식 영역으로 들어오지 못하게 막으려고 애썼다. 따라서 그 고통스런 기억들은 여전히 무의식에 머물면서 표층으로 통하는 길을 찾고 있다. 때때로 그것은 이런저런 형태로 등장한다. 우리는 문득 떠오른 생각이나 불쑥 내뱉은 말에 자신도 경악하거나, 직면한 상황과 전혀 걸맞지 않은 행동을 할 때가 있다. 무의식 속의 평화와 기쁨의 결여는 그런 비정상적인 형태로 표출된다.

프로이트는 의식의 빛을 무의식의 어두운 구석구석에 비출 때 정신질환이 서서히 완화된다고 주장했다. 그가 개발한 정신분석 기법에서 환자는 편안한 소파에 앉거나 눕고, 분석가는 환자의 뒤쪽 보이지 않는 곳에 앉는다. 이것은 환자가 창피해하거나 불안해하지 않고 마음에 떠오르는 것은 무엇이든지 말하도록 하기 위해서다. 환자는 두 팔을 옆으로 내린 채 긴장을 풀고 머릿속으로 자유롭게 연상한다. 떠오르는 이미지는 무엇이든지 분석가에게 말한다. 가끔 분석가는 환자가 말하도록 부추기기도 하고, 어린 시절의 특별한 사건을 기억해보라고 권하기도 한다. 어린 시절에 대해 이야기할 때 환자 자신조차 그 중요성을 모르고 있던 특정 사건의 세세한 부분들이 무의식으로부터 튀어나온다. 분석가는 그것들을 받아 적고 질문을 통해 그 영역을 더 깊이 탐구하기도 한다.

분석가는 환자에게 최근의 꿈에 대해 이야기해보라고 권한다. 정신분석에 따르면, 꿈은 무의식에 이르는 통로다. 그리고 환자에게 최근에 겪은 것, 고통스러웠던 것, 평소와는 달랐던 것, 실패한 것, 곤란했던 순간에 대해 이야기해보라고 요구한다. 그런 것에 대해 말하는 동안 환자는 무의식에서 마구 튀어나오는 이미지들을 표출한다. 유능한 분석가는 환자의 무의식 속에 묻혀 있던 이미지들을 읽을 수 있다. 분석가는 환자와 함께 과거를 샅샅이 뒤지면서 환자의 무의식 깊은 곳에 묻힌 채 현재 그를 괴롭히는 생각과 이미지를 접한다. 이 과정에서 가장 중요한 것은 환자가 긴장을 풀고 무엇에 대해서든 의식적으로 생각하지 않는 것이다. 그는 자신을 있는 그대로 내보이면서 뭔가가 연상될 때마다 분석가에게 말한다. 분석가가 자신을 도와줄 수 있다고 믿기 때문이다.

이것이 말은 쉽지만 실제로는 그렇지가 않다. 우리가 감히 큰 소리로 말하지 못하는 생각과 이미지가 종종 마음에 떠오른다. 말을 할 때 우리는 대체로 자신을 편집한다. 하지만 이것은 진실을 보는 데 도움이 되지 않는다. 정신분석 모델에 따르면, 환자가 분석가를 믿을 때에만 긴장이 풀리고 편안해지며 진실을 전부 털어놓기 시작한다. 환자가 많이 털어놓을수록 분석가는 더 많은 자료를 가지고 환자가 자신의 무의식을 보고 접하게 돕는다.

프로이트는 무의식을 발견한 최초의 서양 심리학자다. 이 발견이 서양의 문학과 철학과 심리학에 끼친 영향은 실로 막대했다. 그는 시신경이나 청각경로, 운동신경계에 아무 이상이 없는 사람들이 난청이나 실명, 실어증, 마비 증상을 겪는 것을 보았다. 그래서 최면을 시도했고, 최면 상태에서는 환자들이 평소에 기억하지 못하는 것을 말한다는 사실을 알아냈다. 그는 환자의 신체 증상이 생리적 장애가 아닌 마음에서 생겨난다는 결론을 내렸고, 이것이 무의식의 '발견'으로 이어졌다.

부모의 적대적인 대화를 듣는 것이 견딜 수 없이 괴로울 때 대여섯 살짜리 아이들은 귀가 멀기도 한다. 때때로 사람들은 고통스러운 것을 보지 않으려고 눈이 멀기도 하고, 손을 이용해서 강압적인 성행위를 했을 경우 손이 마비되기도 한다. 정신분석의 목표는 깊이 묻어둔 과거에 대한 정보를 파헤쳐서 현재의 고통을 설명하는 것이다. 정신분석은 현재의 해결책으로서 과거를 강조한다.

후대에 등장한 인본주의 심리학은 우리는 과거를 파고들 필요가 없으며 현재에 주의를 기울여야 한다고 말한다. 인본주의 심리학을 창시한 칼 로저스Carl Rogers는 다음 다섯 가지 지침을 제시했다.

1)   우리는 과거가 아닌 현재를 가장 중요시해야 한다.
2)   어떤 감정이 있을 때 그 근원을 과거에서 찾기보다는 그 감정 자

체에 주의를 기울여야 한다.

3) 무의식의 내용보다는 의식의 내용을 이용해야 한다.

4) 감정의 영역에서 무엇이 일어나든지 그것을 즉시 다루어야 한다.

5) 지금 평화롭고 즐겁게 사는 것에 초점을 맞춘다면 질병은 저절로 완화된다.

불교 심리학은 이 두 접근법을 모두 포괄한다. 불교는 의식의 내용이 전부 무의식, 아뢰야식에서 생겨난 것으로 본다. 아뢰야식 속 괴로움 종자가 의식에 현행할 때는 더 많은 괴로움을 일으킨다. 무의식을 괴로움을 해결하는 열쇠로 본 것은 프로이트와 비슷하다. 하지만 그는 현재 현행한 심소를 바꾸는 것보다는 과거 아뢰야식에 괴로움 종자를 심었던 사건을 파헤치는 것을 강조했다.

제45송에서 우리는 과거에 심은 괴로움 종자를 다루는 세 가지 수행법을 배웠다. 첫째, 현재 속에서 유익하고 행복하고 아름다운 것을 접한다. 둘째, 알아차림을 수행함으로써 괴로움이 일어날 때 그것을 알아보고 인정한다. 셋째, 준비가 되었을 때 괴로움을 의식으로 불러들이고, 알아차림을 통해 그것을 접하여 바꾼다. 이 세 가지 방법은 현재 이 순간에 초점을 맞춘다. 과거와 현재는 서로 의지해서 존재하기 때문이다. 현재 속에 이미 과거가 있다. 이것이 상의상관적 공존이다. 알아차림의 빛을 통해 우리는 지금 이 순간에 일어나는 것을 알아보고 그 근원을 알아낼 수 있다.

분노나 절망이 일어날 때 우리는 먼저 그것을 책임져야 한다. 나의 분노의 가장 큰 책임은 내게 있지만, 내 형도 어느 정도는 책임이 있다. 형이 한 말이 나의 아뢰야식 속 분노 종자에 물을 주었기 때문이다. 누나도 조금은 책임이 있다. 누나가 내 분노 종자에 물을 주는 말이나 행동을 하진 않았지만, 내 분노는 공통성을 지니고 누나도 집단의 일원이기 때문이다.

모든 현상은 개별성과 공통성을 지닌다. 괴로움은 개인의 아뢰야식의 현행일 뿐만 아니라 많은 세대와 사회 집단의 아뢰야식의 현행이다. 그러므로 내게 일어나는 것은 모든 사람에게 공동 책임이 있다. 책임의 정도는 개인과 상황에 따라 다르다. 그리고 똑같은 이유로, 내 주변 사람들에게 일어나는 것에 대해 나 역시 공동 책임이 있다.

마음속에서 일어나는 것에 우리가 책임을 지는 것은 매우 유용하다. 분노에 대한 책임의 90퍼센트는 자신에게 있다. 따라서 우리는 다른 사람을 비난하지 않는다. 그들이 그 분노의 발생에 직간접적으로 관여했더라도 그렇다. 분노의 이유를 찾느라 시간을 허비하지 않고 우리는 그럴 기운으로 분노를 보살핀다. 괴로운 느낌이 일어날 때 알아차림의 빛으로 그것을 포용한다. 이렇게 하는 이유는 우리의 모든 조상은 물론이고 미래 세대를 위해서다.

기본적인 치료법은 지금 순간에 존재하는 아름답고 행복한 것들을 알아차림 속에서 접하는 것이다. 이 간단한 방법은 그 효과에 비해 잘 알려지지도 않았고 널리 수행되지도 않는다. 우리는 기쁨과 평화를 당연하게 여기는 경향이 있다. 만사가 순조롭게 흘러갈 때는 그것에 대해 아무도 말하지 않는다. 누군가가 아름답게 웃는 모습은 신문에 나지 않지만, 누군가가 분노로 인해 살인을 하면 뉴스로 보도된다.

첫 번째 방법을 적용할 때 우리는 자신을 의도적으로 치유하지 않는다. 이때 치유는 간접적으로 일어난다. 직접 치유하는 방법도 있다. 유식학에 따르면, 괴로움이 일어날 때 알아차림을 이용해 그 느낌을 알아보고 인정함으로써 그 세력을 약화할 수 있을 뿐만 아니라 그것을 의식으로 불러옴으로써 직접 바꿀 수도 있다. 이 방법으로 유식학은 인본주의 심리학보다 훨씬 더 멀리 나아간다.

괴로움과 무명의 뿌리는 현재 이 순간의 아뢰야식, 근본식 속에 존재한다. 따라서 의식이 해야 할 일은 현재 이 순간을 아름답고 행복하게 만드는 것, 아뢰야식을 변화시키는 것이다. "내일 즐겁고 평화롭기 위해서는 오늘 괴로워야 해." 또는 "여기는 진짜 내 집이 아니야. 나는 천국에 가서 행복할 때까지 기다릴 거야." 이렇게 말할 이유가 없다. 우리는 미래를 돌보기를 원한다. 하지만 미래를 만드는 재료는 단 하나, 바로 현재다. 미래를 돌보는 가장 좋은 방법은 최선을 다해 지금 이 순간을 돌보는 것이다. 과거나 미래 속에서 헤매는 것은 도움이 되지 않는다. 길을 잃고 헤매면 우리는 현재와 과거와 미래를 돌보지 못한다. 근본에서의 변화, 전의의 비결은 지금 이 순간을 알아차림 속에서 경험하는 것이다. 현재에 존재하는 법을 알 때 우리는 생의 매 순간을 온전히 깊이 경험할 뿐만 아니라 과거를 바꾸고 미래를 바르게 세울 수 있다.

현재에 존재한다는 말은 과거를 돌아보거나 미래를 내다보지 말라는 뜻이 아니다. 현재에 기반할 때 우리는 과거를 검토하고 미래를 예측하고 많이 배울 수 있다. 하지만 과거나 미래에 몰두하는 것은 도움이 되지 않는다. 전의의 비결은 현재 이 순간을 알아차림 속에서 사는 것에 있다. 우리는 매 순간 알아차림을 행해야 한다. 현재를 깊이 접할 때 우리는 과거도 접하고, 더 나아가 변화시킬 수 있다. 과거에 나는 실수를 하고 누군가를 괴롭혔을 것이다. 괴로움의 상흔이 여전히 내 속에 남아 있고, 그 사람 속에도 남아 있다. 알아차림의 빛을 통해 나는 내 속의 상흔을 알아보고 내가 괴롭힌 그 사람에게 이렇게 말할 수 있다. "미안해요, 그런 짓은 두 번 다시 하지 않을게요." 내 부모와 조부모가 과거 속에, 현행한 상태로든 현행하지 않은 상태로든, 여전히 존재한다. 우리가 지금 여기에 진정으로 존재할 수 있다면 그들이 우리에게 미소를 보내는 것이 보인다.

새롭게 시작하겠다는 결심은 매우 강력한 에너지다. 그것은 우리의 상처를 즉시 치유하고 우리와 다른 사람의 고통을 없애게 도와줄 수 있다. 이런 종류의 가르침과 수행법을 알려줌으로써 우리는 많은 사람이 죄의식에서 벗어나게 도울 수 있다.

『행복경幸福經』은 이 주제에 대한 가장 오래된 가르침이다.36 "내 가르침은 사람들이 현재에 평화롭고 안락하도록 돕는 것이며 이것으로써 그들은 반드시 현재 행복할 뿐만 아니라 미래에도 행복할 것"이라고 붓다는 여러 번 말하였다. 현재가 행복할 수 있다면 미래도 행복할 수 있다. 이 말을 요약한 것이 "드리스타 다르마 수카 비하린Drishta dharma sukha viharin"이다. 드리스타drishta는 지금 순간에 알고 보고 접하는 것을 뜻하고, 다르마dharma는 현상, 수카sukha는 행복, 비하린viha-rin은 머물러 있음을 뜻한다. 현법낙주現法樂住, 즉 "지금 이 순간을 경험하면 행복 속에 머문다."는 뜻이다. 현재 순간 속에는 우리를 행복하게 하는 내적·외적 조건이 항상 충분히 존재한다.

이는 곧 우리 내부와 주변에 괴로움의 조건도 존재한다는 사실을 부인하지 않는 것이다. 하지만 괴로움의 조건이 있다고 해서 행복의 조건이 사라지는 건 아니다. 괴로움만을 접한다면 우리는 진정으로 사는 게 아니다. 자신의 괴로움에 갇혀서 꼼짝도 못하는 사람들이 있는데, 그들은 어디로 눈을 돌리든지 잘못된 것, 속상한 것만 본다. 꽃이 아름답고 석양이 장관이라는 것을 알고는 있지만, 그것을 진정으로 경험하지는 못하는 것이다. 높은 장벽이 그들을 에워싸고 있어서, 그들이 꽃과 석양과 경이로운 자연, 그리고 현재 이 순간을 접하지 못하게 막는다. 자신의 내부와 주변의 유익하고 아름다운 것들을 접할 수 있다면 우리가 가진 괴로움은 줄어든다. 괴로움을 접하는 것으로는 충분하지 않으며, 괴로움은 물론이고 유익하고 아름다운 것도 접해야 한다. 그러기 위해서는 승가, 도반 집단이 필요하다. 그들은 미소 지으며 언제나 곁에 있으면서 우리를 이해하고 서로 함께 필요한 방편을 취해서 우리가 무명의 세계에서 벗어나도록 돕는다.

괴로움이 생겨났다고 느꼈다면 알아차림의 힘으로 그것을 포용하라. 우리의 조상들과 미래 세대를 위해 그렇게 하는 것이다. 괴로움은 개인의 발현일 뿐만 아니라 많은 세대와 사회의 집단적 발현이다. 책임은 우리에게만 있는 것은 아니다.

48

수행 공동체

변화는
일상생활에서 일어난다.
수행을 쉽게 하기 위해서는
승가와 함께 수행하라.

이 게송은 일상 속 수행과 도반 공동체, 승가僧伽에 대해 이야기한다. 때때로 우리는 혼자 산속으로 들어가 토굴의 문을 닫아걸고 수행하는 것이 더 쉽다고 생각한다. 사실은 혼자 수행하는 것이 훨씬 더 어렵다. 인간은 사회적 동물이다. 그리고 우리의 기쁨과 희망은 다른 사람들과 함께 있는 것에 의지한다.

우리의 수행은 간단하다. 일상에서의 알아차림이다. 우리가 하는 명상 수행법은 멈춤과 깊은 관찰이다. 이것을 하는 이유는 천지사방으로 끌려가지 않기 위해서다. 수행은 우리가 마치 마라에게 쫓기듯 정신없이 달음질치며 살아가는 것을 멈추게 해준다. 우리는 주변 사람들의 기세에, 환경에, 자신의 생각에, 분노에 자주 휩쓸린다. 그리고 우리에게는 그런 위력에 맞설 힘이 없다. 자문하라. "지난 몇 년 동안 나는 어떻게 살아왔는가?" 멈춤을 수행하지 않았다면 그 세월은 한낱 꿈처럼 흘러갔을 것이다. 당신은 멈춰서 달을 보거나 두 손으로 꽃을 쥔 적이 단 한 번도 없었을지도 모른다. 잠시 멈춰서 깊이 관찰하지 않는다면 우리는 자신의 삶을 진정으로 살지 못한다.

우리를 멈춰 세울 수 있는 힘은 알아차림이다. 전화벨 소리, 운전 중 빨간불 등, 일상 속에 이미 존재하는 것들을 이용해서 우리는 멈추고 호흡하고 미소 짓고 지금 이 순간으로 돌아온다. 전화벨 소리는 진아眞我로 돌아갈 것을 일깨우는 붓다의 목소리다. 그 목소리가 말한다. "지금 어디로 가고 있느냐? 어서 집으로 돌아가거라." 우리는 집에서 도망친 어린아이와 같다. 전화벨 소리를 들을 때 우리는 지금 여기로 돌아올 수 있다. 지금 이 순간은 기쁨과 평화, 자유, 깨달음으로 충만하다. 우리는 단지 멈춰서 그것을 접하기만 하면 된다.

멈춤[止] 수행은 삼매[定], 즉 집중을 불러온다. 집중하면 알아차림이 더욱 안정되고 견고해진다. 손전등의 배터리를 완충하면 그 빛이 한결같이 강해서 어떤 대상에 비추든지 그것이 명확하게 보인다. 하지만 배터리가 거의 방전되면 희미하고 깜빡이는 이미지만 보인다. 집중은 배터리이고, 알아차림은 손전등이다. 멈춰서 마음을 조금이라도 집중할 때 우리는 보기 시작한다. 더 오래 멈추면 집중하는 힘이 더 강해져서 알아차림의 빛을 어디에 비추든지 명확하게 볼 수 있다. 집중할 때는 깊은 관찰[觀]이 훨씬 더 쉬워진다. 사실, 멈춤[止]과 집중[定]과 깊은 관찰[觀]은 따로따로 분리할 수 없다. 집중하자마자 이미 거기에 깊은 관찰이 있다. 깊이 관찰하기 위해서는 먼저 멈추어야 한다. 멈춰서 꽃을 깊이 관찰할 때 우리는 그 꽃 속에서 연기성과 해와 비와 흙을 본다.

일상의 모든 활동에서 집중과 깊은 관찰을 수행할 수 있다. 걸을 때도 멈춤을 수행할 수 있다. 우리는 목적지 도착만을 목표로 걷지 않는다. 한 걸음 한 걸음을 즐기면서 걷는다. 바닥에 비질을 할 때, 설거지를 할 때, 샤워를 할 때도 멈춤을 수행한다면 우리는 진정으로 살고 있는 것이다. 이렇게 수행하지 않는다면 매일이, 매달이 그냥 스쳐 지나가고, 우리는 시간을 허비하는 것이다. 멈춤은 우리가 참되게 살도록 도와준다.

이 수행은 간단하지만 혼자 떨어져서 하면 지속하기가 어려울 수 있다. 우리를 이리저리 끌고 가는 힘들이 강력하다. 하지만 승가의 일원일 때는 수행이 수월하고 당연해진다. 승가는 공부하고 수행하려는 의도를 지닌 사람들의 공동체다. 하지만 좋은 의도만으로는 부족하다. 우리는 함께 행복하게 사는 법을 익혀야 한다.

승가 공동체 건설은 수행의 가장 중요한 작업이다. 우리는 서로 자신감을 북돋우고 행복한 공동체를 세우는 법을 배워야 한다. 승가는 가족처럼 구성하는 것이 좋다. 스승은 아버지나 어머니와 비슷하고, 선

틱낫한 마음

배 수행자는 형이나 누나, 삼촌, 이모와 같다. 모든 사람이 저마다 소중한 일원이라고 느끼는 영적 가족으로 승가를 건설해야 한다. 그렇지 않으면 수행이 어렵다. 결손 가정과 고달픈 사회에서 벗어나 수행하러 오는 사람이 많다. 참여자들 간에 교류나 애정, 온기가 없어서 각자 외딴 섬처럼 지내는 승가라면 그들은 10년, 20년을 수행해도 열매를 맺지 못한다. 우리는 깊이 뿌리를 내려야 한다. 뿌리가 없으면 행복하게 살기가 어렵다.

스승도 훌륭한 승가의 도움을 받는다. 아무리 뛰어난 자질을 갖추었어도 승가에 속하지 않으면 스승으로서 그가 할 수 있는 것이 별로 없다. 승가 없는 스승은 악기가 없는 연주자와 같다. 스승의 능력은 그가 속한 승가의 질적 수준에서 드러난다. 승가가 화목하다면 단기간 참여한 수행자도 얼마간 이익을 얻는다.

어떤 스승이나 승가에게도 완벽을 기대하지는 말라. 우리의 수행을 많이 도와줄 열심히 수행하는 보통 사람들의 집단이 필요한 것뿐이다. 구성원 개개인이 승가를 의지처로 삼는다면 그 승가는 견실하고 훌륭하게 성장할 것이다. 우리가 미소를 짓고 의식적으로 호흡할 때 승가 전체가 함께 미소를 짓고 의식적으로 호흡한다. 승가에는 서로서로 돕는 마음이 있다. 우리가 실패하고 절망할 때 우리를 도와줄 수 있는 누군가가 항상 거기에 있다. 걷기 명상을 수행할 때 우리는 승가를 돕고 있는 것이다. 승가 건설에 필요한 것은 가벼운 미소와 걷기 명상, 멈춤[止], 현존이다. 이런 토대 위에서 승가를 세울 때 우리는 다른 사람들을 도울 수 있다. 가장 중요한 것은 승가 자체가 행복하고 안정적이고 구성원을 성장시키는 공동체가 되는 것이다.

　이런 승가를 세우게 돕는 가장 좋은 방법은 당신이 속한 수행 공동체 속에서 당신 자신이 유익한 일원이 되는 것이다. 승가는 당신이 방문하고 참여할 수 있는 전통적인 수행 공동체다. 하지만 그것은 저절로 생겨나지 않는다. 우리 자신이 만들어가는 것이다. 승가보다는 붓다와 그 가르침에 의지하기를 원하는 사람들이 있다. 우리와 똑같이 욕계 세상에 사는 평범한 수행자들 말고, 사리불과 목건련, 보현보살, 문수보살 같은 대보살들의 승가를 의지처로 삼고자 하는 사람들도 있다. 불법佛法과 수행에 대한 믿음이 있으므로 우리는 붓다에게 귀의한다. 붓다는 알아차림이다. 붓다는 우리가 가야 할 길을 보여준다. 하지만 승가에 귀의하는 것은 단지 믿음 때문만이 아니다. 그것은 공동체 속에서의 수행 경험을 토대로 생겨난 신뢰를 표현하는 것이다.

　변화는 일상생활 속에서 일어난다. 승가에 귀의하고 승가와 함께 수행하는 것이 매우 중요하다. 승가가 생겨나기를 기다리지 말라. 지금 이 순간을 화목하고 행복하게 사는 것을 배우고 바로 지금 바로 여기에 당신의 승가를 세워라. 승가 없이 수행하기는 어렵다. 출가수행자뿐만 아니라 모든 수행자에게는 든든한 승가가 필요하다. 승가와 함께 수행할 때 수행의 결실을 얻기가 쉽다. 승가에 귀의한다면 당신의 수행이 실현될 것이다.

　또한 승가를 환경으로 이해하는 것이 좋다. 적절한 환경을 갖추지 못하면 변화와 치유가 쉽지 않다. 유익하고 좋은 환경에서는 우리 안의 긍정적 종자가 현행해서 전경으로 드러나고 부정적 종자는 세력이 약해져서 배경으로 물러난다. 이 이치는 정신적 현행과 물리적 현행에도 똑같이 적용된다. 연기의 관점에서 보면, 하나의 씨앗 속에 모든 씨앗이 있고 하나의 유전자 속에 모든 유전자가 있다. 그 하나 속에 선 종자와 불선 종자가 전부 들어 있다. 인터넷으로 모든 정보에 접근하게 해줄 능력을 지닌 컴퓨터와 같다. 한 가지 정보가 화면에 나타나면 나머지 정보는 전부 배경에 잠복해 있어야 한다. 우리는 현행한 정보는 계속 저장해두고 나머지 정보는 드러나지 못하게 막을 수 있다. 좋은 환경은 수행과 치유에 대단히 중요하다. 좋은 종자나 좋은 유전자를 심을 수 있었어도 환경이 좋지 않을 경우, 그 좋은 종자나 유전자가 전경에서 오래 머물지 못한다. 그렇기 때문에 현대사회에서는 승가를 세우고 유익한 환경을 조성하는 것을 최우선 과제로 여겨야 한다.

『섭대승론』에서 무착은 종자의 여섯 가지 성질에 대해 말한다. 찰나멸刹那滅, 과구유果俱有, 항수전恒隨轉, 성결정性決定, 대중연待衆緣, 인자과引自果다. 첫째, 종자가 찰나 찰나 생멸을 반복하는 성질은 무상의 가르침을 일깨운다. 현행한 모든 것이 시시각각 변화한다. 이 말은 변화와 치유가 가능하다는 뜻이다. 둘째, 원인과 결과가 동시에 존재하는 성질은 종자가 감관 및 그 대상과 상호의지해서 공존한다는 것을 의미한다. 종자는 식과 인식 주관과 인식 객관과 별개로 존재하지 않는다. 옥수수알 속에 옥수수나무가 있다. 따라서 연기법을 확인할 수 있다. 앞뒤 성질의 연속성을 가리키는 세 번째 항수전은 종자와 현행의 상호작용과 상호생산을 보여준다. 종자는 현행을 낳으며 현행은 종자를 낳고 생장시킨다.

넷째, 선악이 분명한 성결정과 여섯째, 성질이 동일한 결과를 끌어오는 인자과는 원인과 결과의 지속성을 설명한다. 분노 같은 부정적 현행은 분노 종자를 낳거나 강화하고, 연민 같은 긍정적 현행은 연민 종자를 낳거나 강화한다. 하지만 무상과 연기의 관점에서 보면, 현행과 종자는 바뀔 수 있다. 변화함으로써 애초에 결정된 성질을 상실할 수 있는 것이다. 불선한 성질을 지녀서 불선으로 정의된 종자나 과보가 전경으로 드러나 현행하는 동안, 선의 종자나 선의 과보는 환경이 좋지 않은 탓에 배경에 잠복해 있어야 한다. 변화가 가능하므로 쓰레기가 꽃이 될 수 있고, 번뇌가 깨달음이 될 수 있다. 따라서 우리는 무착이 제시한 이 두 가지 성질을 이해할 때 신중해야 한다. 다섯째, 인연을 기다려 결과로 나타나는 성질에 대해서는 좋은 환경과 좋은 승가라는 연을 갖출 수 있다면 변화가 일어난다는 뜻으로 이해할 수 있다.

49

증득할 것이 없다

태어나는 것도 없고 죽는 것도 없다.
집착할 것도 없고 내려놓을 것도 없다.
윤회가 곧 열반이다.
증득할 것이 없다.

이 게송은 궁극적 진리의 세계(수행의 결실, 열반, 생사를 초월한 경지)에 대해 말한다. 하지만 현상 세계와 진리의 세계는 별개가 아니다. 궁극의 경지를 '증득'한다고들 말하지만, 우리는 아무것도 증득하지 않는다. 파도는 물의 성질을 증득할 필요가 없다. 파도가 곧 물이다. 우리는 현상계 속에서, 존재와 비존재, 영원과 단멸, 오고 감의 세계 속에서 산다. 그리고 동시에 열반을 접한다. 열반이 우리의 본성이다. 파도가 언제나

물이었듯이, 우리도 언제나 열반 속에서 살아왔다.

　무상·무아·열반의 삼법인은 〈유식오십송〉의 문을 여는 열쇠다. 삼법인은 동전의 양면, 그리고 그 재료가 되는 금속과 같다. 동전의 한 쪽 면을 접할 때 우리는 금속, 본성을 동시에 접한다. 우리가 존재와 비존재, 같음과 다름, 태어남과 죽음 같은 개념에 집착하는 이유는 사물이 영원불변하고 별개의 실체가 있다고 생각하기 때문이다. 무상과 무아를 깊이 관찰함으로써 우리는 열반을 접할 수 있다. 무상과 무아는 현상, 즉 파도에 적용된다. 파도를 깊이 관찰할 때 그 본성을 알 수 있듯이, 우리는 존재하는 모든 것의 무상성과 무아성을 깊이 관찰함으로써 존재와 비존재, 같음과 다름, 태어남과 죽음의 개념을 초월할 수 있다. 이것이 열반으로 무상과 무아를 비롯한 모든 개념이 소멸한 경지다. 무상과 무아는 우리가 무상, 무아 개념을 초월하도록 돕기 위해 설정된 것이다. 하지만 어쨌든 개념이다. 실재가 아닌 조작된 것이다. 열반은 상주常住와 무상無常 개념을 초월한다.

　삼자성三自性의 관점에서 보면, 변계소집성은 사물을 영원불변하고 실체를 지닌 것으로 본다. 연기법의 관점에서는 사물의 항상 변화하고 실체가 없는 성질을 본다. 이렇게 의타기성을 볼 때 우리는 변계소집성에서 벗어나 원성실성을 접할 수 있다. 파도를 접할 때 우리는 물을 접한다. 그리고 마침내 무상을 접할 때 열반을 접한다. 이렇기 때문에 우리는 그 무엇도 증득할 것이 없다. 집착할 것도 없고 버릴 것도 없다. 모든 것을 이미 갖추었다.

　우리는 태어남과 죽음 개념에 갇혀 있다. 태어남이란 무無에서 유

有가 되는 것, 존재하지 않던 사람이 아무개로 생겨나는 것으로 생각한다. 죽음이란 존재하던 아무개가 소멸하는 것, 유에서 무가 되는 것으로 생각한다. 하지만 깊이 관찰할 때 우리는 이 개념이 현실에 적용되지 않음을 본다. 태어남도 없고 죽음도 없다. 오직 연속할 뿐이다.

구름이 비로 변해서 강에, 바다에, 논밭에 내릴 때 그 구름은 소멸한 것이 아니다. 형태만 달라졌을 뿐, 계속 존재한다. 그것은 개울물과 합쳐지면서 계속 변화한다. 구름이 되어 하늘을 떠다니는 것은 경이롭다. 하지만 비가 되어 논밭에 내리는 것도 경이롭다. 한 장의 종이는 흩어져서 무無가 되지 않는다. 종이를 태워도 그것은 다른 형태로 여전히 존재한다. 종이의 일부는 연기가 되어 하늘로 오르고 일부는 구름이 될 것이다. 또 일부는 열기가 되고 일부는 재가 되어 땅으로 떨어지고 흙과 섞일 것이다. 이 종이가 몇 주 후에 작은 풀꽃으로 현행할지도 모른다. 우리가 그 존재를 알아볼 수 있을까? 아무것도 소멸하지 않는다. 당신은 유에서 무가 되지 않는다.

유명한 화두가 있다. 부모에게서 태어나기 전, 나의 본래 모습은 무엇이었나? 이 화두 참구는 우리 자신과 제법의 불생불멸의 성질을 깨닫게 해준다. 18세기 프랑스의 화학자 앙투안 로랑 라부아지에An-toine Laurent Lavoisier는 이렇게 말했다. "아무것도 생겨나지 않는다. 아무것도 소멸하지 않는다." 불교도가 아닌 그는 현실의 성질을 깊이 관찰한 과학자로서 이 진리를 발견했다. 『반야심경』에서도 이렇게 말한다. "불생불멸不生不滅 부증불감不增不減" 태어난 적이 없다면 어떻게 죽을 수 있겠는가? 현실의 실상을 깊이 관찰한 적이 없는 사람은 집착하고 거부할 수밖에 없다.

우리는 대개 삶에 집착하고 죽음을 거부한다. 하지만 가르침에 따르면, 시작도 없는 아득한 옛적부터 모든 것이 열반이었다. 그렇다면 어째서 이것에 집착하고 저것을 거부해야 하겠는가? 진리의 세계에는 시작도 없고 끝도 없다. 우리는 우리 바깥에 증득해야 할 어떤 것이 있다고 생각한다. 하지만 모든 것이 이미 여기에 있다. 안팎 개념을 초월할 때 우리는 증득하고자 하는 대상이 이미 우리 안에 있음을 본다. 그것을 시간이나 공간 속에서 찾아다닐 필요가 없다. 그것은 현재 이 순간 속에 이미 갖춰져 있다. '증득할 것이 없음'에 대해 숙고하는 것이 매우 중요하다. 증득하고 싶은 대상을 우리는 이미 증득했다. 어떤 것도 증득할 필요가 없다. 이미 가지고 있다. 우리 자신이 이미 그것이다.

증득할 것이 없음, 무득無得의 가르침은 구할 것이 없음, 무원無願에서 발전된 것이다. 삼해탈문三解脫門은 모든 종파가 공유하는 가르침이다. 첫 번째는 공해탈문空解脫門이다. 만물이 비어 없어 공空하다. 무엇이 비어 없다는 것일까? 별개의 실체가 비어 없다. 꽃은 해, 구름, 공기, 공간 등 우주 만물로 가득하다. 거기에는 단 한 가지, 즉 불변하는 별개의 실체가 없다. 공의 의미가 바로 이것이다. 우리는 이것을 열쇠로 이용해서 진리의 문을 열 수 있다.

두 번째는 무상해탈문無相解脫門이다. 꽃을 꽃으로만 보고 그 속에서 햇빛과 구름, 흙, 시간, 공간을 보지 못한다면 당신은 꽃의 형상[相]에 붙잡힌 것이다. 그 꽃의 연기성을 접할 때 당신은 그 꽃을 실제로 본다. 어떤 사람을 보았을 때 그의 사회와 교육, 조상, 문화, 환경을 보지 못한다면 그 사람을 실제로 본 것이 아니다. 그 대신, 그의 형상에, 개별적 실체라는 겉모양에 속은 것이다. 그를 깊이 관찰할 수 있을 때 당신은 온 우주를 접하고 겉모양에 속지 않는다. 이것을 무상해탈문이라고 한다.

세 번째는 무원해탈문無願解脫門이다. 우리는 되고 싶은 것이 이미 되었다. 다른 사람이 될 필요가 없다. 우리가 해야 할 일은 자기 자신이 되는 것, 온전하게 자신으로 존재하는 것뿐이다. 우리는 어떤 것도 추구할 필요가 없다. 우리 안에 이미 온 우주가 있다. 우리는 다만 알아차림을 통해 자기 자신으로 돌아가서 자신 안에 그리고 주변에 이미 존재하는 평화와 기쁨을 접하면 된다. 나는 도달했다. 이미 집에 왔다. 아무것도 구할 게 없다. 이것이 현실의 참모습을 여는 세 번째 열쇠다. 무원, 무득은 훌륭한 수행이다.

번뇌가 곧 깨달음이다. 우리는 평화롭게 생사의 파도를 타고 넘을 수 있다. 두려움 없는 미소를 띤 채 자비의 배를 타고 미혹의 바다를 건널 수 있다. 연기의 눈으로 우리는 쓰레기 속에서 꽃을 보고 꽃 속에서 쓰레기를 본다. 다름 아닌 괴로움을 딛고, 번뇌를 딛고 우리는 깨달음과 행복을 관조할 수 있다. 연꽃은 다름 아닌 진흙탕 속에서 자라고 꽃을 피운다.

보살은 제법의 불생불멸성을, 실상을 꿰뚫어 본 이들이다. 그렇기 때문에 보살은 언제나 두려움이 없다. 자유자재하므로 보살은 괴로워하는 중생을 온갖 방편으로 구제할 수 있다. 우리가 부처가 될 수 있는 이유는 괴로움과 번뇌의 세계에서 살기 때문이다. 그리고 그 세계의 참모습을 체득할 때 우리는 두려움 없이 자유자재하게 생사의 파도를 타고 넘으면서 고해에 빠진 중생을 도울 수 있다.

50

두려움 없음

번뇌가 곧 깨달음이다.
이것을 체득하면 무외의 미소를 띤 채
자비의 배를 타고 생사의 파도를 타고 넘으며
미혹의 바다를 건널 수 있다.

마지막 제50송은 보살에 대해 설명한다. 보살은 진리를 깨달았지만 윤
회를 떠나 열반에 들지 않고 생사의 세계에 머물며 중생을 구제한다.
보살은 우리와 똑같이 생사윤회의 세계에서 산다. 하지만 무상과 무아
를 깊이 관찰하여 깨달은 덕분에 궁극의 경지에 이르렀으므로 존재와
비존재, 같음과 다름, 태어남과 죽음 같은 개념을 초월했고, 따라서 두
려움이 없다. 보살은 지극히 평화롭고 자유롭게 생사의 거친 파도를

타고 넘는다. 그들은 파도의 세계에 머무는 동시에 물, 본체의 세계에 머물 수 있다.

"생사의 파도를 타고 넘는다."는 표현은 『법화경』속 보살들, 바로 관세음보살, 보현보살, 약왕보살藥王菩薩, 묘음보살妙音菩薩이 이 세계에서 하는 수행을 가리킨다. 이곳은 업의 세계다. 고통과 슬픔의 세계에서 이 보살들은 언제나 두려움 없이 자비롭게 미소 지을 수 있다. 그이유는 번뇌와 깨달음이 둘이 아님을 보았고 열반을 접했기 때문이다.

불교 문헌에서는 세 종류의 보시에 대해 말한다. 재물을 베푸는 재시財施와 붓다의 가르침을 전하는 법시法施와 두려움을 없애주는 무외시無畏施다. 이 중에서 무외시가 가장 훌륭하다. 보살은 두려움이 없으므로 많은 중생을 도울 수 있다. 두려움 없음은 우리가 사랑하는 사람에게 행할 수 있는 가장 큰 보시이다. 이것보다 귀중한 것은 없다. 하지만 우리는 무외시를 행하지 못한다. 우리에게 무외가 없기 때문이다. 수행을 하고 궁극의 진리를 접했다면 우리도 보살처럼 두려움 없는 미소를 지을 수 있다. 보살처럼, 우리도 번뇌에서 달아날 필요가 없다. 깨달음을 증득하기 위해 다른 곳으로 갈 필요가 없다. 우리는 번뇌와 깨달음이 하나라는 것을 안다. 미혹한 마음은 번뇌만 본다. 하지만 참 마음은 번뇌가 없다. 깨달음만 있을 뿐이다. 우리는 연기법을 접했으므로 이제는 생사에 대한 두려움이 없다.

죽음을 앞둔 사람들을 대하는 직업을 가진 사람은 특히 평정과 무외를 수행할 필요가 있다. 평화로운 죽음을 맞기 위해 그들에게는 우리의 평정과 무외가 필요하다. 궁극의 진리를 접하는 방법을 알면, 제법의 불생불멸을 알면 우리는 모든 두려움에서 벗어날 수 있다. 그러면 임종을 앞둔 사람 옆에 있을 때 그들을 편안하게 해주고 일깨워줄 수 있다. 무외 수행은 가장 훌륭한 불교 수행이다. 모든 두려움을 초월하기 위해서는 우리 존재의 본성을 접해야 하며 연민의 빛 속에서 깊이 관찰하는 수행을 해야 한다.

『반야심경』은 관세음보살이 오온五蘊의 실체 없음을 비춰 봄으로써 제법의 공성空性을 깨닫고 즉시 온갖 번뇌를 떠났다고 말한다.37 이로써 보살은 마음에 걸림이 없고 따라서 두려움도 없으므로 수많은 중생을 구제할 수 있다. 번뇌가 곧 깨달음이라는 것을 한번 보면 우리도 생사의 거친 파도를 즐겁게 타고 넘을 수 있다.

농부는 꽃을 추구하지 않고 쓰레기에서 달아나지 않는다. 양쪽 모두 받아들이고 양쪽 모두 소중하게 보살핀다. 이쪽에 집착하지 않고 저쪽을 거부하지 않는다. 그 둘의 연기성을 보기 때문이다. 그는 꽃과 쓰레기를 차별 없이 받아들인다. 유능한 농부가 꽃과 쓰레기를 대하는 방식과 똑같이, 보살은 깨달음과 번뇌를 대한다. 그 둘을 차별하지 않는다. 보살은 변화시키는 법을 안다. 따라서 두려움이 없다. 이것이 깨달은 자의 태도다.

후기

오십 게송의 출처

인도불교 철학 및 교법의 전개 과정은 크게 초기불교初期佛教 시대, 부파불교部派佛教 시대, 대승불교大乘佛教 시대로 나뉜다.[38] 〈유식오십송〉은 이 세 시대의 가르침을 모두 담았다.

『아비달마(阿毘達磨, '승법勝法')』는 초기불교의 주요 논서다. 붓다가 반열반般涅槃, "완전한 열반"에 드시고 150년 후, 승가는 상좌부上座部와 대중부大衆部 두 갈래로 나뉘었다.[39] 이때를 기점으로 초기불교 시대에서 부파불교 시대로 넘어간다. 이때 주로 교리에 대한 관점의 차이 때문에 18개에서 20개의 부파가 생겨났다.[40] 그리고 나중에 상좌부에서 설일체유부說一切有部와 경량부經量部가 나왔다. 부파불교의 또 다른 주요 일파였던 대중부는 세 번째, 대승(大乘, "큰 수레") 불교 시대를 연 부파들 중 하나였다.[41]

붓다 생존 당시에는 붓다가 살아계신 법dharma이었다. 하지만 붓다가 입멸入滅하시자 공부를 계속하기 위해 그 가르침을 체계화해야 하는 과제가 제자들에게 남겨졌다. 이렇게 해서 최초로 결집된 논장이 『아비달마』였다. 하지만 이것은 수 세기 내내 불교철학으로서 계속 확장되었다. 5세기에 불음佛音이 유명한 논서,『청정도론清淨道論』을 편찬했다.[42] 비슷한 시기에 위대한 학승이었던 세친이 붓다의 가르침을 요약하고 해설한『아비달마구사론阿毘達磨俱舍論』을 펴냈다.[43]

세친은 지금의 파키스탄 북부에 해당하는 간다라 지방에서 수많은 부파와 함께 수행했다. 그러고는 북쪽으로 향해 설일체유부(중국 초기 불교의 토대)의 본거지였던 카슈미르에 도착했다. 하지만 설일체유부 승려들은 카슈미르인에 한해서만 함께 수학하고 수행하는 것을 허용했다. 그래서 세친은 출신을 속이고 그들의 가르침을 받았다. 그곳에서 공부를 마친 후에『아비달마구사론』을 지었다. 그의 스승들은 그가 설일체유부의 가르침을 완벽하게 이해했다고 말했다. 하지만 그들은『아비달마구사론』에 경량부 등 다른 부파의 가르침도 담겨 있다는 것을 알지 못했다.

세친에게는 대승불교의 깨달은 승려이자 위대한 학자였던 이복형, 무착이 있었다. 무착은 대승의 관점에서『아비달마』를 해석한 중요한 논서,『섭대승론攝大乘論』을 저술했다.[44] 그는 세친에게 대승 가르침의 위대함에 대해 자주 이야기했으나 세친은 언제나 회의적이었다.

그는 다양한 부파의 가르침과 수행 전통을 존중했지만 대승을 비롯해서 후대에 발전한 교법은 진정한 붓다의 말씀이 아니라고 생각했다. 그러던 어느 보름날 밤, 행선行禪을 하던 세친은 무착이 맑은 연못가에 서서 대승 가르침을 읊는 것을 우연히 들었고, 대승의 깊고도 훌륭한 뜻을 문득 확연히 깨달았다. 그때부터 두 형제는 함께 대승불교를 가르치고 수행했다.

세친은 대승불교의 유가행파瑜伽行派에서 발전한 유식파唯識派의 고승高僧이자 가장 걸출한 학자로 여겨진다.[45] 그는 무착의 저술을 해설한 주석서를 지었고, 유식 가르침을 요약한 두 권의 중요한 논서를 펴냈다. 바로『유식이십송』과『유식삼십송』이다.[46]

세친이 여러 부파에서 수학한 덕분에 유식파가 설일체유부의『아비달마』로부터, 그리고 그가 대승으로 전향하기 전에 지은『아비달마구사론』으로부터 어떻게 확장되었는지를 알 수 있다. 따라서 유식파는 대승불교 가르침에 속하지 않는 내용을 많이 담고 있다. 세친의 저술들은 대승불교의 발전에 크게 기여했지만 결코 완전한 대승이 되지는 못했다. 그의 시대에서 2세기가 지난 후에도 유식파는 여전히 '중승中乘'으로 여겨졌다.[47]

7세기에 '순례자'로 알려진 중국 승려 현장(玄奘, 600~664)이 인도로 떠나 불교 연구의 중심지, 나란다Nalanda 승원에서 수학했다. 중앙아시아와 인도에서의 경험을 적은 기행기에서 현장은 나란다 승원에서 공부하는 승려가 1만 명이라고 했다.[48] 그는 계현戒賢의 지도를 받으며 유식 불교를 공부했다. 그 당시 100세였던 계현은 나란다 승원장이었고, 유식파의 탁월한 10대 학승 중 마지막 10대였다[1대는 세친이며, 또 다른 학승으로 안혜(安慧)가 있다. 계현의 스승, 호법(護法)은 9대였다.]49

안혜와 호법의 저술을 비교해보면 유식에 대한 그들의 접근법이 어떻게 다른지를 알 수 있다. 세친의 논서에 대해 진나陳那, Dignaga도 주석서를 펴냈는데, 그는 거기에 인식론과 논리학을 추가했다. 현장이 나란다 승원에서 공부하고 훗날 중국으로 돌아온 후에도 계속 공부했던 것이 바로 그렇게 혼합된 가르침이었다. 현장은 식의 현행에 대한 가르침에 기반한 법상유식종法相唯識宗을 창시했고, 세친의 『유식삼십송』에 대한 주석서, 『팔식규구송』을 지었다.50 그리고 식의 세 가지 차원에 따른 세 가지 경계, '삼류경'을 제시했다. 현장은 이 삼류경에 대해 짧은 게송, "마음을 따르지 않을 때 상분의 성질"을 지었다. 이것은 이 책 24장에 있다.

현장이 입적하고 10년 후, 법장法藏은 유식 가르침을 완전한 대승 방식으로 설명하고자 했다. 법장은 『화엄경』을 공부했고, 그의 중요한 저술, 『화엄현의장華嚴玄義章』은 화엄의 가르침, 특히 "하나가 곧 일체, 일체가 곧 하나"를 이용해서 유식학을 보강했다.51 하지만 법장의 노력은 이어지지 못했다. 그가 입적한 이후 대승 관점에서 유식 가르침을 설명하는 작업을 지속한 사람이 없었다. 심지어 오늘날에도 학자와 수행자들은 『유식삼십송』을 읽을 때 이 중요한 대승불교 가르침을 고려하지 않는다.

여기 실린 오십 게송은 붓다와 세친, 안혜, 현장, 법장 등이 물려준 귀중한 보석을 계속 빛나게 닦으려는 시도이다. 이 책을 읽은 후, 더 많이 알고 싶어지면 이 위대한 스승들의 저술을 읽고 싶을 것이다.

주석

1   붓다의 가르침은 500년 동안 입으로만 전해졌는데, 이 가르침을 처음으로 문
    자로 기록한 것이 '팔리 경전'이다. 이것을 'Tipitaka'(산스크리트 'Tripitaka', 한문 삼
    장三藏)라고도 부르는데, '세 개의 바구니'라는 뜻이다. 부처님의 가르침은 종
    려나무의 잎에 실론어로 쓰여서 바구니에 보관되었다. 경전은 셋으로 분류할
    수 있다. 경장(經藏, Sutta-pitaka)과 율장(律藏, Vinaya-pitaka)과 논장(論藏, Abhid-
    hamma-pitaka)이다. 경장(산스크리트로는 'Sutra-pitaka')은 붓다의 말씀과 대화를
    모은 것이다. 율장은 비구, 비구니 집단의 행동 규범 모음이다. 논장(산스크리트
    로는 'Abhidharma-pitaka')은 붓다의 가르침에 대한 주석 모음이다. 1세기 무렵에
    전개된 대승불교 운동은 불교를 새롭게 하려는 노력이자 다시 개인 및 사회의
    요구에 부응하기 위한 시도였다. 이후 등장한 대승불교 경전은 붓다의 가르침
    을 바탕으로 보살이라는 이상상(理想像)과 일체중생의 깨달을 수 있는 능력을
    강조한다.

2   유식학파(唯識學派, Vijñanavada)와 유가행파(瑜伽學派, Yogachara)는 식의 성질
    에 대한 연구에 기반한 초기 대승불교 학파였다. Vijñana는 '마음(mind)' 또는 '식
    (consciousness)'을 뜻한다. 따라서 Vijñanavada는 보통 '유심(唯心, Mind Only)'이
    나 '유식(唯識, Consciousness Only)'으로 번역되지만, 이 명칭은 일종의 관념론
    으로 자주 오해된다. 그러므로 이 책에서 내가 말하는 유식은 Vijñaptimatra, 즉
    'Manifestation Only'를 의미한다. Vijñana는 육식(六識) 등 식 자체를 뜻하고, Vi-
    jñapti는 식의 대상을 인식하는 작용을 뜻하므로 일체 현상은 식의 활동에 의해
    현행(顯行, manifestation)된 것에 불과하다. 즉 식에 의해 인식된 것만 존재한다
    는 유식의 근본 대의를 따르기 위함이다. 유가행파는 유가(瑜伽, yoga)행, 즉 명

상 수행, 특히 완성된 경지, 열반에 이르기 위한 보살의 바라밀(波羅密, paramita)
수행을 의미한다.

3 모든 불교 종파가 '마음 작용'이 생겨나는 한 가지 근본식의 존재를 인정한
다. 적동섭부(赤銅鍱部, Tamrashatiya)는 그 식을 가리켜 '유분심(有分心)'의 흐름
(bhavangashrota)', 즉 개체를 존속시키는 마음 상태의 흐름, 윤회와 환생의 토대
라고 불렀다. 유식종(唯識宗) 역시 식은 흐르는 물처럼 단절 없이 이어진다고
설명했다. 베트남 최초의 선사, 탕호이(Tang Hoi)는 마음을 바다에 비유(해심海
心)해서, 우리가 보고 듣고 냄새 맡고 맛보고 만지고 느끼고 생각하는 모든 것
이 수천 개의 강물처럼 마음이라는 바다로 흘러든다고 하였다. 설일체유부(說
一切有部)는 생명을 유지하는 '뿌리', 즉 근본이 되는 식이라는 뜻에서 '명근(命
根, mulavijñana)'이라는 단어를 썼다. 『유식삼십송』에서 세친은 '근본식(根本識)'
과 '능변식(能變識)'이라는 용어를 사용했다. 초기불교는 '마음[心]'을 가리키는
용어로 chitta[때로는 심왕(心王)을 뜻하는 'chitt-raja']와 manas와 vijñana를 바꿔
가며 썼다. 그러다가 유식불교가 발전하면서 이 세 단어에 각각 고유의 의미를
부여하였고, chitta는 심(心), manas는 의(意), vijñana는 식(識)을 뜻하게 되었다.
'chitta'는 본식(本識) 또는 근본식(根本識)인 제8 아뢰야식을 가리키며, 이 아뢰
야식에서 생겨나는 현상을 마음 작용, 즉 '심소(心所, chitta-samskara 또는 chaita-
sika)'라고 부른다. 『화엄경』에서는 유심(唯心, chitta matrata)이라는 용어를 사용
했으며, 이후 『능가경(楞伽經)』에서는 유식(唯識, manifestation only)으로 번역하
는 'vijñapti matrata'와 'vijñana matrata(consciousness only)'라는 단어가 등장했다.

4 저장하는 능력을 뜻하는 '능장(能藏)', 저장하는 장소를 뜻하는 '소장(所藏)', 집
착의 대상을 뜻하는 '집장(執藏)', '일체종자식(一切種子識)' 같은 용어들은 대승
불교의 유식파에서 처음 사용했지만, 그 의미의 근거는 초기불교와 여러 불교
종파의 가르침 속에 이미 있었다.(후기 참고)

5 로널드 엡스타인(Ronald Epstein)이 영어로 번역한 현장의 『팔식규구송(八識規
矩頌)』은 http://online.sfsu.edu/~rone/Buddhism/Yogachara/BasicVersessontents.
htm.에서 찾아볼 수 있다.

6 『불소행찬(佛所行讚)』 제14품.

7 팔정도는 정견(正見), 정사유(正思惟), 정어(正語), 정업(正業), 정명(正命), 정정
진(正精進) 또는 정근(正勤), 정념(正念), 정정(正定)을 말한다. 이에 대해서는 틱

343

주석

낫한의 『틱낫한 불교(The Heart of the Buddha's Teaching)』(불광출판사, 2019), 9장 ~16장 참고.

8 율장대품 소부경전(律藏大品 小部經典, Vinaya Mahavagga Kudddaka Nikays) 5편.

9 물자체(物自體, thing-in-itself), 즉 본체는 독일의 철학자 임마누엘 칸트(Im-manuel Kant, 1724~1804)가 만든 단어다. 마음은 양(quantity), 질(quality), 관계(relation), 양상(modality), 이 네 가지 범주의 도움을 받아 대상을 인식하며, 우리는 그 인식 작용을 통해 경험 내용을 정리한다. 이 범주들은 대상 자체의 속성이 아니라 경험 가능한 대상의 존재 방식을 미리 전제할 뿐이다. 예를 들어, 공간은 우리의 외부에 있는 어떤 것이 아니라 마음이 여러 가지 대상을 서로 연결해서 구성해낸 것에 불과하다. 마음은 능동적인 인식 주체로서 우리가 경험한 외적 사물에 의미를 부여한다. 사물이 실제로 우리가 인식한 그 모습 그대로 존재하는지, 그렇지 않은지를 우리는 결코 알지 못한다. 우리의 지식은 전부 마음이라는 필터를 거치면서 미리 구성되기 때문이다. 이것을 토대로 칸트는 누메논(noumenon, 인식할 수 없는 물자체)과 현상체(외부로 나타나 인식되는 사물)를 구분했다.

10 『반야심경』은 대승불교에서 가장 유명하고 중요한 경전 중 하나로 대승 가르침의 정수가 담겨 있다(주석 14 참고). 틱낫한의 *The Heart of Understanding: Commentaries on the Prajñaparamita Heart Sutra*(Berkeley, CA: Parallax Press, 1988) 참고.

11 대승불교의 정토종(淨土宗)은 아미타불의 자비와 원력을 강조한다. 아미타불은 서방 극락정토의 주불(主佛)로서 중생을 극락으로 인도하여 성불하게 하겠다는 서원을 세웠다. 정토에 대한 더 자세한 내용은 틱낫한의 *Finding Our True Home*(Berkeley, CA: Parallax Press, 2004) 참고.

12 중생이 업(業, karma)의 과보로 태어나는 여섯 갈래[六道]는 삼선도(三善道)와 삼악도(三惡道)로 나뉜다. 삼선도는 차원이 높은 세계로 천상도(천신의 세계), 아수라도(천신과 대립하는 강하고 분노한 신들의 세계), 인간도이며, 삼악도는 차원이 낮은 세계로 아귀도, 지옥도, 축생도다. 깨닫지 못한 중생은 이 여섯 갈래를 계속 윤회한다. 삼선도의 중생, 특히 인간은 자신의 아뢰야식을 전변시키고 원하는 세계에 태어날 인연을 지을 수 있지만, 삼악도의 중생은 윤회에서 벗어나기가 어렵다.

13 틱낫한의 『틱낫한 스님의 금강경(The Diamond That Cuts through Illusion: Com-

mentaries on the Prarjnaparamita Diamond Sutra)』(장경각, 2004). 반야(般若, "지혜의 완성") 계통의 경전들은 1세기 무렵에 40여 개의 원전을 결집한 것으로서 프라즈냐(prajña, 지혜)의 성취에 대한 대승 가르침의 근간이다. 이 경전들은 선종(禪宗)을 포함하여 후대 주요 종파의 사상 및 수행의 발전에 큰 영향을 미쳤다.

14 후기 참고.

15 인드라(Indra)는 힌두 신화에 등장하는 신으로, 인도불교가 수용한 많은 힌두신 중 하나다. 불교의 도솔천(兜率天)이 힌두교의 인드라천에 해당한다.

16 틱낫한의 *Thundering Silence: Sutra on Knowing the better Way to Catch a Snake*(Berkeley, CA: Parallax Press, 1993).

17 연기법에 대한 자세한 설명은 틱낫한의 『틱낫한 불교(The Heart of the Buddha's Teaching)』(불광출판사, 2019), 27장 참고.

18 51가지 심소는 변행(遍行) 다섯 가지, 별경(別境) 다섯 가지, 선(善) 11가지, 불선(不善) 26가지, 부정(不定) 네 가지다. 불선 심소는 다시 근본번뇌(根本煩惱) 여섯 가지와 수번뇌(隨煩惱) 20가지의 두 종류로 나뉜다. 여섯 가지 근본번뇌는 가장 많이 오염된 심소로 탐(貪, raga), 진(嗔, dosa), 치(癡, moha), 만(慢, mana), 의(疑, vichikitsa), 악견(惡見, drishti)이다. 이 책 30장에 51가지 심소를 전부 소개했다. 심소에 대한 자세한 설명은 틱낫한의 『틱낫한 불교(The Heart of the Buddha's Teaching)』(불광출판사, 2019) 11장과 23장 참고.

19 틱낫한의 *Interbeing: Fourteen Guidelines for Engaged Buddhism*, Third Edition(Berkeley, CA: Parallax Press, 1998).

20 베트남어 – 영어 판본인 Nguyen Du, *The Tale of Kieu*(New Heaven, CT: Yale Press, 1983).

21 틱낫한의 *The Blooming of a Lotus: Guided Meditation Exercises for Healing and Transformation*(Boston, MA: Beacon Press, 1993), pp. 36~43.

22 30장에서 심소 51가지를 전부 확인할 수 있다.

23 불교 문헌에서 마라는 부처님을 유혹하는 사악한 자로서 기독교의 악마와 비슷하다. 우리의 불성(佛性)과 상반되고 불성의 현행을 방해하는 성질의 일부를 인격화한 존재다.

24 아라한(阿羅漢, "마땅히 공양받을 자")은 "배우고 닦을 것이 없는" 경지에 이른 자로서 일체 번뇌와 윤회를 끊어 다시는 태어나지 않는다. 테라바다(Theravada, 소

승) 불교 수행자가 얻을 수 있는 가장 높은 경지이며, 초기불교에서의 이상상 (理想像)이었다. 대승에서는 보살이 이상상이다.

25 연기법에 대한 자세한 설명은 틱낫한의 『틱낫한 불교(The Heart of the Buddha's Teaching)』(불광출판사, 2019), 27장 참고.

26 칸히(Khanh Hy) 대사(1067~1142).

27 존 맥래(John McRae)가 번역한 *Shurangama Samadhi Sutra*(Berkeley, CA: Numata Center, 1998).

28 틱낫한의 『틱낫한 스님의 금강경』(장경각, 2004).

29 "True Source", 틱낫한의 *Call Me By My True Names: The Collected Poems of Thich Nhat Hahn*(Berkeley, CA: Parallax Press 1999), p.116.

30 『대정신수대장경(大正新修大藏經)』104.

31 "Recommendation", 틱낫한의 *Call Me By My True Names: The Collected Poems of Thich Nhat Hahn*(Berkeley, CA: Parallax Press 1999), p.18.

32 팔정도에 대한 자세한 설명은 틱낫한의 『틱낫한 불교(The Heart of the Buddha's Teaching)』(불광출판사, 2019), 9~16장.

33 걷기 명상에 대한 자세한 설명은 틱낫한의 『미소 짓는 발걸음 – 틱낫한의 걷기 명상(The Long Road Turns to Joy: A Guide to Walking Meditation)』(열림원, 2003). 좌선에 대한 자세한 설명은 틱낫한의 *Breathe! You Are Alive: Sutra on the Full Awareness of Breathing*, Revised Edition(Berkeley, CA: Parallax Press, 1996).

34 틱낫한의 *Transformation&Healing: Sutra on the Four foundations of Mindfulness*(Berkeley, CA: Parallax Press, 1990) 참고.

35 "Guarding the Six Senses", 틱낫한의 *Basket of Plums; Songs for the Practice of Mindfulness*, 2005 Edition(compiled by Joseph Emet, distributed by Parallax Press), No. 23.

36 틱낫한의 *Our Appointment with Life: Discourse on Living Happily in the Present Moment*(Berkeley, CA: Parallax Press, 1990) 참고.

37 틱낫한의 *Our Appointment with Life: Discourse on Living Happily in the Present Moment*(Berkeley, CA: Parallax Press, 1990) 참고.

38 이 세 시기는 부처님이 생존했던 기원전 6세기 중반에서 5세기 중반부터 기원후 7세기 중반까지에 해당한다. 틱낫한의 『틱낫한 불교(The Heart of the Buddha's Teaching)』(불광출판사, 2019), 4장에 간단하게 설명되어 있다.

39 여기서 "승가"라는 용어는 계를 받은 수행승 집단을 가리키는 매우 제한적인 의미로 쓰였다. 하지만 현대에는, 그리고 이 책에서는 일반적으로 불교도들의 모임을 가리킨다. 상좌(上座, Sthavira)는 오늘날 동남아시아에서 우세한 테라바다 불교를 일으킨 승려[문자적 의미는 "윗자리에 앉는 장로(長老)"]를 일컫는 용어다.

40 다양한 부파에 대한 자세한 설명 및 교리 상의 차이점은 에드워즈 콘즈(Edward Conze)의 *Buddhist thought in India*(Ann Arbor, MI: Ann Arbor Paperbacks/University of Michigan Press, 1987) 참고.

41 기원전 100년경부터 기원후 1세기까지 발전한 대승불교에서는 보살("깨달은 중생")을 이상상으로 제시했다. 초기불교에서 이상상으로 내세운 아라한("마땅히 공경받을 자")은 일체중생의 깨달음을 추구하는 보살과는 대조적으로 자신의 해탈에만 초점을 맞춘다. 중국과 티베트, 한국, 일본, 베트남 일부 지역에서는 대승불교의 형태가 우세하다.

42 불음(佛音, Buddhaghosa), 나나모리 비구(Bhikkhu Nanamoli) 번역, *The Path of Purification*(*Visuddhimagga*), Third Edition(Kandy, Sri Lanka: Buddhist Publication Society, 1975).

43 루이즈 드 라 발레 푸산(Louis de la Vallee Poussin)의 프랑스어 번역본을 레오 프루덴(Leo Pruden)이 영어로 번역한 *Abhidharma Kosha Bhashya*(Fremont, CA: Asian Humanities Press, Jain Publishing Company 인쇄, 1990).

44 "samgraha"는 요약, 정수, 개론을 뜻하고, "shastra"는 주석을 뜻한다. 이 책의 프랑스어 번역본은 에티엔 라모트(Etienne Lamotte)의 *La Somme du Grand Behicule d'Asanga*(Louvain, Belgium: Institute Orientaliste, Editons Peeters, 1973). 영어 번역본은 존 P. 키넌(John P. Keenan)의 *The Summary of the Great Vehicle*(Berkeley, CA: Numata Center for Buddhist Translation and Research, 1992).

45 유식파(唯識派, Vijñanavada)와 유가행파(瑜伽行派, Yogachara)는 식의 성질을 연구한 초기 대승불교 종파다. "Vijñana"의 문자적 의미는 마음(mind) 또는 식(consciousness)이기 때문에 유식파는 보통 유심(唯心, Mind Only)파, 또는 유식(唯識, Consciousness Only)파로 불린다. 하지만 이 명칭은 일종의 관념론으로 자주 오해되기 때문에 이 책에서 내가 언급하는 유식은 "오직 현행뿐(Manifestation Only)"을 가리킨다. 유가행파(Yogachara, "요가의 적용")라는 이름은 요가(yoga) 수

행을 강조하는 것에서 비롯되었다. 요가는 명상, 특히 보살의 실천 덕목으로 완성을 뜻하는 바라밀(波羅蜜, paramita) 수행을 가리킨다.

46 vimshatik는 "이십"을, trimshatika는 "삼십"을 뜻한다. vijñapti는 "현행", matra는 "오직"을 뜻한다. 따라서 vijñaptimatra는 "오직 현행뿐(Manifestation Only)"이다. karika는 가르침을 간결하게 표현하는 게송을 일컫는다. 이 두 권의 논서가 실린 번역서는 실바인 레비(Sylvain Levi)가 프랑스어로 번역한 *Deux traites de Vasubandhu: Vimshatika et Trimshika*(Paris: Bibliotheque de lEcole des Hautes Etudes, 1925)와 데이비드 J. 칼루파하나(David J. Kalupahana)를 비롯한 여러 학자의 영어 번역본이 있다. 데이비드 J. 칼루파하나의 *The Principles of Buddhist Psychology*(Albany, NY: State University of New York Press, 1987), pp. 173~192; 프랜시스 H. 쿡(Francis H. Cook)의 *Three Texts on consciousness Only*(Berkeley, CA: Numata Center for Buddhist Translation and Research, 1999)와 "Thirty Verses on Consciousness Only"(pp. 371~383), "The Treatise in Twenty Verses on Consciousness Only"(pp. 385~408). 실바인 레비 교수는 1920년대에 산스크리트로 기록된 『유식삼십송』을 발견했으며, 세친의 산스크리트 원전을 현장이 한문으로 번역하고 주석을 덧붙여 펴낸 책도 현존한다. 스테판 아나커(Stefan Anacker)는 산스크리트 원전의 티베트어 번역본을 영어로 번역하여 자신의 저서 *Seven Works of Vasubandhu: The Buddhist Psychological Doctor*(Delhi: Motilal Banarsidass, 1984, 1998), pp. 181~190에 실었다.

47 일본의 불교학자인 타카구스 준지로(Takakusu Junjiro)는 *Essential of Buddhist Philosophy*(Honolulu, HI: University of Hawaii Press, 1947)에서 그것을 "준(準)대승적", "반(半)대승적"이라고 표현한다.

48 5세기에 설립된 나란다 승원은 오늘날의 라지기르(Rajgir)에 해당하는 라자그리하(Rajagriha)에서 북쪽으로 5마일 떨어진 비하르(Bihar) 주의 중북부에 위치했다. 현장이 쓴 인도 기행기(『대당서역기』)의 영어 번역본은 Li Longxi의 *The Great Tang Dynasty Record of the Western Regions*(Berkeleym CA: Numata Center for Buddhist Translation and Research, 1996).

49 실바인 레비(Sylvain Levi)는 세친의 『유식삼십송』에 대해 안혜가 산스크리트로 쓴 주석서 원고도 발견했다. 그가 프랑스어로 번역하고 Honore Champion가 편집·출간한 *Materiaux pour l'Etude du systeme Vijñaptimatra*(Paris: Librairie Anci-

enne, 1932)가 그것이다. 이 프랑스어 번역본은 나중에 영어로 번역되었고, 이 영어본은 중국어로도 번역되었다.

50 이 문헌은 『대정신수대장경』에서는 찾을 수 없지만 현장의 제자인 포대(布袋) 의 주석서 『팔식규구보주(八識規矩補註)』(『대정신수대장경』 45, 567~576)에 담겨 있다. 현장의 대표적인 저술은 세친의 『유식삼십송』에 대한 주석서인 『성유식 론』으로, 이 책은 중국 법상종의 근본 경전이다. 이 논서는 세친의 『유식삼십 송』과 『유식이십송』(주석 47 참고)과 함께 영어로 번역되어 프랜시스 H. 쿡(Francis H. Cook)의 *Three Texts on Consciousness Only*(Berkeley, CA: Numata Center for Buddhist Translation and Research, 1999), pp. 7~370에 "Demonstration of Consciousness Only"라는 제목으로 실려 있다.

51 『화엄경』에 대한 더 많은 내용은 틱낫한의 『틱낫한의 사랑법(Cultivating the Mind of Love)』(나무심는사람, 2002)과 토머스 클리어리(Thomas Cleary)의 *The Flower Ornament Scripture: A Translation of the Avatamsaka Sutra*(Boston, MA: Shambhala Publication, 1993)와 *Entry into the Inconceivable*(Honolulum Hi: University of Hawaii Press, 1983), pp. 147~170 참고.

틱낫한 마음
마음의 작동 원리를 알면 삶이 쉬워진다

2022년 12월 2일 초판 1쇄 발행
2024년   9월 10일 초판 2쇄 발행

지은이 **틱낫한** • 옮긴이 윤서인
발행인 박상근(至弘) • 편집인 류지호 • 편집이사 양동민
책임편집 김소영 • 편집 김재호, 양민호, 최호승, 하다해, 정유리 • 디자인 쿠담디자인
제작 김명환 • 마케팅 김대현, 이선호 • 관리 윤정안
콘텐츠국 유권준, 김희준
펴낸 곳 불광출판사 (03169) 서울시 종로구 사직로 10길 17 인왕빌딩 301호
        대표전화 02) 420-3200 편집부 02) 420-3300 팩시밀리 02) 420-3400
        출판등록 제300-2009-130호(1979. 10. 10.)

ISBN 979-11-92476-36-0 (03220)

값 21,000원